LE
MARCHÉ AUX BESTIAUX
DE LA VILLETTE
ET LES
ABATTOIRS
DE LA VILLE DE PARIS

GUIDE
HISTORIQUE ET PRATIQUE
DE L'APPROVISIONNEUR, DE L'ACHETEUR ET DES EMPLOYÉS
ATTACHÉS AUX DIVERS SERVICES
DE CETTE PARTIE SPÉCIALE DE L'ALIMENTATION DE PARIS

PAR

ERNEST THOMAS
Vérificateur de 1re classe des perceptions municipales

> Attirer sur les marchés de Paris les denrées de toutes sortes, par la connaissance pratique des moyens mis en œuvre pour leur écoulement. c'est y amener l'abondance, et, par suite, résoudre cette grande question d'intérêt social : **la vie à bon marché**. Tel est le but de nos ouvrages.

Cet ouvrage a été honoré d'une souscription par le Ministère de l'agriculture et du commerce et par la Préfecture de la Seine

PARIS
LIBRAIRIE AGRICOLE DE LA MAISON RUSTIQUE
26, RUE JACOB, 26

1873

LE

MARCHÉ AUX BESTIAUX

DE LA VILLETTE

ET LES

ABATTOIRS

DE LA VILLE DE PARIS

OUVRAGES DU MÊME AUTEUR

Manuel des Halles et Marchés en gros de la ville de Paris, 1 vol. in-18. Prix : 3 francs. (En vente chez Berthoud frères, libraires, quai des Grands-Augustins, 45.

SOUS PRESSE

Les Marchés de détail de Paris et leur législation, 1 vol. in-18.

Histoire et législation de l'approvisionnement de Paris depuis les temps les plus reculés jusqu'à ce jour, 10 vol. in-8.

F. Aureau et Cⁱᵉ. — Imprimerie de Lagny.

LE

MARCHÉ AUX BESTIAUX

DE LA VILLETTE

ET LES

ABATTOIRS

DE LA VILLE DE PARIS

GUIDE

HISTORIQUE ET PRATIQUE
DE L'APPROVISIONNEUR, DE L'ACHETEUR ET DES EMPLOYÉS
ATTACHÉS AUX DIVERS SERVICES
DE CETTE PARTIE SPÉCIALE DE L'ALIMENTATION DE PARIS

PAR

ERNEST THOMAS

Vérificateur de 1re classe des perceptions municipales

Cet ouvrage a été honoré d'une souscription par le Ministère de l'agriculture
et du commerce et par la Préfecture de la Seine

PARIS
LIBRAIRIE AGRICOLE DE LA MAISON RUSTIQUE
26, RUE JACOB, 26

1873

ADMINISTRATION

PRÉFECTURE DE LA SEINE

MM. PELLETIER, directeur de l'administration générale.
BIOLLAY, inspecteur général des perceptions municipales.
BISSON DE SAINTE-MARIE, inspecteur principal des perceptions municipales.

OCTROI

MM. DE SAINT-JULIEN, directeur.
DE BAYLEN, ⎫
LE GLAY, ⎬ régisseurs.
BIGOT, ⎭
GRODET, inspecteur.

PRÉFECTURE DE POLICE

MM. DE FIGIER, inspecteur général de l'approvisionnement.
PARENT, inspecteur général adjoint de l'approvisionnement.

AVIS DE L'AUTEUR

Depuis la publication de notre *Manuel des halles et marchés en gros de la ville de Paris,* les événements politiques nous ont empêché d'en donner le complément.

Ce complément que nous publions aujourd'hui traite du *Marché aux bestiaux de la Villette et des abattoirs de la ville de Paris.*

Comme pour notre manuel des halles, nous nous sommes efforcé de mettre ce traité à la portée de tous ceux que sa spécialité intéresse, et, afin de les mieux éclairer, nous y avons soigneusement indiqué les règlements qui régissent le marché et les différents abattoirs, ainsi que les droits divers et les frais de toute nature auxquels les vendeurs et les acheteurs sont assujettis.

Pour rendre notre travail plus clair, nous l'avons divisé en trois parties que nous avons fait précéder chacune d'une notice historique et d'une description spéciale de l'établissement dont elle s'occupe.

Tel qu'il est composé, cet ouvrage n'est pas seu-

lement utile aux spécialistes auxquels il s'adresse
particulièrement.

Par la nature et l'étendue des renseignements
qu'il renferme, il devient presque indispensable
aux divers employés attachés au service du marché
et des abattoirs, aux membres des comices agricoles
et même aux économistes qui se plaisent à consul-
ter des documents exacts et à se tenir au courant
des lois et de tout le système de cette partie impor-
tante de l'approvisionnement de Paris.

INTRODUCTION

Parmi les établissements d'utilité publique que l'administration municipale a créés dans ces derniers temps, nous devons placer au premier rang le marché des bestiaux et les abattoirs généraux qui ont été ouverts à la Villette (1).

La création dans l'intérieur de Paris de cet établissement aussi remarquable par sa construction élégante que par les avantages réels qu'il offre au commerce, n'a pas eu seulement pour objet d'augmenter le nombre et la qualité du bétail à Paris, et par suite, de rendre le prix de la viande moins élevé, mais, cette innovation est venue encore ajouter au bienfait que la suppression de la caisse de Poissy avait déjà apporté en 1858, au commerce des bestiaux et de la boucherie de Paris.

(1) L'histoire des marchés de Sceaux, de Poissy et de la halle aux Veaux, fera l'objet du tom. II, d'un autre ouvrage actuellement sous presse, intitulé : *Histoire et législation de l'approvisionnement de Paris depuis les temps les plus reculés jusqu'à ce jour.*

Aujourd'hui, par la réunion du marché général
de la Villette et des abattoirs contigus, les bouchers
parisiens n'ont plus à supporter les pertes de temps
et les dépenses inutiles qui venaient surélever d'autant le prix de la viande et auxquelles les obligeait
l'éloignement des anciens marchés installés à trois
et à huit lieues de Paris. L'immense majorité des
bouchers n'est plus placée sous la dépendance ab-
solue des gros bouchers connus sous le nom de *Chevillards*, dont de telles distances avaient singulière-
ment favorisé les opérations (1).

L'éleveur, ou son représentant, qui arrive trop
tard au marché pour pouvoir y débiter sa marchandise, ou, qui n'y en a pas trouvé le placement, n'est
plus obligé, comme autrefois, de conserver son bétail pour le marché de la semaine suivante, ou de
le diriger à huit lieues de distance sur le marché
qui se tenait trois jours plus tard. Il évite ainsi des
frais excessifs et des démarches, qui, en allongeant
d'un jour le voyage des bestiaux à destination de
Paris, avaient l'inconvénient d'ajouter encore à leur

---

(1) Les chevillards sont en quelque sorte des marchands
bouchers en gros, qui achètent les bestiaux sur pied au marché de La Villette, et les revendent dépecés dans les échaudoirs
aux bouchers de Paris qui les revendent en détail dans les
boutiques et étaux situés dans l'intérieur de la ville. Les
chevillards sont, pour ainsi dire, les intermédiaires entre les
propriétaires de bestiaux envoyés vivants à Paris, et les bouchers qui les débitent en petites portions aux consommateurs.

long trajet vers les marchés, et de leur faire subir
un amaigrissement très-préjudiciable à ses intérêts
et à ceux du consommateur (1).

---

(1) Voici sur les inconvénients des marchés de Sceaux et de
Poissy, l'opinion de quelques hommes compétents que nous
empruntons à l'enquête législative de 1851.

« Je crois que les marchés de Sceaux et de Poissy ont fait
« leur temps ; on ne comprend pas que les bestiaux qui arri-
« vent du centre de la France et qui débarquent à Choisy,
« soient transportés à Sceaux pour revenir à Paris s'ils sont
« vendus, où retransportés de Sceaux à Poissy, s'ils n'ont pas
« été vendus le premier jour, et enfin, revenir à Paris pour y
« être abattus (M. Berger, préfet de la Seine).

« Les règlements qui obligent à vendre pour Paris sur les
« marchés de Sceaux et de Poissy, ont pour résultat une
« augmentation de prix, soit pour l'éleveur, soit pour l'ache-
« teur, et qui tourne toujours au détriment de la consomma-
« tion.

« Ce passage sur les marchés occasionne des frais que le
« boucher de Paris est obligé de supporter quand même, ce
« qui n'empêche pas l'éleveur d'en avoir sa part, et le con-
« sommateur de les supporter en totalité (M. Barre, repré-
« sentant de Seine-et-Oise).

« Quand les bœufs fatigués débarquent à Choisy-le-Roi, et
« qu'il faut les faire conduire à Poissy, cela coûte 25 fr. De
« Poissy à Paris, il faut encore payer 15 fr. Les bœufs inven-
« dus sont gardés 8 jours et reviennent à 5 fr. de frais par tête
« (M. Boudant, commissionnaire en bestiaux).

« Quand il arrive à Sceaux des bestiaux du centre de la
« France et qu'ils n'y sont pas vendus, il faut les conduire à
« Poissy à pied ou en chemin de fer, et c'est une perte de 20,
« 40, 50 fr. par tête (M. Lupin).

« L'éloignement des marchés entre eux a l'inconvénient
« d'occasionner aux éleveurs des déplacements très-dispen-
« dieux de Sceaux à Poissy et réciproquement, déplacements
« qui peuvent s'évaluer à 15 ou 20 fr. par bœuf (M. Lanjui-

Enfin si nous parlons de la facilité qui est offerte aux éleveurs qui veulent abattre le bétail dans les principaux centres de production, pour l'envoyer vendre à la criée, chacun se rendra compte de l'amélioration apportée dans le commerce des bestiaux et de la boucherie de Paris,

---

« nais, ancien ministre du commerce, président de la com-
« mission d'enquête).

« Un marché à la porte de Paris aurait tous les avantages
« de ceux de Sceaux et de Poissy, sans en avoir les inconvé-
« nients ; il importe à l'approvisionnement de Paris, d'avoir
« un marché voisin des abattoirs (M. de Kergorlay). »

PREMIÈRE PARTIE

MARCHÉ AUX BESTIAUX
DE LA VILLETTE

NOTES HISTORIQUES

SUR

LA BOUCHERIE ET LES ABATTOIRS [1] DE PARIS

« Alors que Paris n'était renfermé que dans l'île
« formée par les deux bras de la Seine que l'on
« appelle aujourd'hui *la Cité,* il n'y avait, dit Dela-

---

(1) L'abattoir est l'établissement dans lequel se fait l'abattage des bestiaux destinés à la consommation et à l'approvisionnement d'une ville.

Une ordonnance royale du 15 avril 1838, relative aux établissements de cette nature, porte :

« Art. 1er. — Sont rangés dans la première classe des établissements dangereux, insalubres ou incommodes, les abattoirs publics et communs à ériger dans toute commune quelle
que soit sa population.

« Art. 2. — La mise en activité de tout abattoir public et
commun légalement établi, entraînera de plein droit la
suppression des tueries particulières situées dans la localité.

« Art. 3. — Quand il y aura lieu à autoriser une commune
à établir un abattoir public, toutes les mesures relatives tant
à l'approbation de l'emplacement qu'aux voies et moyens
d'exécution devront nous être soumises simultanément par
nos ministres de l'intérieur et des travaux publics, de l'agri-

« marre, qu'une boucherie établie au parvis Notre-
« Dame, à l'extrémité de l'île (1).

---

culture et du commerce, pour en être ordonné par un seul et
même acte d'administration publique. »

D'après une instruction ministérielle du 22 décembre 1825,
il était nécessaire que les délibérations des conseils municipaux pour l'établissement des abattoirs publics, contiennent
des renseignements positifs sur la population de la localité,
sur le nombre des bouchers et charcutiers en exercice, sur
celui des tueries ou échaudoirs particuliers, enfin, sur la quantité de bestiaux de chaque espèce abattus annuellement pour
la consommation. Il faut encore que le vote du conseil, bien
motivé à cet égard, soit accompagné d'une enquête de *commodo* et *incommodo* conformément aux dispositions prescrites
par le décret du 15 octobre 1810, et par l'ordonnance du roi
du 14 janvier 1815, concernant les ateliers insalubres ou incommodes.

Les dispositions ci-dessus étaient, aux termes d'une circulaire ministérielle du 25 juin 1838, aussi applicables aux fondoirs de suif, porcheries, triperies ou échaudoirs qu'il serait
question d'ajouter aux abattoirs.

Depuis le décret du 1er août 1864, les préfets statuent seuls
aujourd'hui sur l'établissement des abattoirs, à moins que les
taxes d'abattage ne dépassent un centime cinq millièmes par
kilogramme ou deux centimes au plus, s'il y a lieu d'amortir
un emprunt fait pour couvrir les frais de construction des
abattoirs ou pour indemniser le concessionnaire de ses dépenses (Voy. appendice n° 23).

(1) Non loin de cette boucherie qui fut donnée en 1222 à
l'évêque de Paris et au chapitre par Philippe-Auguste, s'élevait une église paroissiale qui portait en relief à son portail,
deux figures de bœufs. Cette église qui avait nom *Saint-Pierre
aux bœufs*, et a rappelé jusqu'à nos jours l'ancienne occupation de ce quartier par les bouchers, était l'église des bouchers
de la cité et dépendait autrefois de l'Abbaye de Saint-Eloi.
Elle est nommée dans une bulle du pape Innocent II, datée
de Pise du 10 des calendes de mars de l'an 1136: *Capella
sancti Petri de Bobus*. D'après l'abbé Lefèvre : « L'église Saint-

« Un peu plus tard, à l'époque où les Parisiens
« sortirent de leur île et bâtirent du côté du nord,
« cette nouvelle étendue que l'on nommait la *Ville*
« pour la distinguer de la *cité*, se trouvant trop
« éloignée de la boucherie Notre-Dame, on cons-
« truisit une seconde boucherie hors la porte prin-
« cipale de la ville dite : *Porte de Paris*. Ce nouvel
« établissement qui comprenait plusieurs étaux
« était situé sur une place, vis-à-vis la forteresse
« du grand Châtelet (1).

Cette boucherie, augmentée dans la suite de
presque tous les étaux et halles qui s'élevèrent
successivement dans son voisinage, exista pendant
près de huit cents ans et devint en 1260 la *grande
boucherie*. Elle appartenait à une communauté de
bouchers fondateurs qui jouirent longtemps d'une
grande influence. Leur crédit était très-grand sous
Charles VI et leurs mécontentements se traduisaient
par de graves désordres. Il suffit de rappeler les
noms de leur chef, *Caboche* et des plus notables
d'entre eux, les *Legois*, les *Tibert*, les *de la Hors*, les

---

« Pierre aux Bœufs est une paroisse qui ne fut ainsi nommée
« que parce qu'elle était la paroisse des bouchers de la ville
« de Paris, et à cause des figures de bœufs qui sont à son
« portail. » Cette église a été détruite en 1837.

(1) C'est au Châtelet, qui était situé à l'extrémité du pont
au Change, que, dans un vieux bâtiment, se rendait la justice
civile et commerciale de la prévôté de Paris.

Luilliers, les *Essard*, les *Rolland*, les *Saint-Yons*, et les *Dauvergne*. C'est de cette grande boucherie que l'église la plus voisine reçut son nom de *Saint-Jacques-de-la-Boucherie* (1).

Peu après la création de cette grande boucherie, des débitants étrangers vinrent s'établir à la porte de Paris et leur faire concurrence ; quelques-uns construisirent même des étaux en plein air sous deux espèces de halles et y vendirent de la viande.

Plus tard un bourgeois nommé *Guéry*, changeur, ayant donné aux religieuses de Saint-Martin-des-Champs, une maison qu'il possédait sur le Grand-Pont, aujourd'hui le Pont-au-Change, ceux-ci la convertirent en boucherie.

---

(1) Dans l'origine, Saint-Jacque-de-la-Boucherie n'était qu'une chapelle dédiée à Sainte-Anne. Elle fut érigée en paroisse en 1210. Plus tard, les maîtres bouchers prirent part aux frais de la construction, et l'Église, dont les bâtiments élevés sur l'emplacement de la chapelle Sainte-Anne avaient été commencés sous le roi Jean, vers 1359, fut consacrée le 24 mars 1414, par l'évêque Gérard de Montaigu, sous le nom de Saint-Jacques-de-la-Boucherie.

Elle ne fut entièrement achevée que sous le règne de François 1er.

Le 26 février 1508, une sentence du Châtelet ayant forcé les confrères de Saint-Fiacre à vendre une maison voisine du porche de cette église, qui leur avait été léguée par Me Jacques Thouynes, curé de Sannois, la fabrique fit élever la magnifique tour Saint-Jacques-de-la-Boucherie que nous admirons aujourd'hui.

Cette tour fût terminée en 1525.

En 1133, Louis le Gros, qui venait de fonder un couvent de religieuses à Montmartre, acheta cette boucherie et lui en fit don.

Les religieuses de Montmartre ne conservèrent pas longtemps cette boucherie, la communauté des bouchers, à laquelle elle était préjudiciable, la prit à bail à rente en 1155, moyennant un cens de rente de trente livres par an, et la même année, le roi confirma cette aliénation.

La grande boucherie fut démolie jusqu'au ras de terre, sans en rien réserver, en vertu d'une ordonnance du roi rendue le 13 mai 1416, à la suite des troubles auxquels *Caboche* et les *bouchers de Paris* avaient pris part.

Par la même ordonnance, le roi prescrivit la construction de quatre nouvelles boucheries; l'une à la halle aux draps de Beauvais; l'autre près de la rivière de la Seine, devant l'église Saint-Leufroy; la troisième près du Petit-Châtelet et du Petit-Pont, au lieu dit : le fief de Gloriette; enfin, la dernière, le long des murs du cimetière Saint-Gervais. Cette dernière fut, peu après, transférée au marché du vieux cimetière Saint-Jean.

En 1418, au mois d'août, une nouvelle ordonnance du roi révoqua les lettres patentes de 1416 et prescrivit que la communauté des bouchers serait rétablie dans tous ses biens, droits et privilèges; que leur boucherie serait rebâtie à l'ancienne place qu'elle occupait et que les quatre nouvelles seraient démolies.

Le rétablissement de la grande boucherie s'exécuta sans difficulté ; mais, lorsqu'il s'agit de la démolition des quatre nouvelles boucheries, les bouchers ne purent faire détruire que celle qui avait été bâtie en face Saint-Leufroy, parce qu'elle était trop rapprochée de la leur.

Les autres, ayant été jugées utiles à la ville, furent conservées.

En mai 1540, un arrêt du parlement ordonna qu'il serait établi des boucheries rue Saint-Martin, rue Saint-Honoré, à la place Maubert et dans divers autres lieux praticables à ce genre de commerce.

En 1661, un sieur Guillaume Brisset et dame Jeanne Fouchard, sa femme, établirent quatre nouveaux étaux au carrefour de la Croix-Rouge, dans le faubourg Saint-Germain, après en avoir obtenu la permission par des lettres patentes qui furent enregistrées au parlement. Dès lors s'accrut avec le nombre des boucheries celui de la population, et jusqu'en 1800, il s'en créa successivement dans les rues Montmartre, Saint-Jean-de-Bauvais, des Boucheries-Saint-Germain, de la Montagne-Sainte-Geneviève, de la Place aux Rats, au Marché du Temple, aux Quinze-Vingts, à la Porte Saint-Antoine, au Marché-Neuf, à la

Fontaine Saint-Séverin, au Petit Marché, rue de Bucy, à la Croix-Rouge, près Saint-Nicolas-des-Champs, etc., etc.

Malgré cette extension, à cette époque, Paris n'avait pas d'abattoirs proprement dits; les bouchers, ainsi que cela avait toujours eu lieu, abattaient encore les bestiaux dans les divers emplacements où leurs étaux étaient établis et qu'ils abandonnèrent successivement pour se répandre dans tous les quartiers de la ville.

Sous Louis XV, la Prévôté des marchands voulut faire transporter les boucheries aux extrémites de la ville, mais le manque d'argent fit ajourner ce projet, bien que son exécution en fût alors reconnue nécessaire.

En effet, Mercier, dans son tableau de Paris, dit : qu'à cette époque, les boucheries étant au milieu de la ville, les animaux y étaient abattus devant les portes; « le sang ruisselle dans les rues, il se « caille sous vos pieds et vos souliers en sont rou-« gis. En passant, vous êtes tout à coup frappés de « rugissements plaintifs. Un bœuf est terrassé, et « la tête est liée avec des cordes contre la terré; « une lourde massue lui brise le crâne; un large « couteau lui fait au gosier une plaie profonde, son « sang qui fume coule à gros bouillons avec sa vie. « Mais ses douloureux gémissements, ses muscles « qui tremblent et s'agitent par de terribles con-

« vulsions, ses abois, les derniers efforts qu'il fait
« pour s'arracher à une mort inévitable, tout
« annonce la violence de ses angoisses et les souf-
« frances de son agonie...

« Quelquefois, le bœuf étourdi du coup, et non
« terrassé brise ses liens, et, furieux, s'échappe
« de l'antre du trépas, il fuit ses bourreaux et
« frappe tous ceux qu'il rencontre, comme les
« ministres ou les complices de sa mort; il répand
« la terreur, et l'on fuit devant l'animal qui, la
« veille, était venu à la boucherie d'un pas docile
« et lent.

« Des femmes, des enfants qui se trouvent sur son
« passage, sont blessés, et les bouchers qui courent
« après la victime échappée, sont aussi dangereux
« dans leur course brutale que l'animal que guident
« la douleur et la rage. »

Pour remédier à ces inconvénients, en 1807,
Napoléon 1er résolut la suppression des tueries particulières établies au domicile des bouchers ou
dans leur voisinage, et décida l'établissement
d'abattoirs publics à Paris.

On comptait alors 106 tueries particulières et 347
étaux de boucherie dans la partie nord de Paris,
et 44 tueries et 151 étaux dans la partie sud. Le
commerce paraissait satisfait du fonctionnement
des tueries particulières ; l'échaudoir était une
annexe de l'étal, chaque boucher abattait son bétail

chez lui ou dans une tuerie voisine appartenant à
un de ses confrères, procédant ainsi, sans déplacement, sans frais, sans pertes, réglant chaque jour
ses opérations d'abatage suivant la mesure de son
débit.

Les tueries particulières qui appartenaient à
certains bouchers, recevaient, moyennant rétribution, les bestiaux achetés sur pied par ceux
des bouchers du même quartier qui n'avaient pas
d'échaudoir ; de sorte que chacune de ces tueries
desservait ainsi un certain nombre d'étaux voi-
sins.

Un tel était de chose ne pouvait donc durer.
Aussi, depuis longtemps, dit Picolet, s'était-on
occupé du projet de construire à Paris des tueries
publiques éloignées du centre de la ville, et placées
de manière à éviter ce que des établissements de
cette nature disséminés dans l'intérieur, présen-
taient de contraire à la salubrité et de rebutant
pour les yeux des habitants. Les hommes appelés
à diriger l'administration avaient toujours considéré la création des abattoirs comme une chose
absolument nécessaire. Déjà, et depuis bien des
années, les principales villes de France, telles que
Lyon, Rouen, Toulouse, etc., etc., avaient des tueries
publiques, et l'expérience avait démontré les avantages qui en résultaient, sous les rapports de la propreté intérieure des villes, de la salubrité et de la sur-

veillance immédiate que la police doit exercer sur un genre de commerce qui importe autant à la santé et au bien-être des habitants que celui des viandes de boucherie. Ajoutons à ces considérations celle du danger toujours renaissant qui résulte du parcours des bestiaux dans l'intérieur des villes. A Paris, il n'est pas d'années où cela ne donne lieu à des accidents fâcheux, et n'occasionne des blessures graves et même la mort de plusieurs individus. La ville de Paris était, en quelque sorte, seule en retard ; des motifs de convenance du moment, et, peut-être aussi, la répugnance que les bouchers manifestaient contre ces établissements avaient contribué à en ajourner l'exécution, quand la révolution vint suspendre toute espèce de projets.

L'orage politique ayant un instant paru se calmer, on s'occupa de nouveau d'objets d'utilité puplique ; la création des abattoirs fut remise en délibération, l'idée en fut encore une fois examinée et approfondie ; des plans furent proposés, on consulta les principaux bouchers de la capitale, et, enfin, en 1810, le déplacement des tueries qui jusque-là, ainsi que nous venons de le dire, n'avaient pas cessé d'exister au centre de la ville, ayant été soumis à l'examen de l'empereur, le 9 février de la même année, Napoléon décréta : »

« Qu'il serait fondé à Paris cinq tueries, savoir :

trois sur la rive droite de la Seine et deux sur la rive gauche. (Art. 1er.) »

« Les trois tueries de la rive droite devaient comprendre soixante échaudoirs, les deux premières chacune vingt-quatre et la troisième douze ; et les deux tueries de la rive gauche n'en devaient contenir ensemble que trente, (l'une dix-huit, et l'autre douze). (Art. 2.)

« L'article 3 ordonna que la première pierre de ces tueries serait posée le 25 mars suivant par le ministre de l'intérieur, et l'article 4 disposa que la corporation des bouchers de Paris serait maîtresse de faire construire les cinq tueries à ses frais, auquel cas, elle en aurait le privilége exclusif, sinon, que les travaux seraient exécutés sur les fonds du domaine extraordinaire et à son profit. »

Malgré les invitations qui lui furent adressées à cet égard, par l'administration, la corporation ne profita pas de la faculté que le décret lui réservait.

Or, comme les propositions que diverses compagnies financières avaient soumises au gouvernement en 1807, n'avaient point été agréées, l'administration entreprit elle-même la construction de ces établissements.

Le 19 juillet 1810, un décret détermina l'emplacement des cinq abattoirs, de manière à placer la viande à proximité de tous les détaillants, et, chargea le ministre de l'intérieur, Crétet, de son exécution.

Dès lors, et en vue de donner satisfaction aux besoins des bouchers et aux intérêts du commerce,
l'importance attribuée à chacun des abattoirs par
le décret du 9 février 1810, dut être considérable-
ment augmentée : au lieu de soixante échaudoirs
pour la rive droite et de trente pour la rive gauche,
au total quatre-vingt-dix, qui avaient été fixés par
les projets primitifs, il en fut construit deux cent
quarante, qui furent ainsi répartis dans les cinq
abattoirs, savoir :

> 64 à l'abattoir Montmartre.
> 64 à l'abattoir Ménilmontant,
> 48 à celui de Grenelle,
> 32 à celui du Roule, et
> 32 à l'abattoir de Villejuif.
> ──────
> 240

Les travaux de ces établissements furent conduits
avec assez d'activité jusqu'à la fin de 1813, mais à
cette époque, ils furent suspendus par la mauvaise
situation des finances de l'État, les charges énormes
de la ville de Paris, et, surtout par tous les maux
qu'entraînèrent à leur suite la rentrée de Bonaparte
et la seconde invasion.

Cependant, le roi rendit, en août 1815, une ordonnance par laquelle les travaux des abattoirs devaient être continués et poussés avec assez de

célérité pour que ces établissements fussent mis
en activité au 1er janvier 1817.

A la suite de cette ordonnance, plusieurs sociétés
proposèrent à l'autorité de continuer à leurs frais et
d'achever les cinq abattoirs commencés en présentant des conditions plus ou moins avantageuses,
pour déterminer leurs bénéfices et opérer le remboursement de leurs capitaux.

La plupart de ces traités divers furent rejetés par
l'administration soit parce qu'ils contenaient des
conditions onéreuses, soit parce que les contrac-
tants n'offraient pas des garanties suffisantes.
Parmi les propositions faites, il en fut une, présen-
tée par une compagnie, qui fixa particulièrement
les regards à cause des conditions qui offraient à la
ville des résultats positifs et des avantages prochains et assurés, mais le directeur des travaux
publics de Paris, M. Bruyère, ne voulut pas de
compagnie et trouva meilleur d'achever les abattoirs, comme il les avait commencés. Aussi, ce ne
fut que le 16 septembre 1818, que les abattoirs généraux, conçus par Napoléon 1er, furent achevés
et livrés au commerce de la boucherie par l'administration municipale.

Ces abattoirs furent construits dans cinq arrondissements ;

Le premier, par l'architecte *Poitevin*, sous le
nom d'abattoir *Rochechouart*, rue Rochechouart

et avenue Trudaine, entre les rues de la Tour d'Auvergne, des Martyrs, et les anciens murs (1).

Le deuxième rue Saint-Maur-Popincourt, par les architectes *Happe* et *Vautier*, sous le nom d'abattoir *Popincourt*, formait une vaste place quadrilatérale et occupait l'îlot circonscrit par l'avenue Parmentier, les rues des Amandiers, Saint-Maur et Saint-Ambroise (2).

Le troisième, par l'architecte *Le Loir*, sous le

---

(1) Cet abattoir, dont la première pierre fut posée le 2 décembre 1810, par le comte Crétet, ministre de l'intérieur, et qui, depuis son établissement, s'est appelé abattoir *Montmartre*, occupait un espace de 37,240 mètres carrés; il comptait huit corps d'échaudoirs divisés par quatre cours de travail. Chaque corps de bâtiment contenant les échaudoirs avait 44 mètres de longueur et 10 mètres de largeur; les cours de travail avaient une longueur égale à celle des bâtiments et une largeur de 11 mètres. Chaque échaudoir avait une longueur de 10 mètres sur 4 mètres 60 centimètres de largeur, tous les ateliers étaient dallés en pierre. L'abattoir Montmartre comptait aussi huit bâtiments d'administration et deux grands parcs pour le lotissement des bestiaux. En vertu d'un arrêté du préfet de la Seine, en date du 28 novembre 1866, cet abattoir a été fermé le 31 décembre suivant et les services en furent transférés le lendemain 1er janvier 1867 aux abattoirs généraux de la Villette. Sur les deux tiers de son emplacement, s'élève aujourd'hui le collège Rollin.

(2) Cet abattoir qui a été appelé depuis abattoir de *Ménilmontant* avait une superficie de 44,995 mètres. Il contenait deux vastes parcs entourés de plantations pour les bœufs, 64 échaudoirs et 8 bâtiments à usage des bouveries et des bergeries. Indépendamment des bâtiments d'administration, il renfermait encore deux fondoirs, des magasins, des remises,

nom d'abattoir d'*Ivry*, boulevard de l'Hôpital, près la barrière d'Italie, entre les boulevards intérieurs et extérieurs (1).

---

une machine à vapeur et deux réservoirs. La forme de cet abattoir, composé de 27 corps de bâtiments, était régulièrement carrée, et l'ensemble du pavé des rues, des places, des bouveries, des écuries, des remises et des parcs aux bœufs comptait 32,474 mètres carrés. Cet abattoir commencé en 1811 a été fermé le 14 juillet 1867, par arrêté du préfet de la Seine en date du 28 juin précédent, et transféré le lendemain 15 aux abattoirs généraux. Au xvie siècle, pendant les premiers temps de la Réforme, l'emplacement de cet abattoir était occupé par la maison isolée, hors Paris, dans laquelle les protestants se réunissaient pour célébrer leur culte. C'est là qu'ils furent surpris et en partie massacrés par le duc de Guise et le connétable de Montmorency.

(1) Cet abattoir, que l'on a appelé, depuis, abattoir de *Villejuif*, n'est pas encore supprimé. Il occupe une superficie rectangulaire de 27,200 mètres, y compris les deux jardins extérieurs qui y sont annexés. Une large grille en décore l'entrée. A droite et à gauche sont deux pavillons élégants bâtis en pierres meulières, dans lesquels sont établis les logements de certains employés de l'abattoir. Derrière la grille est un vaste quinconce planté de tilleuls. Dans le fond et sur l'axe de l'abattoir est un bâtiment contenant dans son premier étage deux bassins réservoirs qui mettent en charge les 59 robinets destinés au service de l'établissement. Quatre grands corps de bâtiments, séparés chacun par une cour de travail contiennent ensemble 32 échaudoirs. Quatre bouveries formant quatre corps de bâtiments, dont deux sont placés parallèlement aux corps des échaudoirs et deux en potence, sont disposées pour le service des échaudoirs. Des remises et des écuries sont disposées aussi parallèlement à droite et à gauche des échaudoirs. Dans le fond de l'abattoir, à droite, se trouve un grand corps de bâtiment, placé en potence sur les échaudoirs de droite; il contient quatre fondoirs de suifs. A

Le quatrième par l'architecte *Gisors*, sous le nom d'abattoir des *Invalides*, près la barrière de Sèvres, l'avenue de Saxe, la place et l'avenue de Breteuil, la rue des Paillassons et le chemin de ronde de la barrière de Sèvres (1).

----

gauche un bâtiment correspondant à celui-ci renferme les triperies au rez-de-chaussée et quelques logements au premier étage. Derrière le bâtiment de droite et aux angles droit et gauche du mur du fond de l'abattoir sont ménagés deux petits corps de bâtiments contenant des latrines publiques. Depuis l'annexion, il a été élevé deux bouveries à droite et à gauche derrière et parallèlement aux échaudoirs. Dans chacune des rues voisines de ces nouvelles bouveries, il a été établi un coche pour le dépôt des immondices. Ces rues sont dénommées rue des Coches n° 1 et rue des Coches n° 2. Il a été également construit, depuis cette époque, de chaque côté du réservoir, deux petits bâtimentts divisés par cases et qui servent de bergeries aux moutons. Par suite de la suppression de l'abattoir de Belleville quatre échaudoirs portant les n°s 1, 3, 29 et 31 ont été affectés, au 1er septembre 1872, au service de l'abattage des chevaux, en vertu d'un arrêté du préfet de la Seine en date du 14 août précédent, et la moitié des bouveries n°s 3 et 5 a été mise à la disposition du commerce hippophagique pour y loger les chevaux en attendant l'abattage.

(1) Cet abattoir qui existe encore est connu aujourd'hui sous le nom d'abattoir de *Grenelle*. Il est admirablement situé près de l'ancienne barrière de Sèvres, entre la rue Barthélemy, l'avenue de Breteuil, la place de Breteuil, la rue Pérignon et la rue Bellard.

De tous les anciens abattoirs, c'est assurément celui où l'architecte s'est le plus distingué par la distribution des corps de bâtiments, par l'entente des effets pittoresques et par les dispositions les mieux combinées pour la faculté du service ; sa superficie est d'environ 32,500 mètres carrés. Une large grille en fer, en forme l'entrée qui s'ouvre sur la place de Breteuil. A droite et à gauche, en entrant, sont deux pavillons

Le cinquième, enfin, sur les dessins et sous la

ainsi distribués : dans celui de droite, le service de l'octroi et celui de la police, au rez-de-chaussée. Au premier étage, les logements du chef de service de l'octroi et des inspecteurs de police et de la boucherie. Enfin au deuxième étage le logement d'un homme de peine du service municipal. Le pavillon de gauche contient, au rez-de-chaussée, la loge du concierge et le bureau de la boucherie ; au premier étage, les logements du concierge et du portier, et au deuxième étage, ceux d'un homme de peine de la ville de Paris et d'un surveillant appartenant au service de la police.

En face la grille, se trouve un vaste quinconce planté en tilleuls, à l'entrée duquel est établi un bureau d'octroi ; à 20 mètres environ, en arrière de ce bureau et au milieu du quinconce, est un petit pavillon dans lequel se trouve la source du célèbre puits artésien du serrurier Mulot, d'Épinay (1).

A droite et à gauche du quinconce sont disposés, de chaque côté, deux vastes bâtiments séparés par deux cours de travail non couvertes. Ces bâtiments contiennent ensemble 48 échaudoirs au-dessus desquels sont établis des séchoirs.

Deux grandes bouveries parallèles aux corps des échaudoirs assurent le service avec douze autres petites élevées sur d'autres points de l'abattoir.

Les grandes bouveries sont disposées de manière à ce que les bœufs soient placés d'un côté et les veaux et les moutons de l'autre. Elles peuvent renfermer 60 bœufs, et 48 cases sont établies pour contenir chacune, savoir : 24, de 7 à 8 veaux et 24, de 25 à 30 moutons. Il existe dans chacune de ces bouveries deux fontaines et deux auges pour abreuver les bœufs.

A l'exception de la bouverie n° 7, qui a été réduite lors de

---

(1) Le tube extérieur du puits est élevé de 28 mètres au-dessus du niveau du sol.

Le percement du puits a été commencé le 24 décembre 1833, et l'eau a jailli le 27 février 1841, à 2 heures 1/4 de l'après-midi. — Le travail a duré, ainsi, 7 ans, 1 mois et 26 jours

La profondeur du puits est de 547 mètres ; la température de l'eau de 27 degrés 7 dixièmes centigrades, et le tube en débite 3,400,000 litres par 24 heures.

conduite de l'architecte *Petit-Radel*, sous le nom

---

la construction du bâtiment de la triperie, chaque petite bouverie peut renfermer 30 bœufs et contient 12 cases disposées pour recevoir, savoir : six de 7 à 8 veaux et six de 25 à 30 moutons. Il n'y a dans chacune de ces bouveries qu'une fontaine et qu'une auge pour abreuver les animaux.

Au-dessus de la bouverie n° 8, on a ménagé deux logements qui sont occupés par deux brigadiers de l'octroi, et au-dessus de la bouverie n° 10 trois logements sont habités par un inspecteur de la boucherie et deux surveillants de la police.

A l'annexion, les bouveries n°ˢ 13 et 14 ont été élevées sur les terrains contigus aux rues de Pérignon et de Barthélemy ; ces deux bouveries peuvent recevoir chacune 24 bœufs et contiennent 8 cases, quatre pour les veaux et quatre pour les moutons. Ces cases qui ne sont pas divisées, comme celles des autres bouveries, peuvent renfermer chacune : celles des moutons, 50 moutons ; et celles des veaux, 14 veaux. A la suite de ces bouveries et séparé par un petit jardinet, s'élève le bâtiment de la triperie. (L'atelier d'échaudage des têtes et pieds de veaux est loué par la ville moyennant une redevance annuelle de 1,400 francs.) Il existe au bout de ce bâtiment, qui est contigu à la rue Pérignon, deux petits pavillons servant, l'un, à la fabrication de l'albumine, et, l'autre, de magasin pour resserrer les épluchures des viandes. Un grand cabinet d'aisance est construit à la suite de ces pavillons. Il en est un autre d'établi derrière la bouverie n° 2 qui donne sur la rue Barthélemy.

En face et derrière le quinconce est un bâtiment qui contient 4 fondoirs.

Parallèlement et derrière ce bâtiment se trouve, un autre vaste bâtiment soutenu sur un gracieux portique dans les archivoltes de chacune duquel on a ménagé 14 remises pour les voitures des fondeurs et des bouchers. C'est au premier étage de ce bâtiment que sont établis deux magnifiques réservoirs dont la construction a été comparée aux plus beaux travaux des romains.

Près de ces réservoirs qui sont alimentés par les eaux du canal de l'Ourcq, s'élèvent deux petits bâtiments contenant

d'abattoir de *Miroménil*, dans la plaine de Monceaux au bout de la rue Miroménil (1).

---

ensemble 7 écuries communes pour mettre les chevaux des fondeurs de suif.

Il existe encore à droite et à gauche au fond de l'abattoir, deux quinconces de tilleuls.

Il a été aussi ménagé autour des murs intérieurs de l'établissement, des petits jardins, pour les employés qui y sont logés.

Il y a encore, à droite et à gauche, derrière chacun des pavillons d'entrée, un parc pour le triage des bestiaux.

On accède à tous les bâtiments par six rues dites : rue du Centre, rue des Échaudoirs, rue des Bouveries, rue des Coches rue des Fondoirs, et rue des Pavillons.

Enfin, cet abattoir, dont toutes les rues, les cours de travail, et les parcs sont très-bien pavés, est entouré de murs d'environ 3 mètres de hauteur.

(1) Cet abattoir, connu depuis sous le nom d'abattoir du *Roule*, occupait une superficie de 23,660 mètres carrés. Il était entouré d'allées plantées de sycomores et se composait de 14 bâtiments et de plusieurs cours. Sa principale entrée qui ouvrait rue de la Pépinière, était assez étroite et séparée par deux pavillons servant d'habitation à quelques employés. A droite et à gauche s'élevaient les corps de bâtiments contenant 32 échaudoirs. De chaque côté et sur le prolongement de ces pavillons, se trouvaient deux grands corps de bâtiments; les triperies occupaient celui de droite, dans lequel il y avait, en outre, un magasin au rez-de-chaussée et quelques logements d'employés au premier étage, et celui de gauche renfermait quatre fondoirs.

En face de la grille d'entrée, et au fond de la cour, une grande terrasse s'élevait d'environ six mètres au-dessus du sol de l'abattoir. Cette terrasse soutenue de chaque côté par six grandes arcades, mesurait 3,000 mètres. On y accédait par un escalier à double rampe, placé au centre et comptant 45 marches. Un double rang de sycomores était planté dans toute l'étendue de la terrasse et plusieurs petits jardins, cultivés par les employés demeurant à l'abattoir, bordaient, sur

Tels qu'ils étaient établis, ces abattoirs, qui avaient coûté environ dix-huit millions à la ville de Paris, occupaient ensemble une superficie totale de 165,235 mètres, dont 43,967 en bâtiments et 121,268 mètres en cours.

Les greniers pouvaient contenir 134,000 bottes de fourrages, et les bouveries pouvaient abriter 1,400 bœufs, 1,800 veaux et environ 8,000 moutons.

Il y avait, en tout, 8 triperies, 240 échaudoirs et 28 fondoirs.

L'ouverture de ces cinq abattoirs eut lieu, en vertu d'une ordonnance de police du 11 septembre 1818, qui prescrivit qu'à partir du 15 du même mois, les bestiaux ne pourraient plus être conduits dans l'intérieur de Paris, aux étables et abattoirs particuliers.

A cette époque, le nombre des bouchers qui était de 387, fut réparti entre les cinq abattoirs ; 121 à Montmartre, 104 à Ménilmontant, 67 à Grenelle, 50 au Roule et 45 à Villejuif. Mais, peu après, l'ac-

---

trois faces, les murs entourant cette terrasse. Les arcades servaient de remises, d'écuries, et, au besoin, de bergeries. Sous la terrasse était placés deux réservoirs d'eau alimentés, d'abord par une machine à vapeur qui la tirait d'un puits, et depuis 1840, par les eaux du canal de l'Ourcq.

Cet abattoir a été fermé le 1ᵉʳ septembre 1863, par arrêté du préfet de la Seine, en date du 23 août précédent, et les bouchers ont été répartis dans les abattoirs des Batignolles et de Montmartre.

croissement des bouchers ne tarda pas à rendre nécessaires des répartitions nouvelles.

En 1837, la ville fut divisée en cinq circonscriptions à chacune desquelles fut affecté un des cinq abattoirs généraux, et tous les bouchers établis dans une de ces circonscriptions durent abattre leur bétail dans l'abattoir correspondant (1).

A la suite du décret du 24 février — 4 mars 1858 (2), qui a rendu la liberté au commerce de la boucherie, le nombre des étaux exploités dans l'ancien Paris, augmenta dans une proportion telle, que, du mois de mars 1858 au mois de décembre 1859, on constata qu'il s'en était créé 131.

En cette année, la loi du 16 juin 1859, annexa à

---

(1) En 1857, dernière année durant laquelle le commerce de la boucherie fut soumis au régime de la réglementation, les 501 bouchers qui existaient alors, furent ainsi répartis entre les abattoirs : 153 à l'abattoir Montmartre, 140 à l'abattoir Ménilmontant, 89 à l'abattoir du Roule, 73 à celui de Grenelle et 46 à celui de Villejuif. — Autrefois il était défendu aux bouchers de Paris d'introduire, dans les abattoirs, du bétail qui n'avait pas été acheté sur l'un des marchés officiels de Sceaux ou de Poissy, et, pour assurer l'effet de cette prescription, tout animal présenté aux abattoirs devait être accompagné d'un certificat d'origine appelé *hayon*. Cette formalité n'est plus nécessaire depuis le décret du 24 février 1858, qui a abrogé cette ancienne disposition.

(2) En proclamant la liberté de la boucherie, ce décret a eu pour résultat de multiplier le nombre des étaux et de réduire, par l'effet de la concurrence, l'importance des affaires traitées par chacun des bouchers.

la ville de Paris des territoires compris dans l'enceinte des fortifications.

Par suite de cette annexion, à partir du 1er janvier 1860, le nombre des abattoirs s'accrut de ceux des *Batignolles,* de la *Villette* (1) et de *Belleville* (2), et les étaux qui existaient dans les communes ou fractions

---

(1) Cet abattoir qui, depuis 1850, existait rue Curiale, a été fermé le 14 avril 1868, par arrêté du préfet de la Seine du 17 mars précédent et transféré aux abattoirs généraux de la Villette le lendemain 15 avril.

(2) Les abattoirs des Batignolles, de la Villette et de Belleville, contenaient des dépendances spécialement affectées à l'abatage et à la préparation des porcs. Par arrêté du préfet de la Seine en date du 27 novembre 1869, l'abattoir de Belleville a été fermé le 31 décembre suivant, et, à partir du 1er janvier 1870; les bouchers de cet abattoir ont été classés dans le nouvel abattoir central de la Villette, dont les échaudoirs portant les n°s 126 et 128 ont cessé alors d'être banaux et ont été également mis à la disposition du commerce.

Les charcutiers ont été classés dans les abattoirs de Château-Landon, des Fourneaux ou des Batignolles à leur gré, et, suivant les vacances existant dans ces abattoirs, au 31 décembre 1869. L'abattoir de Belleville, ouvert provisoirement pendant le siége pour l'abatage des chevaux livrés à la consommation, a été fermé de nouveau le 31 août 1872 en vertu d'un arrêté du préfet de la Seine du 14 du même mois, et les bouchers ont été classés, à partir du 1er septembre suivant, dans l'abattoir général de la Villette. A dater du dit jour 1er septembre, et en vertu de l'article 2 du même arrêté qui a prescrit que huit échaudoirs de l'abattoir de Villejuif et leurs dépendances pourraient être affectés à l'abatage des chevaux au fur et à mesure des besoins constatés, quatre échaudoirs ont été mis à la disposition des bouchers faisant ce genre de commerce.

de communes réunies à la capitale, vinrent s'ajouter à ceux ouverts dans les douze arrondissements anciens (1).

Dès lors, le nombre des abattoirs de Paris en activité fut ainsi porté à huit, auxquels l'application du système des circonscriptions, rétabli par une ordonnance du Préfet de police du 2 mai 1859, détermina, comme suit, la répartition du territoire de la ville nouvelle entre les huit abattoirs.

Abattoirs	Circonscriptions
MONTMARTRE . . .	Son ancienne circonscription de Paris.
MÉNILMONTANT. . .	Son ancienne circonscription de Paris. Charonne. Saint-Mandé.
VILLEJUIF.	Son ancienne circonscription de Paris. Montrouge. Gentilly. Ivry. Bercy.
GRENELLE.	Son ancienne circonscription de Paris. Passy. Auteuil. Grenelle. Vaugirard.
LE ROULE.	Son ancienne circonscription de Paris.
BATIGNOLLES. . . .	Batignolles. Montmartre. Les Ternes.
BELLEVILLE	Belleville.
LA VILLETTE, . . .	La Villette. La Chapelle.

(1) Le nombre des bouchers en exercice qui, en 1856, était

Telle était, à cette époque, l'organisation des abattoirs de Paris, quand une commission, composée de trois conseillers d'État : *MM. Cornudet, Manceaux* et *Langlais*, fut chargée, par l'Empereur, d'examiner toutes les questions se rattachant à un projet conçu par *M. Haussmann*, préfet de la Seine, pour l'établissement d'un marché aux bestiaux et d'abattoirs sur les territoires des anciennes communes de la Villette et de Pantin (1).

---

de 662, s'augmenta de plus du double après la promulgation du décret du 24 février-4 mars 1858.

Après l'annexion, l'augmentation fut telle, qu'en 1861, le nombre des étaux était de plus de 1200. Il s'élevait en 1871 à 1832, répartis ainsi : dans Paris et dans les marchés concédés, 1576 ; aux halles centrales, (pavillon n° 3) 72 ; et dans les marchés régis par la ville, 184.

(1) Ce projet, dit le rapport de cette commission, soumis en 1857, aux délibérations d'une commission administrative instituée par un arrêté du 15 avril 1856, fut l'objet d'un examen particulier de la part d'une sous-commission présidée par M. Devinck, qui, sur les conclusions du rapporteur aboutit à une solution négative.

Le 1er février 1857, la commission ne se prononça pas sur la question du déplacement des abattoirs, mais elle émit un avis favorable, en principe, à l'institution d'un marché unique où serait concentrée la vente des bestiaux destinés à l'approvisionnement de Paris.

Le 13 mars suivant, le conseil municipal de la Seine adopta, de son côté, par une délibération, la création du marché unique, sans faire mention du déplacement des abattoirs.

Une nouvelle délibération du conseil municipal, prévoyant l'émancipation prochaine de la boucherie, remit en question, le 4 décembre de la même année, la création du marché unique.

Cette commission émit un avis favorable à la partie du projet concernant le marché aux bestiaux à fonder sous les murs de Paris, mais elle repoussa la création d'un abattoir unique, même pour

---

La liberté de la boucherie ayant été décrétée le 24 février-4 mars 1858, le 11 novembre suivant, le préfet de la Seine proposa de nouveau au conseil municipal l'établissement d'un marché unique sous les murs de Paris et la construction d'un grand abattoir.

Pour réaliser ce double projet, M. Haussmann demanda l'acquisition d'un vaste terrain, d'une superficie de 200,000 mètres, situé à la Villette, limité, d'un côté par le canal Saint-Denis d'un autre côté par le canal de l'Ourcq ; vers l'Est par la route militaire intérieure et s'ouvrant sur la route de Flandre.

Frappé des avantages qui devaient résulter de cette opération, le conseil municipal décida, par une délibération du 19 novembre 1858, qu'il y avait lieu de faire déclarer d'utilité publique l'acquisition par la ville de l'emplacement désigné ci-dessus, pour y établir un marché à bestiaux et des abattoirs, sans trancher pour cela la question de l'abattoir unique.

Cependant, l'administration ayant bientôt reconnu que le périmètre fixé était insuffisant pour construire à la fois le marché et les abattoirs, et pour permettre l'établissement, à proximité du marché par un embranchement sur le chemin de fer de ceinture, d'une gare spéciale nécessaire au déchargement des bestiaux, deux nouvelles délibérations, en date des 14 janvier et 25 février 1859, décidèrent qu'il y avait lieu de réunir à l'emplacement désigné dans la délibération du 19 novembre 1858, les terrains compris entre le canal de l'Ourcq, la rue d'Allemagne et la rue Militaire.

A la suite de ces diverses délibérations, le décret du 6 octobre 1859, « déclara d'utilité publique l'acquisition par la ville « de Paris soit à l'amiable soit par voie d'expropriation, de « tous les terrains et autres immeubles compris entre la rue « Militaire intérieure, la rue de Flandre (route nationale nº 2), « le canal Saint-Denis, le dépotoir et la route d'Allemagne

la rive droite de la Seine, par le motif que le grand
intérêt public ordonnait de diviser les abattoirs de
Paris; néanmoins, un décret du 6 octobre 1859,
déclara d'utilité publique, l'expropriation des ter-

« (route nationale nº 3); ces terrains étaient destinés à l'éta-
« blissement d'un marché aux bestiaux et d'abattoirs pu-
« blics. »

Peu après ce décret, les terrains de la Villette furent acquis
par la ville de Paris au prix de 8,501,927 fr. 96 cent. frais
compris.

« Les abattoirs, dit M. le préfet, qui naguère étaient con-
« tigus au mur, se trouvent aujourd'hui au milieu même de
« la ville, entourés d'habitations qui se pressent et se multi-
« plient.Le passage constant des bestiaux, les émanations fé-
« tides que répandent les tueries et les fondoirs ne manque-
« raient pas de compromettre bientôt la sécurité des rues
« voisines et l'hygiène publique. Il est donc urgent de dépla-
« cer les abattoirs, et dès lors, pour mieux assurer l'approvi-
« sionnement, l'économie des frais de transport, le bon mar-
« ché de la denrée, la facilité des opérations du commerce,
« il importe, en les réunissant en un seul établissement, de
« les rapprocher du marché aux bestiaux. »

En même temps que son mémoire, le préfet de la Seine pré-
senta au conseil municipal un projet d'exécution pour le marché et les abattoirs, conçu principalement au point de vue
de l'exécution d'un abattoir unique destiné à suppléer aux
dix abattoirs fonctionnant alors et qui seraient supprimés.

Il résultait de ce plan d'ensemble dressé pour l'établissement
du marché et de l'abattoir, que l'abattoir devait être élevé
sur la partie occidentale des terrains acquis à la Villette, et
occuper une superficie de 20 hectares comprise entre la route
de Flandre, la rue Militaire, le canal de l'Ourcq et le canal
Saint-Denis.

Dans l'hypothèse de l'exécution complète, le projet rempla-
çait les 286 échaudoirs fonctionnant alors dans les divers
abattoirs de Paris et des communes annexées par 316 échau-

rains nécessaires à l'exécution tant du marché aux bestiaux que des abattoirs généraux de la Villette.

Le 19 octobre 1864, un autre décret impérial déclara aussi d'utilité publique l'établissement d'un

---

doirs. Aux bouveries dépendant des abattoirs de Paris et dont la superficie était de 14,800 mètres, il substituait des bouveries et des bergeries offrant un développement de 23,800 mètres et pouvant recevoir 2,500 bœufs et 15,000 moutons. Des triperies, un fondoir, des bâtiments réservés à l'administration et à l'octroi complétaient les services. L'abattoir à porcs, destiné à remplacer les établissements de la rue Château-Landon et de la barrière des Fourneaux, qui existent encore (1873), et occupent 22,000 mètres de terrains, présentait une superficie presque double ; enfin, le prix des travaux pour l'exécution complète de l'abattoir unique était évalué par les devis à 13,731,070 fr.

Ce projet, qui, outre l'hypothèse de l'exécution complète de l'abattoir unique, avait prévu l'hypothèse subsidiaire au point de vue d'un grand abattoir centralisant l'approvisionnement de la rive droite et laissant fonctionner les deux abattoirs de la rive gauche, ce projet, dis-je, soumis au conseil des bâtiments civils fut écarté par un avis du 18 août 1860, basé tout à la fois sur des considérations générales touchant au fond même de l'entreprise et sur des appréciations se rattachant à la question d'art.

C'est en présence de ces éléments, dont il importait qu'aucun ne fût omis, que la commission se trouva placée pour émettre un avis sur le projet de fonder à la Villette un abattoir unique pour Paris entier et subsidiairement pour toute la rive gauche de la Seine.

La question de centralisation des abattoirs était ainsi posée à la commission comme absolument indépendante du projet d'établir à la Villette le grand marché aux bestiaux dont la création était déjà hors de discussion, elle dut être examinée dans son individualité propre.

Tout le monde se trouva d'accord pour approuver l'éta-

chemin de fer d'embranchement reliant le marché
aux bestiaux et les abattoirs contigus avec le chemin de fer de ceinture.

Les travaux du marché et des abattoirs concédés

---

blissement d'un grand marché sous les murs de Paris et pour
considérer les avantages qui en résulteraient pour le commerce ; mais, malgré le sentiment public dont les membres
de la commission avaient pu quelquefois recueillir l'expres-
sion, l'enquête officielle à laquelle ils avaient dû se livrer, et
après avoir longuement examiné le projet de centraliser les
abattoirs au triple point de vue :

Du commerce de l'alimentation public ;

De l'intérêt politique ;

Et de la salubrité, la commission fut unanime pour affirmer
que le grand intérêt public ordonnait de diviser les abattoirs
de Paris et défendait de créer un abattoir unique, même pour
le service de la rive droite de la Seine.

Relativement à la question de savoir s'il y avait lieu de concéder à une compagnie industrielle ou si la ville devait se
réserver la construction et l'exploitation du marché, ainsi
que l'abattoir unique, le même rapport de la commission
exprima :

Qu'en ce qui concernait l'abattoir qui serait annexé au
marché, la question ne paraissait pas présenter de doutes sé-
rieux.

Cependant la commission fit remarquer que les organes de
la ville ne semblaient pas avoir jamais pensé que l'abattoir dût
être concédé à l'industrie privée. Dans le mémoire du 15 juin
1860, présenté au conseil municipal de Paris à l'occasion de l'é-
mission d'un emprunt de 130 millions, M. le préfet de la Seine,
disait :

« On peut concéder l'entreprise du marché à bestiaux, mais
« je doute que le même expédient soit praticable pour les
« abattoirs. »

Dans l'enquête faite par la commission dans sa séance du
12 janvier 1861, pour éclairer la solution des questions qui

le 20 janvier 1865, ont été exécutés sur les plans et
sous la conduite de M. Janvier, architecte, d'après
les avant-projets de M. Baltard, architecte en chef
de la ville de Paris.

---

lui étaient soumises, M. le secrétaire général de la préfecture
de la Seine s'expliquant au nom du préfet déclarait que dans
la pensé de ce magistrat :
« L'abattoir devait être construit et exploité par la ville.
La commission partagea complétement cet avis, s'appuyant
sur ce que : la jurisprudence administrative avait toujours
maintenu cette règle :
« Que les tarifs d'abattage ne peuvent être une source de
« revenu pour les villes, mais doivent seulement compenser
« pour elles les frais de premier établissement et d'entretien. »
(*Avis des sections réunies de l'intérieur et des travaux publics, du
4 avril 1853*).

MARCHÉ

AUX BESTIAUX DE LA VILLETTE

———

Un arrêté du préfet de la Seine, en date du 21 septembre 1867, prescrit que la vente des bestiaux, qui avait lieu aux marchés de Sceaux, des Bernardins, ou halle aux veaux, et de la Chapelle, serait établie, à dater du 21 octobre de la même année, dans le marché général de la Villette.

Le marché de Poissy fut maintenu provisoirement (1).

———

(1) Autrefois les règlements interdisaient toute vente de bestiaux ailleurs que sur ces marchés. Le décret du 24 février-4 mars 1858 a abrogé ces règlements et a donné aux bouchers la liberté d'acheter en dehors des marchés, si cela leur convient.

———

DESCRIPTION DU MARCHÉ

L'étendue totale des terrains occupés par le marché de la Villette est d'environ vingt-trois hectares.

L'ensemble des constructions occupe une superficie de 48,987 mètres.

Le terrain affecte la forme d'une espèce de trapèze dont le plus grand côté est curviligne. Il est entouré du nord au sud-est par le chemin de fer de Ceinture desservi par cinq voies et une portion de la rue d'Allemagne, le canal de Saint-Denis, la route de Flandre et la route militaire.

Le marché proprement dit, a la forme d'un quadrilatère irrégulier. Il est encadré par la rue d'Allemagne au sud, le canal de l'Ourcq (1), au nord ; le canal du Dépotoir à l'ouest et le chemin de fer de Ceinture à l'est.

La grande entrée est établie sur le côté occiden-

---

(1) Le canal de l'Ourcq, créé sous le premier empire, se bifurque devant la Villette et va alimenter le grand bassin et les canaux Saint-Martin et Saint-Denis. Depuis la construction du canal de l'Ourcq, deux écluses et le pont de Flandre y ont été successivement établis.

tal de la route de Paris à Pantin, qui continue la rue Lafayette.

Au centre d'un vaste préau, formé par une grille très-étendue, s'élève la fontaine qui, autrefois, était sur la place du Chateau-d'Eau (1).

Au premier plan, à droite et à gauche, sont les bâtiments du contrôle municipal et de la régie (2).

Deux vastes abreuvoirs sont construits derrière chacun de ces bâtiments (3).

---

(1) Cette fontaine monumentale construite sur les plans de l'ingénieur Simon Richard, avait été inaugurée le 15 août 1811. — Quatre socles décorent le bassin circulaire ; sur chacun de ces socles, sont assis à côté l'un de l'autre, deux lions qui lancent huit jets d'eau magnifiques. Une gerbe étincelante jaillit hors de la fontaine et tombe en cascades dans une cuvette supérieure, laquelle se reverse dans une cuvette inférieure, qui, à son tour, renvoie son trop plein dans un troisième récipient. Elle est vidée deux fois par semaine, les mercredi et dimanche, et l'eau en est renouvelée les lundi et jeudi, jours de grands marchés, pour abreuver les bœufs.

(2) Dans celui de droite, il existe au rez-de-chaussée, les bureaux de contrôle municipal, ceux du service de la préfecture de police et un bureau télégraphique pour les besoins du commerce. Ce dernier est ouvert de 9 heures du matin à 7 heures du soir, en semaine, et de 8 heures à 10 heures du matin et de 3 heures à 6 heures du soir, les dimanches et fêtes. (*Voyez le tarif à l'appendice n° 51.*

Un poste de garde républicaine est installé au rez-de-chaussée de la partie de ce bâtiment qui fait face à la halle aux veaux.

Il y a dans le bâtiment de gauche une salle de bourse. C'est dans cette salle que, le 21 septembre 1868, les bouchers de Paris et des environs se sont réunis pour nommer une commission arbitrale.

(3) L'eau des abreuvoirs est renouvelée, comme celle de la fontaine, la veille des grands marchés.

Afin d'être comptés, à leur entrée sur le marché, les bestiaux passent successivement, un par un, dans une série de galeries et d'enclos solidement construits.

Les trois grandes halles destinées à la vente des animaux, sont en fer et fonte et sont chacune entièrement abritées sous la même toiture.

Cette couverture est soutenue par des arcatures et des colonnes d'un gracieux aspect.

L'emplacement des bœufs, disposé pour 4,600 têtes, est situé au milieu et comprend environ 18,000 mètres de superficie.

La halle aux moutons est à gauche et contient 23,000 places.

Enfin, à droite, est celles des veaux et des porcs; elle peut abriter 2,500 veaux et 4,000 porcs. Au fond, à droite et à gauche de cette halle, il existe deux bureaux vitrés, pour le pesage des animaux. Ces bureaux sont desservis par des préposés appartenant à la Préfecture de la Seine.

Des étables, où l'eau circule abondamment, sont construites en arrière des halles dans toute l'étendue du marché et peuvent donner asile aux bestiaux, soit avant, soit après la vente.

Ces étables se composent de trois groupes de bâtiments, au centre de chacun desquels on a ménagé une cour de service de 53 mètres de long sur 15 mètres de large, munie d'abreuvoirs.

4

Le premier groupe, à gauche, qui occupe une surface de 87 mètres de long sur 49 de large, est destiné aux moutons. Il est divisé à l'intérieur en 74 cases munies de râteliers et de mangeoires, et pouvant contenir, chacune, 100 moutons, soit ensemble 7,400 têtes.

Le deuxième groupe, d'une dimension égale, est disposé en quatre bouveries munies de mangeoires et contenant 200 bœufs, soit ensemble 800 bœufs. La fourrière de la préfecture de police est installée à l'extrémité du bâtiment en aile, à droite.

Le troisième groupe, enfin, de dimensions aussi semblables, et dit mixte, se compose ainsi :

Les deux ailes placées aux extrémités sont destinées aux veaux et aux porcs. Elles sont divisées en seize cases pouvant contenir chacune 25 veaux ou 50 porcs, soit ensemble 400 veaux ou 800 porcs.

Les deux bâtiments du milieu sont disposés en bouveries et peuvent contenir chacun, 200 bœufs, soit ensemble 400 bœufs.

Ces bâtiments longent une rue, de 16 mètres de large, dans laquelle sont établies des voies ferrées qui permettent de faire directement les approvisionnements de fourrages amenés par le chemin de fer.

De l'autre côté de cette rue, et sur l'emplacement réservé à l'agrandissement des halles, sont construits deux bâtiments provisoires de 87 mètres 20 centimètres de long sur 16 mètres de large. Celui de gauche destiné aux bœufs, peut en contenir 360. On a ménagé dans ce bâtiment une étable pour recevoir 90 vaches laitières, et on a disposé en avant de cette étable une cour avec deux abreuvoirs.

Celui de droite destiné aux porcs est divisé en 144 cases pouvant contenir chacune 25 porcs, soit en tout 1800 porcs.

En décembre 1872, il a été mis à la disposition du commerce une nouvelle bouverie provisoire située à l'extrémité gauche des trois groupes de bâtiments ci-dessus décrits. Elle se compose de 5 corps de bâtiments avec pignons contigus, divisés à l'intérieur en dix travées pouvant contenir chacune 68 bœufs, soit ensemble 680 bœufs. Sa construction est en brique et bois et ses dimensions sont de 80 mètres de long sur 34 mètres de large.

Partout dans le marché, il est établi des prises d'eau pour l'arrosage qui s'effectue à l'aide de tuyaux, ainsi que cela se pratique pour l'arrosage des rues de Paris.

Les bestiaux arrivent au marché soit à pied, par la grande grille de la rue d'Allemagne, soit et surtout, par l'embranchement du chemin de fer qui se soude à la gare de Belleville.

Cet embranchement longe le canal et les abattoirs sur une étendue d'environ un kilomètre, et relie, par le chemin de fer de Ceinture, le marché à tous les chemins de fer de Paris (1).

Au point de déchargement des wagons se trouvent trois petits bâtiments établis sur le même plan et dans le prolongement de l'embranchement.

Le premier, plus rapproché de l'emplacement des porcs, contient un réservoir d'eau et est divisé en deux parties. Celle qui s'ouvre sur la voie renferme une chaudière destinée à procurer de l'eau tiède pour abreuver les veaux, et un fourneau pour rougir les fers à marquer les porcs (2). L'autre s'ouvrant du côté des porcs renferme un échaudoir destiné

---

(1) Il est l'œuvre de M. Hachette, ingénieur des ponts et chaussées et appartient à la ville de Paris ; mais le syndicat en a la jouissance jusqu'à l'expiration de la concession qui lui a été faite du chemin de fer de Ceinture. La ville en disposera à cette époque comme elle l'entendra.

Les bouchers de province ou de la banlieue, qui viennent s'approvisionner sur le marché de la Villette, ont la faculté de faire opérer le transport dans leur pays des bestiaux qu'ils ont achetés, par l'embranchement qui, ainsi que nous venons de le dire, correspond, par le chemin de fer de Ceinture, avec toutes les grandes lignes.

(2) Ce compartiment divisé en deux parties a été, après autorisation accordée, par arrêté du préfet de la Seine, en date du 13 avril 1869, renouvelé le 3 mars 1870, concédé par la régie à un industriel, pour la vente de l'eau chaude destinée à l'abreuvement des veaux et des porcs, mais il ne sert plus aujourd'hui. Depuis quelque temps, la vente de l'eau chaude n'a plus lieu ainsi : ce sont des ouvriers au nombre de vingt, médaillés et autorisés par la préfecture de police, connus sous le nom d'abreuveurs, qui se chargent de la fourniture de l'eau chaude. Ces ouvriers ont des espèces de

à l'abatage de ceux de ces animaux dont la mort ne peut être retardée ; à droite et à gauche de cet échaudoir sont des cabinets d'aisance.

Le deuxième bâtiment est occupé par un bureau du service de l'octroi et enfin, le troisième établi près des bouveries est affecté à un bureau de la régie pour les déclarations et la perception des droits.

Le marché communique avec les abattoirs par deux ponts jetés sur le canal de l'Ourq.

Ces deux passages exhaussés, de manière à ne pas gêner la batellerie, sont accessibles aux bestiaux par des voies carrossables.

Par un troisième pont construit à l'extrémité orientale du marché et sur le même canal, se trouve établie une communication facile et prompte du chemin de fer avec les abattoirs. Le tablier de ce

---

tonneaux mobiles, en fer ou en bois, dans lesquels ils font chauffer l'eau à l'aide d'un fourneau placé au-dessous de chacun de ces réservoirs. Chaque ouvrier a sa clientèle et il leur est alloué dix centimes par tête de veau abreuvé.

Ces abreuveurs sont en outre employés au chargement et au déchargement des veaux.

L'autre partie de ce local est occupée par les représentants de la charcuterie qui y ont fait établir un fourneau destiné au chauffage des fers servant à marquer les porcs achetés par les charcutiers de Paris. Les mandataires payent au concessionnaire, pour cette occupation, 8 francs par semaine, soit 416 francs par an.

A leur arrivée, les jours de grand marché, les porcs sont lavés au moyen de lances s'adaptant à quatre robinets, disposés à cet effet, à chaque extrémité de l'abreuvoir situé devant la halle aux veaux.

pont est tout en fer et pèse de 30 à 40,000 kilogrammes. Il est placé au niveau des rails, est mobile et se lève et se baisse au moyen d'un ingénieux
appareil hydraulique faisant contre-poids, selon que
l'on veut livrer passage aux trains ou aux bestiaux.

« Ainsi donc, le marché aux bestiaux de la Vil-
« lette, qui se développe sur une étendue de vingt-
« trois hectares compris entre le canal de l'Ourcq,
« le chemin de fer et la rue d'Allemagne, présente
« des dispositions tout à fait nouvelles, et les bes-
« tiaux amenés de toutes les parties de la France
« et même de l'étranger arrivent à ce grand centre
« commercial; ils ne quittent le wagon que pour
« entrer dans le marché qui, lui-même, touche à
« l'abattoir, de sorte que le chemin de fer qui a
« amené l'animal vivant, remporte ses morceaux
« dépecés dans tous les quartiers de Paris (1). »

C'est donc l'ensemble le plus complet qui ait encore été réalisé pour assurer l'approvisionnement
d'une grande ville.

---

(1) Discours de M. le ministre de l'agriculture et du commerce au premier concours général annuel des bestiaux qui
a eu lieu à la Villette le 1er avril 1868.

Les concours des animaux de boucherie ont pris naissance
en 1843 et c'est l'arrêté ministériel du 31 mars de cette année
qui en a jeté les bases. La nouvelle institution a été inaugurée
le 8 février 1844, sur le marché de Poissy, alors le plus grand
centre commercial du bétail gras, en France. Le 2e concours
a eu lieu à Lyon, le 30 mars 1847, par arrêté ministériel du 23
décembre 1846.

RÉGIE

—

Aux termes du cahier des charges et conditions
dressé le 5 août 1864, adopté par délibération du
conseil municipal le 19 du même mois, et approuvé par décret impérial en date du 11 décembre
suivant, la ville de Paris a, le 30 janvier 1865, ad-
jugé sur soumissions cachetées, l'entreprise de la
régie intéressée du marché aux bestiaux de la Villette, à la Société l'*Approvisionnement* (1).

———

(1) La Société l'*Approvisionnement*, (Société anonyme de crédit
des halles et marchés de Paris) a été instituée par décret impérial du 8 juillet 1863. Elle s'est, en 1869, substituée la Société anonyme parisienne de crédit. La société concessionnaire
a pour mission de veiller, sous le contrôle de la ville, à la
réception et au classement des animaux. Elle touche des droits
de place et de séjour pour le compte de la Caisse municipale
et se trouve ainsi chargée de tous les menus détails de police,
d'entretien, d'appropriation et d'administration du marché.

Comme société privée, ses statuts lui interdisent formellement toute espèce d'opération pour son compte ; mais elle se
charge de faire vendre les animaux au point de vue des intérêts des expéditeurs ou dans les limites des prix fixés par
eux. — Ces ventes peuvent se faire, soit par l'intermédiaire des
commissionnaires spécialement désignés par les intéressés, soit

Cette régie, qui comprend l'exploitation du marché, a été consentie pour une période de 50 ans, qui ont commencé à courir du jour de l'ouverture du marché (21 octobre 1867).

à défaut d'instruction, par le ministère d'agents choisis avec soin par l'administration de la Société.

Le jour même de la vente des animaux, le montant de cette vente, avances et frais déduits, est adressé par la poste aux expéditeurs. Un service de caisse est organisé dans l'intérieur du marché par les soins de la Société. Chaque boucher, en entrant au marché, s'il n'a pas de crédit ouvert, peut déposer entre les mains de la compagnie la somme qu'il juge nécessaire à ses achats; il lui est, dès lors, délivré un cahier de chèques jusqu'à concurrence du crédit ouvert ou de la somme déposée. — Ce service de payement, destiné à faciliter les transactions, donne lieu à une minime commission de 0 fr. 25 par 100 francs de payement effectués, sans que la commission puisse être inférieure à 2 fr. 50. — La Société se charge également, aux conditions d'usage, des remises et encaissements des bouchers (*Annuaire de la boucherie de* 1868).

Le 15 octobre 1869, la Société l'*Approvisionnement*, s'est transformée en Société anonyme parisienne de crédit, sous la réserve de l'adhésion de la ville de Paris, et le 29 du même mois, le conseil municipal a décidé, après délibération, qu'il y avait lieu d'adhérer à la transformation de ladite Société. — A la suite d'une lettre, en date du 17 décembre suivant, adressée au préfet de la Seine par les administrateurs de cette Société, dans laquelle ils s'engageaient, à partir du 1er du même mois, à se conformer à toutes les clauses et conditions du cahier des charges du 5 août 1864 précité, et aux arrêtés relatifs à l'entreprise de la régie intéressée du marché aux bestiaux, le préfet a arrêté, le 29 janvier 1870, que tous les versements à opérer par la Société l'*Approvisionnement*, comme tous les payements à effectuer au nom et pour le compte de cette Société, seraient opérés ou effectués au nom et pour le compte *de la Société anonyme parisienne de crédit régie du marché aux*

D'après l'article 7 du cahier des charges et les arrêtés préfectoraux des 21 septembre 1867 (1) et
20 février 1868 (2), la délibération du conseil municipal du 5 juin 1872 et l'arrêté du Préfet de la Seine
du 15 du même mois (3), les droits de places pour
les bestiaux amenés et mis en vente sur le marché
de la Villette, sont fixés depuis le 1ᵉʳ juillet 1872,
ainsi qu'il suit :

Par tête de Taureau, bœuf ou vache . . .	3 fr.	»
— Veau.	1	»
— Porc.	1	»
— Mouton	0 fr. 30	

Ces droits sont perçus autant de fois que les

---

bestiaux, à partir du 1ᵉʳ décembre 1869, et que le cautionnement
déposé à la caisse des travaux serait inscrit au nom de ladite
Société. (*Voyez appendice n° 37*).

Cette Société nouvelle reçoit et fait vendre au mieux des intérêts des expéditeurs tous les animaux qui lui sont adressés.
Aussitôt la vente effectuée, les fonds sont immédiatement à la
disposition de l'expéditeur ou à lui envoyés, suivant ses instructions.

Outre les droits, l'expéditeur, a, comme frais en sus:

1° Le transport ;

2° Le débarquement ;

3° La conduite, le plaçage et l'attache ;

4° La commission de vente, 5 fr. par bœuf, vache ou taureau, 0 fr. 40 par mouton, 2 fr. par veau et 2 fr. par porc ;

5° S'il y a lieu, la mise en bouverie, et la nourriture, suivant
les besoins, fournie d'après le tarif des mercuriales arrêté par
l'autorité préfectorale.

(1) *Voyez appendice n° 30.*

(2) *Voyez appendice n° 34.*

(3) *Voyez appendice n° 49.*

mêmes bestiaux sont mis en vente à des jours différents.

Par exception, les bestiaux invendus qui, en attendant une nouvelle mise en vente, sont conduits
dans les étables du marché, ne sont pas assujettis à
un nouveau tarif de place.

Il est perçu pour les bestiaux vendus ou invendus
que leurs possesseurs font entrer ou laissent dans
le marché après l'heure où la clôture des ventes, et
pour chaque nuit de séjour, savoir :

Par tête de Taureau, bœuf ou vache	. . .	0	50
— Veau	. . . . : . .	0	20
— Porc	. . . .	0	10
— Mouton	. . . .	0	05

La nuit de séjour n'est pas comptée pour les bestiaux introduits après huit heures du soir, excepté
le samedi.

Le régisseur est tenu de fournir aux possesseurs
des bestiaux amenés sur le marché, les fourrages et
autres denrées nécessaires à la nourriture de leurs
animaux aux prix qui sont déterminés d'avance,
tous les trois mois, par le Préfet de la Seine, d'après
le cours des mercuriales.

Ces prix sont constamment affichés dans l'intérieur du marché.

Les profits que le régisseur peut réaliser sur ces
fournitures, lui appartiennent exclusivement, et il

supporte seul les pertes qui peuvent en être la conséquence.

Les droits de place et de séjour des bestiaux, le loyer des auberges (1), le montant de la vente des

---

(1) La location des buvettes-restaurants et trink-hall établis dans le marché a été consentie à la régie par arrêté du préfet de la Seine en date du 28 juillet 1868, pour le temps restant à courir de la concession principale qui a commencé le 20 janvier 1867 et expire le 20 janvier 1917, moyennant un loyer annuel de 5 fr. par an et par mètre occupé, soit 6,000 fr. par an, payables à partir du 25 juillet 1869, par trimestre et d'avance, à la caisse municipale, et, en outre, à la charge de verser 6 mois d'avance, imputables sur les 6 derniers mois de la jouissance, et de faire les constructions à ses frais.

La régie ayant ensuite traité de la construction et de l'exploitation de deux buvettes et de deux trinck-hall avec un sieur Drilholle, ils ont été établis dans le marché en août et septembre 1869, sur les terrains concédés à cet effet.

Les buvettes sont situées, à droite et à gauche, derrière la halle aux bœufs, et les deux trinck-hall à droite et à gauche en avant du marché. Celui de droite est établi derrière le bâtiment de l'administration municipale, devant la halle aux veaux et aux porcs, et celui de gauche, devant la halle aux moutons, derrière le pavillon de la régie.

A la suite d'une demande, faite par la régie du marché, d'autorisation d'établir un bureau de tabac dans l'intérieur du marché, le ministre des finances a accordé cette autorisation au mois d'avril 1869. Ce bureau, qui devait être installé au rez-de-chaussée du bâtiment de la bourse, du côté gauche et en face la halle aux bœufs, ne l'est pas encore. D'après le devis dressé par l'architecte de la ville, l'appropriation du local s'est élevée à la somme de 3,050 fr. Les travaux ont été exécutés aux frais de la régie sous la direction d'un architecte de la ville, et, suivant une note du service des perceptions municipales en date du 28 juillet 1869, l'administration lui a concédé gratuitement le local pendant 5 années

fumiers (1) et tous les autres produits accessoires,
sont perçus, sous la surveillance d'employés de la
ville, institués par le préfet de la Seine, par des
agents, dont le choix appartient au régisseur, mais
doit être approuvé par ce magistrat. Des quittances
sont délivrées aux parties versantes. Elles sont
détachées de registres à souches, cotés et paraphés
par l'inspecteur général des perceptions municipales.

Les sommes, ainsi perçues, sont versées, chaque
semaine, à la caisse municipale, avec un bordereau
récapitulatif dûment certifié.

Le régisseur est tenu de congédier les agents

---

consécutives. Passé ce délai, le loyer a été fixé pour les années
à suivre à raison de 500 fr. chacune, et les aménagements
appartiendront à la ville.

(1) Le droit d'enlever et de vendre les fumiers provenant du
marché aux bestiaux de la Villette et des wagons du chemin
de fer d'embranchement reliant le marché au chemin de fer
de Ceinture, a été consenti à la régie, par arrêté du préfet de
la Seine, en date du 28 octobre 1869, pour 3 années, à partir
du 1er janvier 1869, et moyennant une redevance annuelle de
3,000 fr. payables par semestre et d'avance à la caisse municipale. Cette concession devant être mise en adjudication n'a
pas été renouvelée après le 31 décembre 1871, date de son
expiration. Cette adjudication qui doit avoir lieu prochainement, comprendra, en outre, celle de la réception d'office du
bétail amené par le chemin de fer de ceinture dans la gare
du marché, lorsque les propriétaires ou les destinataires ne
seront pas présents, ainsi que la concession du transport des
bestiaux, pour le compte des propriétaires qui le demande-
ront, du quai de débarquement sous les halles ou dans les
étables.

dont le renvoi lui est demandé par le préfet de la Seine ou par le préfet de police.

Il doit communiquer ses livres et ses comptes à toute réquisition, aux préposés de la vérification désignés par le préfet de la Seine.

Le régisseur ne peut transporter ses droits en totalité ou en partie, sans le consentement de la ville (1).

Il lui est interdit de s'immiscer directement ou indirectement dans la vente ou l'achat des bestiaux amenés sur le marché. Toutefois ne sont pas considérées comme constituant une immixtion de ce genre, les avances de capitaux que le régisseur peut faire, à ses risques et périls, aux éleveurs, aux vendeurs et aux acheteurs de bestiaux.

La déchéance du régisseur peut être prononcée s'il n'exécute pas tout ou partie des obligations qui lui sont imposées, ou s'il laisse péricliter l'exploitation du marché par un défaut quelconque d'accomplissement des obligations mises à la charge de la régie.

Si la déchéance est prononcée, la ville peut reprendre la libre disposition du marché sans préjudice du droit de l'administration de prescrire,

_____

(1) La régie a été autorisée à céder ses droits à la Société anonyme de crédit parisienne, par arrêté du préfet de la Seine en date du 29 janvier 1870 (*Voyez appendice n° 37*).

dans l'intervalle, telles mesures que de raison dans l'intérêt de l'ordre public et de l'approvisionnement.

Dans le cas de résiliation comme dans le cas de l'expiration de la concession, soit par l'échéance de son terme, soit par la faculté réservée à la ville par l'article 16 du cahier des charges (1), le régisseur doit remettre à la ville, en bon état, le marché et ses dépendances, ainsi que les objets mobiliers nécessaires à l'exploitation du marché.

Le cautionnement du régisseur est de deux millions.

En vertu d'un arrêté du préfet de la Seine, en date du 1er juillet 1868, le droit à percevoir pour le stationnement, la conduite et la garde des voitures servant au transport des bestiaux et autres sur le marché aux bestiaux de la Villette, est fixé à 0 fr. 25 c. par chaque voiture.

---

(1) Aux termes de l'article 16 du cahier des charges, la ville a la faculté de faire cesser la régie après une durée de 15 années, à la charge d'en prévenir le régisseur au moins un an à l'avance et de lui payer, pour chacune des années restant à courir, une indemnité dont les éléments sont déterminés par le même article (*Voyez appendice n° 26.*)

SERVICE MUNICIPAL

La régie du marché est placée sous le contrôle et la surveillance du service de la préfecture de la Seine.

Ce contrôle est exercé par des préposés en nombre suffisant, sous les ordres d'un vérificateur, chef du service de la perception des droits municipaux du marché.

Le vérificateur surveille tous les détails de la perception et contrôle les ventes de bestiaux opérées par le facteur.

Il reçoit de l'octroi tous les renseignements constatant l'entrée des bestiaux dans le marché, et, c'est sur le compte arrêté chaque jour par le service de la régie, que sont arrêtés le lendemain les produits de la veille.

Le vérificateur fait aussi dresser chaque jour les bordereaux des produits du marché et les transmet quotidiennement à l'inspecteur général des perceptions municipales.

Les sommes reçues par la régie doivent, aux

termes de l'article 9 du cahier des charges, être
versées, chaque semaine à la caisse municipale,
d'après un bordereau préparé par le régisseur du
marché, vérifié par le vérificateur et visé par
l'inspecteur particulier du marché qui le transmet
aussitôt à l'inspecteur général, lequel le vise à son
tour.

Deux bureaux de pesage public, dont la perception est faite exclusivement au profit de la ville, sont
aussi établis dans le marché par la ville et à ses
frais. Ces bureaux sont placés sous la surveillance
du vérificateur.

En vertu d'un arrêté du préfet de la Seine, en
date du 15 juin 1872 (1), depuis le 1er juillet suivant,
le droit du pesage public est de 0,30 c., par 100 kilogrammes. D'après l'article 2 de cet arrêté, la
fraction de 1 à 50 est considérée comme 50 kilogrammes, et celle de 51 à 100 est considérée
comme l'entier. Il suit de là que jusqu'à 50 kilogrammes il est perçu 0,15 c., et de 51 à 100 kilogrammes 0,30 c. (2).

---

(1) *Voyez appendice* n° 50.

(2) Avant l'arrêté du 15 juin 1872, le droit de pesage n'était
que de 0 fr. 20 par 100 kilogrammes, et ce droit était perçu
ainsi : de 1 à 25 kilogrammes 0 fr. 05 ; au-dessus de 25 jusqu'à
50 kilogrammes, 0 fr. 10 ; au-dessus de 50 jusqu'à 75 kilogrammes, 0 fr. 15 et au-dessus de 75 jusqu'à 100 kilogrammes,
0 fr. 20.

Les préposés assistent, à tour de rôle, au tirage des places ; ils contrôlent les ventes en gros du facteur, font chaque soir à 8 heures le recensement des bestiaux dans les bouveries, et ils vérifient, additionnent et arrêtent chaque jour, les registres à souche de la perception opérée la veille par la régie, sur la journée du lendemain.

———

SERVICE DE L'OCTROI DANS LE MARCHÉ

Le service de l'octroi comprend la réception des bestiaux expédiés des barrières ou arrivant par les voies ferrées, et la réexpédition, après la vente, des bestiaux destinés aux abattoirs, de ceux achetés par les nourrisseurs de Paris, et de ceux dirigés sur l'extérieur.

L'octroi ne perçoit aucun droit sur les bestiaux vivants amenés au marché de la Villette.

RÉGLEMENT DU MARCHÉ

———

Le marché est ouvert tous les jours, excepté le dimanche.

Aux termes des arrêtés du préfet de la Seine, en date des 10 octobre 1867 et 8 mai 1869, depuis le 1er juin de cette dernière année, l'ouverture et la clôture des ventes sont annoncées à son de cloche.

En toute saison, les heures d'ouverture et de clôture des ventes sont réglées ainsi qu'il suit :

1° Pour la vente des taureaux, de dix heures du matin à deux heures du soir;

2° Pour celle des veaux et porcs, de dix heures et demie du matin à deux heures du soir ;

3° Pour celle des bœufs, vaches de bande, vaches laitières et cordières, de dix heures du matin à deux heures et demie du soir;

4° Et pour celle des moutons, de midi à trois heures et demie du soir.

Afin d'avertir du renvoi des bestiaux non vendus, il est donné un premier coup de cloche une

heure avant la clôture des ventes de chaque catégorie (1).

Les bestiaux introduits par les portes de la rue
d'Allemagne et ceux qui se trouvent dans les trains
mis au quai plus d'une heure après les ouvertures

---

(1) Sous l'administration de la Commune du 18 mars 1871,
voici sur le fonctionnement du marché aux bestiaux de la
Villette, des détails réglementaires et un tarif sur lesquels
l'attention des intéressés fut appelée dans l'*Officiel* du 10 mai
1871, et qui furent affichés dans l'intérieur du marché :

Lundi. Grand marché, taureaux, bœufs, vaches et moutons.
Mardi. Petit marché aux veaux avec renvoi des bestiaux non
vendus la veille.
Mercredi. Arrivage de toute espèce de bestiaux.
Jeudi. Grand marché, taureaux, bœufs, vaches, moutons et
porcs.
Vendredi. Grand marché aux veaux avec renvoi des bes-
tiaux non vendus la veille.
Samedi. Repos.
Dimanche. Arrivages.

Renseignements particuliers :

Le matin, à 7 heures, bourse pour le tirage au sort des
places pour la vente des bestiaux, les jours de grand marché.
(*Lundi et Jeudi*).
A 10 heures, sonnerie pour l'ouverture de la vente des
taureaux ; à 10 heures 1/2 pour la vente des bœufs, vaches,
veaux et porcs ; à midi, pour les moutons.
Un coup de cloche est donné une heure avant le renvoi de
chaque marché.
Le renvoi des veaux et porcs est à 2 heures, celui des bœufs,
vaches et taureaux est à 2 heures 1/2, et celui des moutons à
3 heures 1/2.
A 5 heures du soir, les bestiaux restant sur le marché, sont
mis en fourrière.

des ventes ci-dessus indiquées, ne sont mis en vente que le lendemain.

Les introducteurs de bestiaux, en arrivant sur le marché, doivent faire aux préposés à la recette des droits municipaux, la déclaration, par écrit, du nom et du domicile du propriétaire, du nombre, par espèces, des bestiaux qu'ils introduisent et des lieux de provenance, sans préjudice de la déclaration, par tête et par espèces, qu'ils doivent faire aux préposés de l'octroi.

Aussitôt après avoir remis cette déclaration écrite, les introducteurs acquittent les droits de place et de séjour, s'il y a lieu, conformément au tarif fixé. Ce payement est constaté par une quittance détachée du registre à souche, énonçant le nombre et l'espèce des bestiaux introduits sur le marché.

Aucune introduction de bestiaux sur le marché ne peut être faite, sans que, préalablement, les quantités présentées aient été constatées et comptées par les employés de l'octroi et de la régie.

Immédiatement après cette vérification, les droits dus pour les quantités excédant la déclaration, sont acquittés.

Dans la demi-heure qui précède la répartition des places, les marchands font aux préposés à la recette des droits sur le marché, la déclaration de la nature et du nombre des bestiaux qu'ils ont à

introduire, et acquittent les droits dus pour ces
bestiaux.

Aux termes d'un arrêté du préfet de la Seine, en
date du 21 juin 1870, depuis le 1ᵉʳ juillet suivant,
une partie de la bouverie provisoire, située derrière la halle aux moutons et le préau adjacent, sont
spécialement affectés à la réception et à la vente
des vaches laitières ; ces animaux peuvent être introduits sur le marché par la porte centrale de la
grille de la rue d'Allemagne et sont soumis, comme
les autres bestiaux, aux dispositions du règlement
du 8 mai 1869, précité.

TIRAGE DES PLACES

Le sort détermine l'ordre dans lequel chaque marchand porteur de quittances doit choisir la place destinée par lui aux bestiaux déclarés.

Le tirage au sort des places est fait chaque jour, en toute saison, à sept heures du matin, pour toutes les espèces de bestiaux. Il a lieu dans la salle de la Bourse.

Les agents de la régie ne peuvent procéder au tirage qu'en présence des agents de la préfecture de la Seine et de ceux de la préfecture de police.

Le résultat du tirage et les places choisies par les marchands sont immédiatement indiqués sur un tableau figuratif des emplacements du marché. Ce tableau est tenu constamment à la disposition des intéressés.

Après le tirage au sort, les places restées vacantes sont occupées, suivant l'ordre d'arrivée, par les bestiaux qui n'ont pas été déclarés pour le tirage.

Le placement des bestiaux sur les emplace-

ments inoccupés peut commencer immédiatement après l'opération du tirage.

Les taureaux sont attachés à la lisse de l'allée
longitudinale, à droite de l'allée de la halle du
milieu.

Les vaches sont placées dans les premiers rangs
de préaux, à droite de la même halle.

Pour chaque marché, le nombre de préaux réservés au placement des vaches est déterminé de
concert, d'après les arrivages, par les agents des
deux préfectures.

Le placement des bœufs, vaches et taureaux, a
lieu de manière à ce que chaque préau en contienne
au moins vingt.

Le placement des moutons a lieu de manière à
ce que chaque parquet en contienne dix-huit.

Le placement des porcs a lieu de manière à ce
que chaque préau en contienne quarante-cinq au
maximum.

Les veaux doivent être attachés aux lisses à raison de cinq par espace de deux mètres.

Toute place concédée au tirage et restée vacante
après l'ouverture des ventes est donnée de préférence au marchand ayant concouru au tirage qui la
réclame. Si plusieurs de ces marchands la réclament, le sort prononce entre eux.

Tous les bestiaux vendus doivent être immédiatement retirés du marché. Toutefois ils ne peu-

vent être retirés avant que les vendeurs en aient déclaré à l'octroi les quantités et espèces.

Les voitures servant au transport des bestiaux doivent être retirées après leur déchargement. Elles ne peuvent stationner que sur les emplacements spéciaux qui leur sont affectés.

Les voitures servant au transport dans l'intérieur du marché, des bestiaux amenés par le chemin de fer, peuvent y pénétrer à toute heure.

Il est défendu à toute personne, autres que les propriétaires de bestiaux, les agents et les ouvriers dûment autorisés, de s'introduire dans les halles, avant les heures fixées pour l'ouverture du marché.

L'entrée des bouveries est aussi interdite à toute personne autres que les marchands et leurs employés.

FACTEURS

Des dix-huit facteurs nommés aux marchés de Sceaux et de Poissy, par ordonnance de police du 1er avril 1858, il n'en reste plus qu'un en exercice, les autres ont donné leur démission ou n'exercent pas.

Ce facteur qui a un cautionnement de cinquante mille francs est chargé de recevoir, suivant l'avis qui lui en est donné par les expéditeurs, les bestiaux qui lui sont adressés et d'en opérer la vente.

Il perçoit 1 0/0 sur le produit des ventes qu'il fait, et sur cette commission de 1 0/0, sept huitièmes lui sont attribués et un huitième est par lui remis à la Ville de Paris, sur un bordereau établi par le vérificateur des perceptions municipales du marché.

COMMISSIONNAIRES

Les commissionnaires agissant au nom des expéditeurs sont en nombre illimité.

Ils n'ont pas de cautionnement et ne sont pas nommés par le préfet de police comme les facteurs, mais ils font les mêmes opérations pour les bestiaux qui leur sont adressés.

Ils retiennent 3 francs par tête, pour chaque bœuf, vache ou taureau; 0,30 cent. par mouton, 2 francs par veau ou porc dont ils opèrent la vente.

Outre les droits de marché et la commission du facteur ou celle du commissionnaire, les expéditeurs ont encore à payer :

Le transport,

Le débarquement, la conduite et le plaçage sur le marché (attache comprise) 0,50 c., et, s'il y a lieu, la mise en bouverie, et, suivant les besoins, la nourriture fournie d'après le tarif des mercuriales arrêté par l'autorité préfectorale.

POLICE DU MARCHÉ

Suivant ordonnance de police en date du 12 octobre 1867 (1), toutes réunions quotidiennes, périodiques ou accidentelles de marchands et d'acheteurs pour le commerce des animaux de boucherie ou de charcuterie en dehors du marché de la Villette, (soit sur la voie publique, soit dans une propriété particulière), devant être considérées comme des marchés interlopes, donneront lieu à des poursuites contre les individus qui les auront établies.

Il est interdit au public d'entrer sur les divers carreaux du marché de la Villette avant l'heure d'ouverture des ventes et d'y séjourner après le coup de cloche annonçant la fermeture.

Les propriétaires ou introducteurs de bestiaux, leurs représentants ou leurs agents, ne pourront se tenir, avant l'ouverture ou après la clôture des ventes, sur les préaux autres que ceux où se trou-

(1) Voyez appendice n° 32.

vent des animaux leur appartenant ou qui seront confiés à leurs soins.

Aucune vente de bestiaux ne peut être faite dans les dépendances du marché, ailleurs que sur les préaux assignés à chaque espèce, ni en dehors des heures de tenue du marché, réglées par l'autorité compétente (1).

Les bœufs et les vaches doivent être attachés un à un aux lisses supérieures, et les taureaux sont at-'tachés, par des doubles longes (2), aux lisses qui leur sont réservées.

Il est expressément défendu de placer des bestiaux dans les passages ou en dehors des préaux qui leur sont assignés.

Les bestiaux vendus, de quelque nature qu'ils soient, doivent immédiatement recevoir la marque de l'acquéreur, et être retirés du marché, à la diligence du boucher par son bouvier (3), aussitôt que

_____

(1) Les heures d'ouverture et de fermeture du marché sont fixées par le préfet de la Seine.

(2) Cordes de dix centimètres de diamètre.

(3) Il n'y a pas de bouviers principaux nommés par l'administration ; tout individu médaillé par la préfecture de police peut conduire dans tous les abattoirs de Paris et de l'extérieur.

Le bouvier déclare à l'octroi la quantité de bestiaux sortant, par espèces, et il lui est délivré un bulletin qu'il est tenu de représenter en entrant à l'abattoir avec la même quantité de bestiaux qu'il avait en sortant du marché.

Les formalités à remplir sont les mêmes pour les bestiaux

les formalités exigées par le service de l'octroi seront remplies.

Les animaux invendus doivent être retirés des
préaux aussitôt après la clôture des ventes, pour
être, à la convenance des introducteurs, hébergés
dans les bouveries du marché ou conduits hors de
l'établissement.

Les taureaux ne peuvent être amenés à leur place
de vente et n'en doivent sortir qu'attachés par un
double et solide lien derrière une voiture.

Il ne peut être conduit plus de deux de ces animaux ensemble derrière une voiture.

Les bœufs et vaches aveugles doivent être conduits, soit à la main, soit chargés dans une voiture
ou attachés derrière.

Les bœufs, vaches et taureaux dits *mal à pied*,
sont conduits en voiture.

Le vendeur d'un animal aveugle ou mal à pied,
est tenu d'en faire la déclaration à l'acquéreur au
moment de la vente (1).

---

dirigés sur l'extérieur, et, dans ce cas, le bulletin est représenté à la barrière où ils doivent sortir.

Les prix de conduite ne sont pas fixés par l'administration.
Ces prix sont, pour l'abattoir général de 25 à 35 cent. par tête;
pour celui de Villejuif de 55 cent., et pour celui de Grenelle
de 75 cent.

Il y a toujours des bouviers présents au chemin de fer du
marché pour recevoir les bestiaux à l'arrivée des trains.

(1) Aux termes de l'arrêt de règlement du parlement de Pa-

Les veaux doivent être transportés et exposés en vente debout, sans entraves ni ligatures.

Les voitures servant au transport des bestiaux

---

ris en date du 4 septembre 1673, renouvelé le 13 juillet 1699, des sentences des 26 août 1702, 24 janvier 1709 et 10 mars 1780, des lettres-patentes du 18 février 1743 (art. 30) et 1er juin 1782 (art. 27), les marchands de bestiaux des marchés de Paris sont garants des animaux par eux vendus, destinés à la consommation, qui meurent de quelque maladie que ce soit, dans les neuf jours de la vente.

Le tribunal de commerce de la Seine qui avait jugé dans ce sens le 6 février 1839, a tout récemment encore, par jugement du mois de juin 1868, décidé qu'il y avait lieu d'annuler la vente des animaux destinés à la consommation, sans qu'il soit besoin de prouver qu'ils ont succombé à un des vices rédhibitoires énumérés dans la loi du 20 mai 1838.

Le tribunal de commerce de Versailles avait jugé de la même manière le 10 février 1839, la cour de Paris, par arrêté du 18 mai suivant, et la cour de cassation, par arrêt du 19 janvier 1841, ont décidé que les règlements précités n'avaient pas cessé d'être en vigueur; mais la cour de cassation le reconnaît seulement à l'égard des deux seuls marchés de Sceaux et de Poissy, et pour une seule espèce d'animaux, les bœufs, et lorsqu'ils sont destinés à l'approvisionnement de Paris.

Dans le projet de code rural qui a été soumis au corps législatif le 16 juillet 1868, et annexé au procès-verbal de la séance du 10 janvier 1870, à laquelle il a été présenté en vertu du décret impérial du 28 décembre 1869, l'article 92 porte :

« Sont abrogés tous règlements imposant une garantie « exceptionnelle aux vendeurs d'animaux destinés à la bou- « cherie. »

Dans l'exposé des motifs relatifs à la garantie des neufs jours, M. Bayle Mouillard, rapporteur du projet, exprime au titre VIII : *Des vices rédhibitoires dans les ventes d'animaux domestiques*, page 112, 113 et 114 :

« L'article 92 statue sur un point qui intéresse spécialement

doivent être retirées aussitôt après leur déchargement. Elles ne peuvent stationner que sur les emplacements qui leur sont affectés.

———

le commerce de la boucherie à Paris, et peut-être aussi, dans
quelques autre grandes villes.

« Autrefois, pour approvisionner la capitale, les bœufs
étaient amenés à pied de très-loin; il y avait intérêt pour les
conducteurs à accélérer le voyage. Les animaux étaient d'ailleurs souvent mal nourris; ils arrivaient sur les marchés de
Sceaux et de Poissy, surmenés, malades, et périssaient rapi-
dement. Le parlement de Paris, pour prévenir un si grand
mal et assurer des approvisionnements salubres à Paris, im-
posa aux marchands de bœufs une garantie rigoureuse par
ses arrêts de règlements des 4 septembre 1673 et 13 juillet 1699.
Le dernier des ces règlements est ainsi conçu :

» Les marchands forains sont garants envers les marchands
« bouchers dans les neufs jours, depuis la vente, pour les
« bœufs de quelque pays qu'ils viennent, et pour toutes sortes
« de maladies, à la charge que les marchands bouchers les
« feront conduire depuis Sceaux et Poissy à Paris en troupes
« médiocres et par un nombre suffisant de personnes, les
« nourriront convenablement, et que les boucheries où ils les
« hébergeront seront nettes, bien couvertes, et en bon état
« de réparation, en sorte que la mort desdits bœufs ne puisse
« être causée par la faute desdits marchands bouchers ou de
« ceux qu'ils préposeront à leur conduite. »

« Cette législation, car ces arrêts de règlements avaient
force de loi, faisait peser sur les vendeurs d'animaux de boucherie une garantie très-lourde, car elle mettait à leur charge
la mort du bœuf survenue dans les neuf jours de la vente,
quelle que fût la cause de cette mort, à moins que le vendeur
n'eût le rare bonheur de prouver qu'elle avait été amenée par
une faute du boucher.

« Après la loi de 1838, les éleveurs cherchèrent à s'affran-
chir de cette garantie. Ils soutinrent devant les tribunaux
que la loi nouvelle avait abrogé implicitement les arrêts du
parlement de Paris, mais leur prétention fut rejetée par la

Ces emplacements sont situés entre les bouveries et le marché aux porcs. La perception du droit de stationnement des voitures est faite par un employé et pour le compte de la régie, à raison de 0 fr. 25 c. par voiture attelée d'un ou plusieurs chevaux ; il

---

cour de cassation, et les vendeurs durent s'incliner devant cette jurisprudence.

« En 1851, lorsqu'on procéda à une enquête sur la boucherie, les éleveurs, représentés notamment par M. de Torcy, reproduisirent leur réclamation : ils firent remarquer que l'état des choses a complétement changé ; que l'approvisionnement de Paris se fait par la voie rapide des chemins de fer ; que les bœufs arrivent sur le marché très-promptement et avec peu de fatigue ; que les rigueurs du parlement de Paris n'ont plus de raison justificative. On ajoutait que ces vieux règlements ont plus d'une fois facilité de coupables manœuvres.

« Les bouchers entendus à l'enquête, défendaient assez mollement leurs vieilles prérogatives et semblaient disposés à se contenter de garanties moins onéreuses pour les éleveurs.

« Dans cette situation, un projet de loi fut préparé ; et, au nom de la commission, le rapporteur, M. Lanjuinais, qui fit connaître, avec beaucoup de soins et beaucoup de détails les faits qui viennent d'être analysés, soumettait à l'assemblée législative un article ainsi conçu :

« Art. 5. — La garantie de neuf jours imposée aux vendeurs « à l'égard des bœufs amenés sur les marchés de Sceaux et de « Poissy est supprimée. Les cas de mort naturelle, après li-« vraison, sont réglés par le droit commun. »

« M. Lanjuinais nous apprend dans son rapport, que cet article avait été adopté à l'unanimité par la commission de l'assemblée législative, et il explique qu'en se référant au droit commun, on avait entendu renvoyer à la loi de 1838 et non pas à l'article 1647 du code civil dont la disposition plus générale met la perte à la charge du vendeur, si la chose qui avait des vices a péri par suite de sa mauvaise qualité.

leur est délivré un bulletin qui leur donne droit
de stationner toute la journée. (Voyez *appendice*
n° 34 *bis.)*

Tous mauvais traitements envers les animaux

« L'assemblée législative n'eut pas le temps de statuer sur
cette disposition, nous proposons d'y revenir et de la consa-
crer sous une forme simple.

« Tel est le but de l'article 92 qui déclare abroger tout règlement imposant une garantie exceptionnelle aux vendeurs
d'animaux destinés à la boucherie.

« Telles sont les dispositions qui sont proposées sur les
vices rédhibitoires dans les ventes d'animaux domestiques.
Elles reproduisent, en l'améliorant, les dispositions de la loi
du 20 mai 1838, introduisent dans le code rural tout ce qui en
est conservé, et abrogent le surplus d'une manière implicite
mais certaine.

CODE CIVIL. L. III. T. VI. § 2. — DE LA GARANTIE DES DÉFAUTS
DE LA CHOSE VENDUE

Art. 1641. — Le vendeur est tenu de la garantie à raison
des défauts cachés de la chose vendue, qui la rendent impropre à l'usage auquel on la destine ou qui diminue tellement
cet usage, que l'acheteur ne l'aurait pas acquise ou n'en aurait donné qu'un moindre prix s'il les avait connus.

Art. 1643. — Il est tenu des vices cachés, quand même il
ne les aurait pas connus, à moins que, dans ce cas, il n'ait
stipulé qu'il ne sera obligé à aucune garantie.

Art. 1644. — Dans le cas des articles 1641 et 1643, l'acheteur a le choix de rendre la chose et de se faire restituer le
prix, ou de garder la chose et de se faire rendre une partie
du prix, telle qu'elle sera arbitrée par expert.

Art. 1645. — Si le vendeur connaissait le vice de la chose,
il est tenu, outre la restitution du prix qu'il en a reçu, de tous
les dommages envers l'acheteur.

Art. 1646. — Si le vendeur ignorait les vices de la chose,
il ne sera tenu qu'à la restitution du prix et à rembourser à
l'acquéreur les frais occasionnés par la vente.

sont poursuivis conformément à la loi du 2 juillet 1850.

Les travaux relatifs à la conduite, au chargement et au déchargement des bestiaux, au cordage des bœufs, vaches et taureaux, au placement des moutons, veaux et porcs, ne peuvent être faits sur le marché, que par des personnes munies d'une auto-

---

Art. 1647. — Si la chose qui avait des vices a péri par suite de sa mauvaise qualité, la perte est pour le vendeur, qui sera tenu envers l'acheteur à la restitution du prix et aux autres dédommagements expliqués dans les deux articles précédents, mais la perte arrivée par cas fortuit sera pour le compte de l'acheteur.

Art. 1648. — L'action résultant des vices rédhibitoires doit être intentée par l'acquéreur dans un bref délai, suivant la nature des vices rédhibitoires, et l'usage du lieu où la vente a été faite.

OBSERVATIONS

Cependant si la durée de la garantie des marchands est en effet de neuf jours depuis la vente, il n'en est pas de même de la durée de l'action à exercer pour raison de cette garantie. Aucun usage local n'a déterminé d'une manière précise le délai dans lequel elle doit être intentée, mais il convient qu'elle le soit dans un bref delai, conformément à l'article 1648 du code civil précité.

En conséquence, les bouchers, dans le cas de mort d'un bœuf, vache ou taureau, dans les neufs jours de l'achat, doivent immédiatement et sans le moindre délai, signer eux-mêmes la requête à présenter au tribunal pour obtenir une nomination d'experts, car la plus grande célérité est nécessaire pour que l'expertise ait lieu, que le procès-verbal soit dénoncé et la citation donnée sans aucun délai.

Les bouchers ne doivent pas craindre de faire des frais qui doivent retomber sur leurs vendeurs; le point essentiel pour

risation spéciale de la Préfecture de police, sous réserve, toutefois, de la faculté laissée tant à la Régie
du marché qu'aux marchands et aux acheteurs, de
faire exécuter ceux de ces travaux qui les intéressent particulièrement, par des ouvriers attachés à
leur service personnel (1).

---

eux étant de ne compromettre leurs intérêts par aucun retard.

Les bestiaux qui meurent avant d'entrer dans les abattoirs,
doivent être transportés à la ménagerie du jardin des plantes
pour servir de pâture aux animaux.

En vertu de l'ordonnance de police du 25 mars 1830, le
boucher acquéreur est tenu, avant de dépecer ses bestiaux,
de présenter une requête au tribunal de commerce, qui, sur
le vu de cette requête, commet trois experts à l'effet de constat-
ter la cause de mort. D'après la cour de cassation (arrêt du
27 avril 1844), ces experts doivent prêter serment avant de
remplir leur mission, conformément à l'article 305 du code
de procédure, sous peine de nullité de leurs procès-verbaux
de constat.

(1) Aux termes de l'ordonnance de police du 30 novembre 1867,
pour exercer dans le marché de la Villette les travaux qui
viennent d'être indiqués, il faut en faire la demande à la préfecture de police (2ᵉ division, 1ᵉʳ bureau), et produire à l'appui de sa requête :

1º Un certificat signé de trois marchands expéditeurs, commissionnaires en bestiaux, ou bouchers, faisant connaître que
le pétitionnaire est apte aux travaux dont il s'agit, et que leur
intention est de l'occuper sur le marché.

2º Un certificat de bonne conduite délivré par le commissaire de police du quartier de son domicile, sur l'attestation
de deux témoins patentés. (Art. 1ᵉʳ.)

Nul ne peut-être admis comme ouvrier sur ledit marché,
s'il n'est âgé de 18 ans révolus. (Art. 2.)

Les femmes peuvent être admises à travailler sur le marché
en qualité d'abreuveuses de veaux, de placeuses et conduc-

La régie à loué, moyennant 6,000 fr. par an, le droit de débarquer des wagons et de conduire à leurs places, les bestiaux que les propriétaires ou conducteurs ne font pas débarquer eux-mêmes.

Les prix, pour les bestiaux ainsi pris sur le quai de débarquement et conduits en voiture sur le marché, sont :

Par veau	0 fr. 30
Par taureau.	1 »
Par porc	0 fr. 50

Les bestiaux bien à pied sont conduits par les garçons des marchands.

L'entrée du marché est interdite aux marchands,

---

trices de moutons. Dans ce cas, elles doivent satisfaire aux conditions prescrites ci-dessus par les articles 1 et 2.

Tout ouvrier autorisé, reçoit à ses frais de l'inspecteur général de police des marchés : 1° Une permission sur papier timbré ; 2° Une médaille indiquant le nom de l'ouvrier et son numéro d'inscription. (Art. 4.)

Chaque année, les médailles sont frappées d'un poinçon particulier, pour en éviter la contrefaçon, à cet effet, les titulaires doivent les présenter dans les bureaux de l'inspection de police du marché à bestiaux, du 1er au 31 janvier. (Art. 5.)

Pour obtenir le poinçonnage annuel de sa médaille, tout ouvrier doit justifier au préalable, d'un domicile certain, en produisant un certificat délivré par le commissaire de police de son quartier, sur l'attestation de deux témoins patentés. (Art. 6.)

Les ouvriers ne peuvent travailler sans leur médaille, qui doit être portée ostensiblement. Ils ne peuvent refuser de laisser prendre le numéro de leur médaille en aucun cas, soit par

musiciens et chanteurs ambulants, aux saltimbanques, aux crieurs et distributeurs d'imprimés, ainsi
qu'à tous autres individus exerçant ordinairement
leur industrie sur la voie publique.

Aucun industriel ou marchand quelconque, ne
peut s'installer sur les voies publiques avoisinant
le marché, ni stationner dans les dépendances de
l'établissement.

Il est expressément défendu de troubler l'ordre
dans le marché et ses dépendances, par des rixes,
querelles, tapages, cris, chants ou jeux quelconques.

Les outrages, injures ou menaces par paroles ou
par gestes, soit envers les agents de l'autorité, soit

---

les agents de l'autorité, soit par les particuliers intéressés à
la connaître. (Art. 7.)

Tout ouvrier qui change de domicile, doit en donner avis
à l'inspecteur de police du marché sous peine d'être exclu-
temporairement du travail du marché, et même, suivant les
circonstances, d'être privé définitivement de sa médaille et
de sa permission. (Art. 11.)

Lorsqu'un ouvrier du marché cesse d'exécuter sa profession, il doit remettre, dans le délai de trois jours sa médaille
et sa permission au bureau de l'inspection de police du marché. (Art. 19.)

Tout individu non porteur de la médaille prescrite, qui
quête de l'ouvrage sur le marché est aussitôt expulsé de l'é-
tablissement, et peut être poursuivi à raison de la contravention qu'il a commise.

Les contraventions aux dispositions ci-dessus, sont constatées par des procès-verbaux ou rapports qui sont adressés
au préfet de police.

envers les particuliers, seront punis des peines portées par la loi (1).

Toute offense aux bonnes mœurs ou à la décence
publique est rigoureusement poursuivie devant les
tribunaux compétents (2).

Tout différend qui s'élève sur le marché, doit être
immédiatement porté à la connaissance des préposés de la police (3), qui entendent les parties, les

---

(1) CODE PÉNAL. — *Art.* 224. — L'outrage fait par paroles,
gestes ou menaces à tout officier ministériel ou agent dépositaire de la force publique dans l'exercice de ses fonctions
sera puni d'une amende de 16 à 200 fr.

Art. 471. — Seront punis d'une amende depuis 1 fr. inclusivement... 11° Ceux qui, sans avoir été provoqués auront pro-
féré contre quelqu'un des injures autres que celles prévues
depuis l'article 367 jusques et y compris l'article 378.

(Art. 37 à 372 et art. 374 et 375 abrogés par la loi du 17
mai 1819).

Art. 373. — Quiconque aura fait par écrit une dénonciation
calomnieuse contre un ou plusieurs individus ou officiers de
justice ou de police administrative ou judiciaire, sera puni
d'un emprisonnement d'un mois à un an, et d'une amende de
100 à 3,000 fr.

Art. 376. — Toutes autres injures ou expressions outra-
geantes qui n'auront pas eu ce double caractère de gravité
et de publicité, ne donneront lieu qu'à des peines de simple
police.

Art. 464. — Les peines de police sont l'emprisonnement,
l'amende et la confiscation de certains objets saisis.

(2) CODE PÉNAL. — *Art.* 330. — Toute personne qui aura
commis un outrage public à la pudeur, sera puni d'un emprisonnement de 3 mois et d'une amende de 16 à 200 fr.

(3) Ces préposés sont les inspecteurs principaux de la police
du marché.

concilient, s'il y a lieu, et, dans le cas contraire, les
envoient devant qui de droit (1).

Seront poursuivis conformément aux dispositions
du Code pénal.

1° Ceux qui auront imprudemment jeté des immondices sur quelques personnes (2).

2° Ceux qui auront établi ou tenu dans le marché
des loteries ou d'autres jeux de hasard (3);

3° Ceux qui jetteront volontairement des pierres
ou d'autres corps durs ou des immondices sur quelqu'un (4);

4° Ceux qui refuseront de recevoir les espèces de
monnaie nationales non fausses ni altérées, selon
la valeur pour laquelle elles ont cours (5);

5° Ceux qui, méchamment, enléveront les affiches apposées par ordre de l'administration (6).

---

(1) Le commissaire de police ou les tribunaux.
(2) CODE PÉNAL. — *Art.* 471. — Seront punis d'une amende
depuis 1 fr. jusqu'à 5 fr. inclusivement... 12° ceux qui, imprudemment auront jetés des immondices sur quelques personnes.
(3) *Code Pénal.* — *Art.* 475. — Seront punis d'une amende
depuis 6 francs jusqu'à 10 francs inclusivement... 5° Ceux qui
auront établi ou tenu dans les rues, chemins, places ou lieux
publics, des jeux de loteries ou d'autres jeux de hasard.
(4) *Même art.* — 8° Ceux qui auront jeté des pierres ou d'autres corps durs ou des immondices sur quelqu'un.
(5) *Même art.* — 11° Ceux qui auront refusé de recevoir les
espèces de monnaies nationales non fausses ni altérées, selon
la valeur pour laquelle elles ont cours.
(6) *Art.* 479. — Seront punis d'une amende depuis 11 francs

Il est défendu aux pères, mères, tuteurs, maîtres ou patrons, de laisser courir et jouer à l'abandon, dans le marché ou ses dépendances, leurs enfants, pupilles ou apprentis; sous les peines portées par l'article 471, § 15 du Code pénal (1), sans préjudice le cas échéant, de la responsabilité spécifiée en l'article 1384 du Code Napoléon (2).

Il est expressément défendu :

1° De crayonner et d'afficher sur les murs, fers et

---

jusqu'à 15 francs inclusivement... 9° Ceux qui auront méchamment enlevé ou déchiré les affiches apposées par ordre de l'administration.

(1) *Art.* 471. — Seront punis d'une amende depuis 1 franc jusqu'à 5 francs inclusivement... 15° Ceux qui auront contrevenu aux règlements légalement faits par l'autorité administrative, et ceux qui ne se seront pas conformés aux règlements et arrêtés publiés par l'autorité municipale, en vertu des articles 3 et 4 de la loi des 16-24 août 1790 et de l'article 46, titre 1er de la loi du 19-22 juillet 1791.

(2) *Code Napoléon. Art.* 1384. — On est responsable non-seulement du dommage que l'on cause par son propre fait, mais encore de celui qui est causé par le fait des personnes dont on doit répondre, ou des choses que l'on a sous sa garde. — Le père, ou la mère, après le décès de son mari, sont responsables du dommage causé par leurs enfants mineurs habitant avec eux. — Les maîtres ou les commettants du dommage causé par leurs domestiques ou préposés, dans les fonctions auxquelles ils les ont employés. — Les instituteurs ou les artisans du dommage causé par leurs apprentis pendant le temps qu'ils sont sous leur surveillance. — La responsabilité ci-dessus a lieu, à moins que les pères et mères, instituteurs ou artisans ne prouvent qu'ils n'ont pu empêcher le fait qui a donné lieu à cette responsabilité.

boiseries, tant de l'intérieur que de l'extérieur du marché;

2° De détruire ou endommager aucune des parties ou quelque objet que ce soit dépendant de l'établissement;

3° D'uriner ailleurs que dans les urinoirs établis sur le marché;

4° De déposer des immondices en dehors des locaux affectés à cet usage.

En vertu de l'article 7 de l'ordonnance de police du 12 octobre 1867 et d'un arrêté du Préfet de police en date du 1er juin 1869, la fourrière établie au marché aux bestiaux de la Villette est spécialement et exclusivement destinée aux animaux de boucherie et de charcuterie saisis ou abandonnés dans le marché et ses dépendances.

Conformément au même arrêté, le service de cette fourrière est dirigé et le contrôle en est opéré par l'inspecteur principal de police spécialement désigné à cet effet (1).

Le garçon de bureau de l'inspection de police du marché remplit l'office de gardien de ladite fourrière.

Les animaux qu'il y a lieu de consigner en fourrière, y sont conduits par les soins des agents ci-

---

1) Ce contrôle est aussi exercé par le service municipal établi dans le marché par la préfecture de la Seine.

dessus désignés qui requièrent à cet effet, s'il y a lieu, l'aide d'ouvriers du marché, dont le salaire est réglé conformément au tarif ci-après.

L'inspecteur-contrôleur transmet au Préfet de police, le jour même de leur entrée en fourrière, un état indiquant le numéro d'ordre et l'espèce des animaux.

Il est tenu au bureau de l'inspection de police du marché un registre sur lequel sont inscrits jour par jour et par ordre numérique les bestiaux entrés à la fourrière.

Ce registre contient :

1° Le signalement des animaux ;

2° La date et l'heure de leur entré ;

3° Les nom et domicile des individus aux frais desquels ils ont été consignés en cas de contravention;

4° Les sommes dues au gardien, pour remboursement des frais ci-après mentionnés.

5° La date de la sortie des animaux avec mention de leur remise au propriétaire ou au domaine.

Ledit registre est communiqué a toute personne qui en fait la demande pour faciliter la recherche des animaux perdus; mais, préalablement à cette communication, le réclamant doit faire connaître ses nom, prénoms, profession et domicile, les circonstances qui ont motivé la mise en fourrière des animaux recherchés et leur signalement.

Les réclamations doivent être portées au bureau de l'inspection de police du marché de 8 heures à 10 heures du matin, et de 3 heures à 5 heures du soir, les dimanches et fêtes exceptés.

L'entrée de la fourrière est interdite au public.

Les personnes qui viennent reconnaître les animaux consignés, doivent être autorisées à les visiter par l'inspecteur-contrôleur, et être accompagnées dans cette visite par ce chef de service ou par le gardien.

Les animaux consignés ne sont rendus, s'il y a lieu, qu'après justifications suffisantes du réclamant, et en vertu d'un ordre de sortie délivré par l'inspecteur-contrôleur de la fourrière, sous sa responsabilité personnelle et à la charge d'en rendre compte au Préfet de police dans le plus court délai.

L s frais mentionnés ci-après sont préalablement acquittés par les réclamants, et il leur en est délivré quittance détaillée par le gardien et revêtue du visa de l'inspecteur-contrôleur.

Les seules dépenses à supporter par les parties intéressées, lors de la sortie des animaux, sont :

1° Les frais de conduite en fourrière, conformément au tarif ci-après relaté;

2° Le remboursement du prix de nourriture et de litière, d'après le tarif périodique publié par M. le Préfet de la Seine;

3° Le droit de séjour payé à la régie du marché, d'après les tarifs fixés par les arrêtés du Préfet de la Seine;

4° Et le salaire du gardien de la fourrière pour les soins donnés aux animaux pendant leur séjour, conformément au tarif ci-après mentionné. (Voyez page 97.)

Les fournitures à faire par le gardien de la fourrière pour la nourriture et la litière des animaux, sont fixées pour 24 heures, savoir :

Pour un bœuf.	} à 10 kilogr. » gr. de foin.
un taureau	
une vache.	} à 2 kilog. 500 gr. de paille.

| Pour un veau . . | } à 0 kilog. 500 gr. de farine d'orge. |
| | à 1 id. 225 gr. de paille. |

| Pour une chèvre. | } à 2 kilog. 500 gr. de foin. |
| un mouton. | |

	} à 2 kilog. » gr. de son.
Pour un porc . .	à 2 id » gr. de remoulage.
	à 1 id 225 gr. de paille.

Le gardien de la fourrière est tenu de diviser la ration des animaux en deux portions égales dont la première moitié leur est donnée à 7 heures du matin et la seconde à 6 heures du soir.

Après un délai de 8 jours francs, les animaux conduits en fourrière qui n'ont pas été réclamés, sont remis pour être vendus à l'administration des do-

maines, conformément aux dispositions du décret
du 18 juin 1811 et de l'ordonnance royale du 23
mai 1830.

Pour l'exécution de cette prescription, l'inspecteur-
contrôleur doit, dès le cinquième jour, informer la
préfecture de police qui prend les mesure nécessaires pour la remise des animaux au domaine,
d'après les règles établies, à moins que, dans l'intervalle du cinquième au huitième jour, les dits
animaux ne soient restitués à leur propriétaire.

Conformément à l'article 3 de l'ordonnance royale
du 23 mai 1830, la remise des animaux doit être
faite par l'inspecteur de la fourrière au receveur des
domaines du 19e arrondissement chargé de la vente,
sur un inventaire double, indiquant la nature, la
quantité, le signalement, le numéro d'entrée des
bestiaux, le nom de l'ancien propriétaire, s'il est
connu, et tous les autres renseignements qui peuvent être utiles.

Cet inventaire est signé tant par l'inspecteur-
contrôleur de la fourrière que par le receveur des
domaines.

Toutes les fois qu'il est procédé à la vente d'animaux consignés à la fourrière, l'inspecteur-contrôleur transmet au Préfet de police, sans délai, avec
le double de l'inventaire ci-dessus mentionné, le
mémoire, certifié par lui, des frais de conduite,

nourriture, séjour, etc., prévus plus haut (1).

Les préposés de police du marché signalent les animaux atteints ou soupçonnés d'être atteints de maladies contagieuses, au commissaire de police du quartier du Pont-de-Flandre qui les fait conduire à la fourrière de la rue de Pontoise, et procède conformément aux arrêts du conseil du 19 juillet 1746 et 16 juillet 1784 (2), aux articles 459,460 et 461 du Code pénal (3), et à l'ordonnance de police du 31 août 1842.

Les animaux, autres que ceux de boucherie et de

---

(1) Suivant décision du ministre des finances en date des 29 octobre 1829, et 27 juin 1833, il résulte que les frais de fourrière doivent être payés intégralement par l'administration des domaines, quel que soit le prix de la vente de l'objet, lorsque cette vente a été ordonnée dans le délai prescrit par le décret précité du 18 juin 1811.

(2) *Voyez appendice n°ˢ 1 et 2.*

(3) *Code Pénal. — Art.* 459. — Tout détenteur ou gardien d'animaux ou de bestiaux soupçonnés d'être infectés de maladie contagieuse, qui n'aura pas averti sur-le-champ le maire de la commune où ils se trouvent et qui, même avant que le maire ait répondu à l'avertissement, ne les aura pas tenus renfermés, sera puni d'un emprisonnement de 6 jours à 2 mois et d'une amende de 16 à 200 francs.

Art. 460. — Seront également punis d'un emprisonnement de 2 mois à 6 mois et d'une amende de 100 à 500 francs, ceux qui, au mépris des défenses de l'administration, auront laissé leurs animaux ou bestiaux infectés, communiquer avec d'autres.

Art. 461. — Si de la communication mentionnée au précédent article, il est résulté une contagion parmi les autres animaux, ceux qui auront contrevenu aux défenses de l'autorité administrative seront punis d'un emprisonnement de 2 à 5 ans

charcuterie, et les objets non périssables qu'il y a lieu de consigner en fourrière, sont également mis par les préposés de police du marché à la disposition du commissaire de police qui les envoie à l'établissement de la rue de Pontoise, par application de l'arrêté du 28 février 1839 (1).

---

et d'une amende de 100 à 1,000 francs ; le tout, sans préjudice de l'exécution des lois et règlements relatifs aux maladies épizootiques et de l'application des peines y portées.

(1) *Voyez appendice* n° 12.

TARIF

Frais de conduite des animaux

	UN ANIMAL	CHAQUE TÊTE EN PLUS
A PIED		
Bœufs ou vaches.	»fr.50	»fr.15
Veaux ou porcs	» 30	» 15
Moutons ou chèvres	» 15	jusqu'à 20 » 05 au-des. de 20 » 01
AVEC VOITURES FRAIS DE CHARGEMENT ET DE DÉCHARGEMENT COMPRIS		
Bœufs ou vaches.	3 »»	» »»
Taureau attaché derrière la voiture. .	1 »»	» »»
Veaux ou porcs.	1 »»	» 25

Salaires du gardien pour soins donnés aux animaux par période de 24 heures ou fraction de cette période

ESPÈCE BOVINE ET PORCINE

Pour chaque animal. . . . . »fr.25

ESPÈCE OVINE ET CAPRINE

Un animal. » 10

Chaque tête en plus . . { Jusqu'à 20. . . . . . » 05
Au-dessus de 20. . . » 02

ITINÉRAIRE

Suivant ordonnance de police, en date du 10 octobre 1867, rendue en exécution des arrêtés du Gouvernement des 12 Messidor an VIII (1er juillet 1800)
et 3 brumaire an IX (3 novembre 1800), et de l'arrêté du Préfet de la Seine, en date du 21 octobre
1867, les bestiaux achetés pour la consommation de
Paris, sur le nouveau marché de la Villette, doivent
être conduits de ce marché aux abattoirs de Paris,
non encore transférés à l'abattoir général, en suivant l'itinéraire ci-après :

Du marché à l'abattoir de Villejuif.

Boulevard Serrurier,
Boulevard Mortier,
Boulevard Davoust.
Rue de Montreuil,
Rue Augier,
Avenue Taillebourg,

Place du Trône,
Boulevard Mazas,
Pont d'Austerlitz,
Place Walhubert,
Boulevard de l'Hôpital,
Abattoir.

Et du marché à l'abattoir de Grenelle.

Boulevard Serrurier,	Boulevard Mortier,
Boulevard Davoust,	Place d'Enfer,
Rue de Montreuil,	Boulevard d'Enfer,
Rue Augier,	Boulevard de Montrouge,
Avenue Taillebourg,	Boulevard de Vaugirard,
Place d'Italie,	Rue de Sèvres,
Boulevard d'Italie(côté dr.),	Avenue de Breteuil,
Boulevard Saint-Jacques,	Abattoir.

Les bestiaux à conduire du marché aux tueries particulières de la banlieue, doivent, suivant leur destination, suivre l'itinéraire qui approche le plus de la barrière par laquelle ils doivent sortir.

Les conducteurs des bestiaux qui ont été achetés ailleurs que sur le marché de la Villette, prennent l'itinéraire de l'abattoir auquel ces animaux sont destinés, dès qu'il sont à proximité de cet itinéraire.

BESTIAUX

AMENÉS SUR LE MARCHÉ DE LA VILLETTE
DEPUIS SON OUVERTURE

MOIS	BŒUFS	TAUREAUX	VACHES	VEAUX	MOUTONS	PORCS	TOTAL des têtes par mois
Année 1867							
Octobre.........	6.325	98	2.128	4.504	39.763	8.179	60.997
Novembre	12.109	278	4.389	13.829	92.217	17.898	140.750
Décembre.......	16.849	359	5.799	11.967	103.424	17.896	156.294
TOTAUX....	35.283	735	12.316	30.300	235.434	43.973	358.041
Année 1868							
Janvier.........	19.524	550	5.745	13.196	112.229	19.452	170.696
Février....... .	17.349	436	5.217	11.688	97.416	16.119	148.225
Mars..	19.028	495	4.769	13.009	105.435	15.675	158.411
Avril...........	18.843	564	4.619	13.478	102.824	16.713	157.041
Mai	19.330	653	4.161	18.461	104.498	13.472	160.575
Juin...........	19.419	580	4.406	18.016	140.687	12.903	196.011
Juillet.........	19.201	534	4.408	19.026	149.954	15.661	208.784
Août	22.595	658	5.704	17.159	191.898	14.896	252.910
Septembre.....	20.576	651	5.327	14.458	151.350	16.635	208.997
Octobre........	19.865	477	5.779	16.428	148.016	18.154	208.719
Novembre.....	20.508	399	5.991	13.256	143.853	16.909	200.616
Décembre	21.044	453	6.790	13.970	128.253	20.278	190.788
TOTAUX....	237.282	6.450	62.916	182.145	1.576.113	196.867	2.261.773

Année 1869

MOIS	BŒUFS	TAUREAUX	VACHES	VEAUX	MOUTONS	PORCS	TOTAL des têtes par mois
Janvier........	21.626	432	6.046	15.429	126.128	18.751	188.412
Février.........	20.233	385	5.984	13.702	110.169	16.634	167.107
Mars...........	23.021	563	6.283	14.324	118.787	15.418	178.396
Avril...........	19.983	773	4.634	17.622	123.167	15.468	181.647
Mai	23.267	734	5.242	18.293	145.800	16.259	209.595
Juin....	20.032	694	4.706	18.269	152.562	18.566	214.829
Juillet.........	19.643	696	4.763	20.760	154.760	16.756	217.378
Août..........	20.923	746	5.183	18.905	190.118	16.483	252.358
Septembre.....	21.280	660	4.914	16.994	156.211	21.547	221.606
Octobre........	22.052	649	4.626	16.988	150.494	19.220	214.029
Novembre	20.856	507	4.412	14.420	151.922	18.030	210.147
Décembre	21.923	579	5.918	15.031	146.355	22.006	211.812
Totaux....	254.839	7.418	62.711	200.737	1.726.473	215.138	2.467.346

Année 1870

MOIS	BŒUFS	TAUREAUX	VACHES	VEAUX	MOUTONS	PORCS	TOTAL des têtes par mois
Janvier........	22.612	553	5.303	13.138	144.091	17.307	203.004
Février........	20.943	633	4.491	13.065	121.221	15.683	176.039
Mars	22.378	565	4.171	11.457	140.851	20.044	202.466
Avril..........	21.034	543	2.752	15.666	125.189	16.355	181.559
Mai	25.358	696	3.320	19.273	146.483	17.919	213.049
Juin..........	26.795	287	3.574	21.683	161.850	19.965	234.154
Juillet.........	28.681	375	2.006	22.520	153.596	16.792	223.970
Août	33.223	526	3.686	20.047	187.971	19.401	(a)264.854
Septembre.....	6.067	135	1.896	6.050	61.66	7.058	82.866
Octobre	»	»	»	»	»	»	»
Novembre	»	»	»	»	»	»	»
Décembre	»	»	»	»	»	»	»
Totaux....	207.111	4.313	31.202	145.899	1.242.912	150.524	1.781.961

(a). Dans ce chiffre ne sont pas compris les bestiaux achetés par le ministère du commerce au moment de l'investissement de Paris. Ces achats seuls
ont été d'environ 40,000 bœufs ou vaches, 120,000 moutons, 10,000 veaux et
20,000 porcs.

BESTIAUX AMENÉS SUR LE MARCHÉ

MOIS	BŒUFS	TAUREAUX	VACHES	VEAUX	MOUTONS	PTRCS	TOTAL des têtes par mois
Année 1871							
Janvier.........	»	»	»	»	»	»	»
Février.........	5.950	2	1.154	697	30.276	7.879	45.958
Mars..........	15.301	24	971	5.197	81.331	17.668	420.495
Avril..........	8.907	17	534	2.594	31.761	6.158	49.971
Mai	7.250	1	190	1.478	26.444	4.160	39.463
Juin	21.899	113	1.403	11.396	120.914	12.905	168.630
Juillet.........	27.146	240	2.678	15.052	131.617	14.240	190.973
Août.........	26.966	325	1.564	14.889	164.199	15.971	223.914
Septembre....	27.056	358	2.143	10.996	171.209	14.685	226.447
Octobre.........	31.394	133	2.128	10.200	171.011	17.178	232.044
Novembre	26.069	223	2.772	9.107	155.504	17.858	211.533
Décembre	25.206	129	1.991	7.884	120.970	15.208	171.388
TOTAUX	223.147	1.563	17.468	89.490	1.205.236	143.910	1.680.816
Année 1872							
Janvier.........	28.579	195	2.233	8.323	131.986	16.898	188.214
Février.........	25.516	227	2.109	10.237	130.683	14.472	183.244
Mars	23.816	264	2.25	10.790	115.269	15.543	167.964
Avril..........	22.608	260	1.335	12.403	133.964	15.990	185.960
Mai	20.592	413	1.992	15.427	135.309	18.457	192.190
Juin	21.049	161	1.066	14.668	131.042	14.503	182.489
Juillet.........	21.992	573	2.109	17.357	155.753	15.523	213.307
Août..........	22.052	528	1.325	16.336	159.246	15.941	215.428
Septembre......	24.094	663	2.037	12.705	159.452	17.065	216.016
Octobre.........	25.376	233	1.402	11.678	127.924	20.637	187.250
Novembre	20.597	433	1.444	10.969	115.158	18.256	166.857
Décembre.......	21.835	324	1.027	10.163	116.078	18.650	168.077
TOTAUX....	277.536	4.274	20.331	151.056	1.611.864	201.935	2.266.996

Les départements qui, d'ordinaire expédient des bestiaux sur Paris, sont pour les bœufs, ceux de la Normandie (Cotentin) et du Nivernais, du mois de juillet au mois de novembre ; le Limousin et le Marchais, depuis le commencement de décembre jusqu'au mois d'avril, puis viennent les bœufs de Cholet jusqu'au mois de juillet. Il faut ajouter à ces grandes races, mais en petites quantités les différentes espèces envoyées de tous les points de la France.

Les vaches arrivent particulièrement de l'Auvergne, du Limousin, de Maine-et-Loire et de la Suisse ; elles forment le principal contingent de l'approvisionnement.

Les veaux viennent des départements d'Eure-et-Loir, de l'Aube, de Seine-et-Marne, du Loiret, et de Seine-et-Oise ; il en arrive aussi du Limousin et de l'Auvergne.

Les moutons sont expédiés des départements de Seine-et-Marne, de Seine-et-Oise, de l'Allier de l'Indre, de la Vendée, de la Vienne, du Nord, du Pas-de-Calais et de l'Aisne.

Et les porcs, de la Sarthe, de Maine-et-Loire, de la Vendée, de la Dordogne, de la Mayenne, de la Normandie et de la Picardie.

Les pays étrangers qui fournissent des bestiaux pour l'approvisionnement de Paris, sont :

Pour les bœufs : la Hongrie, les Romagnes et

l'Algérie qui envoïe ses bœufs engraisser en Itaie pour les expédier ensuite en France.

Pour les moutons, l'Allemagne (Prusse et Hongrie) ; et pour les porcs, la Suisse.

Les bœufs les plus estimés et les mieux engraissés, dit M. Armand Husson dans son très-intéressant ouvrage sur les consommations de Paris (1), publié en 1856, sont, en première ligne, ceux qui proviennent du Cotentin, puis viennent ceux de Chollet, de l'Anjou, du Charollais et de la Saintonge qui approvisionnent Paris durant une partie de l'année et surtout en hiver.

Les bœufs du Bourbonnais, du Berry, de la Bourgogne, de la Marche, du Marais, de la Vienne et les bœufs Nantais sont aussi assez recherchés.

Les moutons préférés par le commerce parisien sont ceux qui viennent de l'Allemagne ; puis ceux du Gâtinais, du Poitou, d'Eure-et-Loir, de la Seine, de Seine-et-Marne, de Seine-et-Oise, des Ardennes et de la Lorraine.

M. Husson rapporte encore que les moutons du Berry, du Nivernais, du Bocage et de la Sologne sont aussi estimés, mais que leur chair est fine et d'un rendement peu élevé. (16 kilog.)

---

(1) *Les Consommations de Paris.* — Guillaumin et Cie, libraires, rue Richelieu, n° 14.

Ces pays approvisionnent abondamment Paris toute l'année mais plus spécialement l'été.

Enfin la Gascogne expédie, surtout en mai et juillet, des moutons dont la viande est bonne, mais dont le poids n'excède pas vingt kilogrammes.

—

DEUXIÈME PARTIE

ABATTOIRS GÉNÉRAUX

DE LA VILLETTE

DESCRIPTION

DES ABATTOIRS GÉNÉRAUX DE LA VILLETTE

———

Les abattoirs généraux de la Villette, qui ont été ouverts le 1er janvier 1867, en vertu d'un arrêté du Préfet de la Seine en date du 21 septembre précédent, occupent une superficie d'environ 31 hectares.

Ils sont construits à l'ouest du canal de l'Ourcq et limités par la rue de Flandre, le chemin de fer de l'est et la route militaire, le canal de l'Ourcq et le canal Saint-Denis.

Les bâtiments sont en pierre de Croy, briques et moellons. La façade principale qui donne sur la rue de Flandre, compte neuf portes carrossables et six pour les piétons; elle est fermée par une grille d'environ 120 mètres de longueur.

L'ensemble des pavillons, au nombre actuel de quarante qui s'échelonnent en éventail, embrasse une superficie de 44,218 mètres.

Sur ces quarante pavillons, trente-deux sont achevés et en pleine activité depuis l'ouverture des abattoirs, les huit autres ont été récemment élevés et ne sont pas encore livrés au commerce.

Lorsqu'ils seront tous construits, ils seront au

nombre de soixante-quatre et occuperont une étendue de 82,111 mètres de surface de constructions.

A droite et à gauche en entrant, s'élève deux pavillons à quatre faces et à un seul étage dans lesquels sont établis, au rez-de-chaussée, les services
de l'octroi.

L'étage supérieur est affecté au logement de plusieurs employés principaux.

En novembre 1872, il a été construit à l'angle
sud de l'entrée principale de l'abattoir, un petit
pavillon dans lequel on a établi un poste de la garde
municipale. Ce poste a été ouvert le 17 décembre
suivant.

Une autre construction doit être élevée à l'angle
nord pour les bureaux du service des perceptions
municipales qui sont provisoirement installés dans
le bâtiment situé à gauche de la grille d'entrée.

Sur 279 échaudoirs que doivent contenir les abattoirs, au 1er janvier 1873, il en existait 123 en activité, 52 étaient construits, mais non encore livrés,
et 104 restaient à élever.

Les bouveries qui seront au nombre de trente et
les cours au nombre de quinze, étaient, à la même
époque, savoir :

Bouveries en activité. 14
Bouveries faites, mais non livrées. . . 4
Bouveries à construire. 12
Cours en exploitation. 7
Cours faites, mais non livrées. 2
Cours à construire. 6

Dans chaque bouverie, un côté est affecté aux bœufs et vaches et l'autre aux moutons et veaux, c'est-à-dire un côté est en lisse et peut contenir, par travée, 6 à 7 bœufs ou vaches, et l'autre est en cases fermées pour parquer les moutons et les veaux. Ces cases peuvent contenir, en moyenne, 60 moutons ou 25 veaux.

Deux bâtiments composés d'un vaste octogone avec pavillons en saillie sur quatre faces, s'élèvent à chaque extrémité de la cour d'entrée (1).

Les abattoirs actuellement en exploitation sont traversés dans toute leur longueur par une rue dite : *Avenue du centre*, et chaque section des bâtiments est coupée par une rue, dite : *Avenue du nord et Avenue du midi*.

A ces trois voies aboutissent d'autres rues et des cours qui font angle avec elles et séparent l'ensemble du terrain en trente deux parallélogrammes.

Chaque corps de bâtiment se compose de deux pavillons parallèles, desservis par une cour commune, qui, pour les échaudoirs (2), sert de cour de

---

(1) Le lavage des issues a lieu provisoirement dans la rotonde de celui de droite, occupée autrefois par l'ancien fondoir. C'est dans celui de gauche, qu'est installée provisoirement la vente à la criée.

(2) Les échaudoirs sont de vastes cabines ou l'on abat le bétail : lorsque le bœuf est amené à l'échaudoir, il est attaché par les jambes et les cornes à un anneau scellé dans la dalle, puis frappé de 2 ou 3 coups de merlin, il tombe sans pousser un cri. Depuis le mois de juin 1872, les bœufs sont aussi

travail, et pour les bouveries de cour de service en même temps que de parc pour les bestiaux.

Chaque cour donne un accès direct aux divers échaudoirs, bouveries et bergeries ainsi qu'aux dépendances indispensables telles que séchoirs pour les bouchers (1) et greniers à fourrages (2).

Dans chaque cour de travail il existe un local banal pour le lavage des tripées.

Des cabinets, au nombre de 15, ménagés dans les bâtiments, sont utilisés comme resserres et ateliers

---

abattus à l'aide d'un instrument appelé *bouterolle*, cet instrument qui procure à l'animal une mort instantanée, est d'invention anglaise. Il est composé d'une tige d'acier emmanchée par le milieu comme un marteau. Cette tige, qui est pleine par un bout et creuse par l'autre, mesure une longueur de 30 centimètres. La partie pleine forme crochet et ne sert qu'à donner la force nécessaire ; la partie creuse qui frappe la tête de l'animal à 10 millimètres de diamètre.

Au moment de l'abatage, le bœuf reçoit le coup au milieu du front et le creux de l'instrument forme un trou dans lequel l'abatteur introduit un jonc de 60 centimètres de long qui refoule la moelle épinière.

Lorsque l'on veut abattre un animal vicieux, on emploie la *bouterolle à masque*, cette variété de l'instrument se compose d'un masque en cuir dans lequel on a ménagé un trou. Dans cette ouverture on place une bouterolle terminée par un bouton plein au lieu d'un crochet et alors l'instrument entre dans la tête, frappé par un maillet en bois dur.

Les moutons sont égorgés sur des claies dans les cours.

A Rome les lieux ou l'on tuait les bestiaux et où on les coupait en morceaux étaient nommés *Lanienœ*.

(1) Les séchoirs sont établis au-dessus des échaudoirs.

(2) Les greniers à fourrages sont situés au-dessus des bouveries.

par les bouchers ou les commerçants spéciaux à qui ils sont loués (1).

Partout l'eau circule librement et abondamment et la propreté la plus minutieuse est entretenue tant dans les échaudoirs, qui sont parfaitement aérés, que dans les triperies, les fonderies de suif et les cours de travail.

Cette eau qui provient de 250 robinets s'ouvrant à volonté est, après avoir servi aux lavages, reçue dans des égouts qui n'ont pas moins de 10 kilomètres de développement sous les terrains bâtis (2).

Pour relier les abattoirs au marché, il a été construit sur le canal de l'Ourcq deux ponts d'une largeur de 21 mètres avec deux rampes d'accès chacun. Ces ponts sont destinés au passage des voitures et des animaux qui se rendent directement du marché aux abattoirs.

Afin de relier aussi les abattoirs au chemin de fer, il a été établi sur le même canal un autre pont à l'extrémité orientale du marché. Le tablier de ce pont, qui est placé au niveau des rails, est mobile et se lève pour livrer passage aux bateaux.

Ainsi construits et fort judicieusement placés près

_____

(1) Ces ateliers sont loués à l'année par le service des perceptions municipales, à raison de 300 ou de 500 fr., suivant leur importance.

(2) Lorsque les abattoirs à porcs seront terminés, ils seront alimentés d'eau par 80 robinets.

du marché général des bestiaux et à la portée du
centre de Paris, les abattoirs de la Villette offrent
au commerce de la boucherie tous les avantages et
toutes les facilités qu'il pouvait désirer, et font le
plus grand honneur au mérite de M. *Janvier*, qui,
pour les abattoirs, comme pour le marché, a dirigé
les travaux de cette œuvre remarquable.

INTRODUCTION

DES BESTIAUX SUR PIED DANS PARIS

———

A leur arrivée aux barrières, les bestiaux doivent être déclarés par les conducteurs, qui sont personnellement responsables de l'exactitude de leurs déclarations (1).

Les animaux sont reçus à toutes les portes où il y a des registres à ce destinés.

Le conducteur qui a laissé en route une ou plusieurs bêtes, par suite de fatigue ou d'accident, en fait la déclaration au point de sortie où des mesures sont prises pour assurer le droit sur les manquants (2).

Les bestiaux sur pieds, entrant dans Paris, ne peuvent avoir que les destination suivantes :

———

(1) Tous les conducteurs en général, sont cautionnés par des répondants solvables et solidaires. Ceux qui ne sont pas cautionnés consignent les droits ou sont escortés, dans ce dernier cas, le droit d'escorte est de 2 fr.

(2) Ces mesures consistent dans une annotation faite au dos de la feuille de conduite ou du passe-debout des différences trouvées en moins.

1° Le marché de la Villette ;

2° Les abattoirs généraux ou à porcs ;

3° Les nourrisseurs et autres personnes autorisées par le préfet de police, à conserver à domicile des vaches laitières et des taureaux, qui, plus tard, doivent être amenés sur le marché ;

4° En passe-debout (1); mais, dans ce cas, ils sont assujettis à la consignation fixée par l'article 2 de l'ordonnance royale approbative du règlement pour la perception d'octroi et d'abattoir du 23 décembre 1846.

Aux termes de cet article, les bestiaux introduits doivent acquitter par tête un droit fixe représentant ceux d'octroi et d'abattoir que les diverses autres parties des animaux pourraient produire.

---

(1) Le passe-debout est une pièce ou bulletin délivré aux entrées de Paris par le service de l'octroi, au moment de l'introduction, pour accompagner les objets imposés devant seulement traverser Paris sans y stationner, à moins d'une autorisation spéciale et limitée.

Il y a deux sortes de passe-debout; l'un de couleur noire porte le n° 16 et est délivré lorsque les objets soumis entrent avec consignation ; et l'autre de couleur rouge portant le n° 16 bis est délivré lorsque les objets imposés entrent sous caution.

Les bestiaux destinés à l'abattoir y sont accompagnés du bulletin n° 218 noir, et ceux dirigés sur le marché même, du bulletin n° 217 rouge.

D'après la circulaire du 16 mai 1831, il n'est délivré de passe-debout que sur la consignation du droit fixe. En vertu de la circulaire du 10 juin 1842, le droit d'escorte n'est pas exigible pour les bestiaux à pied introduits en passe-debout.

Ce droit est, savoir :

```
Par  Bœuf, de. . . . . . . . . . .  53 fr.
     Vache . . . . . . . . . . . .  35  »
     Veau. . . . . . . . . . . .   11  »
     Mouton, bouc et chèvre. . . .   4  »
     Porc. . . ˙ . . ˙ . . . . . .  14  »
```

Toutefois, le cautionnement, ou la consignation des droits, n'est point exigé pour les bestiaux destinés aux abattoirs déclarés par les bouchers et charcutiers eux-mêmes, ou par les agents particuliers qu'ils ont accrédités auprès de l'octroi, et dont ils se sont reconnus responsables ; mais la consignation du droit fixe par tête doit toujours être effectuée, quand il s'agit de bestiaux destinés aux nourrisseurs et autres personnes autorisées.

Les agneaux et chevreaux vivants entrant et non conduits aux abattoirs payent à raison de 60 0/0 de leur poids brut.

Aux termes de l'article 4 du règlement du 23 décembre 1846, les consignations effectuées pour garantie des droits à acquitter au poids sur les bestiaux amenés au marché doivent être remboursées lorsque ces bestiaux sont conduits hors de Paris.

Le remboursement a lieu sur un certificat constatant le départ du marché suivi de la constatation de la sortie.

Au départ du marché, les conducteurs des bestiaux reçoivent une feuille de conduite délivrée par les employés de l'octroi et portant le numéro du bulletin de consignation.

L'article 12 du même règlement autorise aussi la restitution des consignations concernant les taureaux et vaches laitières conduits, des vacheries de l'intérieur, hors de Paris ; mais, alors, comme ces consignations peuvent avoir été versées par les receveurs, c'est au moyen de mesures spéciales que les remboursements s'opèrent (1). Il en est de même, en cas de mort et d'envoi à la ménagerie des bestiaux de ces diverses catégories.

Lorsque les bestiaux sont dirigés sur les abattoirs, en passant à la barrière, l'octroi délivre une feuille de conduite à l'introducteur pour être remise aux employés placés dans les abattoirs pour la recevoir.

Il est également délivré une feuille de conduite pour les bestiaux qui passent du marché aux abattoirs de la Villette.

---

(1) Ces mesures consistent dans la demande en restitution de la consignation versée qui doit être adressée à l'administration de l'octroi.

ARRIVÉE DES BESTIAUX

———

A son arrivée dans les abattoirs, le conducteur remet la feuille de conduite au chef du service de l'octroi, puis les bestiaux sont reconnus comme nombre et comme espèces et inscrits sur un registre spécial.

Dans le cas où les quantités et espèces d'animaux présentés à l'abattoir ne sont pas reconnues conformes à celles énoncées au bulletin de conduite, l'octroi prend en charge les quantités reconnues. Il prend aussi des garanties pour le recouvrement des droits des bestiaux non représentés (1).

S'il est trouvé un excédant, l'octroi le mentionne par une annotation suivie des renseignements donnés par le conducteur.

Si, au contraire, ces quantités et espèces sont en concordance parfaite avec celles portées sur le bulletin, les animaux sont pris en charge.

———

(1) Pour ces garanties, voyez note 2 de la page 109.

8

Lorsque les introductions de bestiaux ont lieu sous consignation des droits, les employés détachent de la feuille de conduite, la coupure constatant l'entrée dans l'abattoir et la remettent au conducteur, afin qu'il puisse, en la représentant, se faire rembourser sa consignation.

Si des vaches sont amenées dans les abattoirs pour être examinées par l'inspecteur de police, puis abattues : il en est fait enregistrement et prise en charge par l'octroi qui vise les certificats de recouvrements pour que les nourrisseurs puissent rentrer dans les sommes par eux acquittées dans le premier cas, et consignées dans le second.

Si l'inspecteur de police, après avoir conservé quelques jours ces animaux, les rend, pour être envoyés au marché ou reconduits chez leur propriétaire, les employés de l'octroi les laissent sortir sur la seule autorisation de cet inspecteur.

Si, au contraire, l'animal reste dans l'abattoir pour y être abattu, on procède comme il vient d'être dit plus haut. (Circulaire du 28 décembre 1846.)

Suivant une circulaire du 16 mai 1831, il n'est pas tenu compte de l'espèce des animaux introduits dans l'abattoir; après l'abatage, tous en ressortent comme viande à la main.

En vertu de l'article 6 du décret du 24 février 1858, tout propriétaire d'animaux jouit, comme les bouchers, du droit de faire abattre son bétail dans

les abattoirs généraux, d'y faire vendre à l'amiable
la viande provenant de ses animaux, de la faire
enlever pour l'extérieur, en franchise du droit
d'octroi, ou de l'envoyer sur les marchés intérieurs
de la ville affectés à la criée des viandes abattues.

SORTIE DES VIANDES

DES ABATTOIRS

En vertu de la circulaire du 24 juin 1847, les bouchers, ou leurs agents, doivent déclarer très-exactement au bureau de l'octroi des abattoirs, par espèces, les viandes qu'ils enlèvent et leur destination.

A leur sortie des abattoirs, les viandes acquittent les droits sur les quantités présentées (1).

Ces droits sont de :

0,11 c. 735 par kilogramme, divisés, savoir :

---

(1) Le droit de la viande de boucherie à la main est dû conformément à l'article 36 de l'ordonnance du 9 décembre 1814, sur les animaux nés dans l'intérieur, ainsi que sur ceux entrés vivants sous consignation et abattus exceptionnellement hors des abattoirs publics.

Aux termes du décret du 19 décembre 1859, article 37, toutes les dispositions du règlement du 23 décembre 1846, relatives à la perception du droit d'octroi sur la viande de boucherie et la viande de charcuterie à Paris, ont été rendues obligatoires, à partir du 1er janvier 1860, aux territoires annexés à la ville de Paris.

Droit d'abatage (1). . 0 fr. 02　　pour la ville par kilog
Droit d'octroi. . . . 0 fr. 09,735 par kilogramme.

Aux termes de l'article 5 du règlement approuvé par l'ordonnance royale du 23 décembre 1846, les abattoirs publics affectés au service de la boucherie de Paris, sont déclarés entrepôts pour les viandes, suifs et pieds de bœufs ou de vaches ; les bouchers peuvent donc faire des expéditions pour l'extérieur, en franchise des droits d'octroi, à la charge de justifier de la sortie de Paris, des quantités par eux déclarées pour la réexportation.

Les viandes restent, dans ce cas, passibles du droit d'abatage seulement.

La perception des droits sur les viandes enlevées pour l'intérieur ayant lieu à la sortie des abattoirs, les portes et grilles de ces établissements sont assimilées aux bureaux d'entrée.

Le poids des viandes est constaté à la sortie par la pesée des voitures sur lesquelles elles sont chargées, lorsque ces dernières ont été préalablement pesées vides et marquées pour en faire reconnaître la tare (2).

---

(1) Ce droit est dû sur tous les bestiaux énoncés au tarif, c'est-à-dire sur les viandes de bœuf, vache, veau, mouton, bouc, chèvre, etc., conformément au règlement d'octroi, annexé à l'ordonnance royale du 23 décembre 1846, pour chaque kilogramme de viande, panne, graisse, gras de porc et ratis fondus ou non sortant des abattoirs.

(2) Tout boucher ou conducteur qui a fait apporter un chan-

Si le poids constaté par la bascule vient à présenter un excédant sur le poids total des déclarations et des tares, ou si la voiture est chargée pour le compte de plusieurs bouchers, le conducteur est responsable jusqu'à ce qu'il ait vérifié chez les bouchers destinataires, au compte de qui l'excédant doit être ajouté, à moins qu'au retour un nouveau pesage de la voiture vide ne fasse reconnaître que cet excédant doit être attribué à toute autre cause qu'à la marchandise soumise au droit.

Le transport des viandes aux boutiques et étaux des bouchers établis dans les halles centrales, (Pavillon n° 3) et dans l'intérieur de Paris est fait par des entrepreneurs, nommés *meneurs de viande*, avec lesquels les bouchers ont des marchés de passés à l'année.

Ces transports s'opèrent par des voitures tarées et numérotées, et chargées à la fois de 1,500 kilogrammes au moins de viandes à diverses destinations.

La sortie des voitures de toute espèce et des ob-

---

gement dans la construction de sa voiture ou des pièces qui la composent, est tenu d'en faire la déclaration à l'octroi et de demander un nouveau pesage. Les altérations des marques doivent être également constatées, car, faute de remplir ces formalités, le délinquant perd non-seulement les avantages du mode de vérification que je viens d'indiquer, mais l'excédant de son chargement, s'il en existe à la sortie, est saisi.

jets soumis aux droits, est libre à toutes les heures
du jour et de la nuit.

Avant de franchir la grille des abattoirs, les voitures sont, comme celles des bouchers, pesées sur
une bascule et tarées par les employés de l'octroi
qui perçoivent les droits.

La distribution des viandes qui commence à 10
heures du soir, pour les étaux les plus rapprochés
de l'abattoir, doit être achevée à 5 heures du matin,
afin que les premières ventes puissent avoir lieu à
7 heures.

Lorsqu'un boucher fait sortir des viandes à destination de Paris, il doit en présenter la déclaration
au chef du service de l'octroi, en même temps que
la voiture qui les transporte.

Celui-ci, après s'être assuré des poids brut et net
du chargement, remplit et signe le certificat qui est
à la suite de la déclaration.

Les langues de bœufs ou de vaches acquittent
comme viande à raison de un kilogramme et demi
chacune.

Conformément à l'article 9 du règlement, il est
accordé un délai aux bouchers et fondeurs qui fournissent un cautionnement ou une caution agréée
par l'administration de l'octroi.

Toute personne placée hors de cette catégorie,
qui fait enlever des viandes, doit acquitter comptant les droits d'octroi et d'abatage, ou ceux de

fonte de suifs, avant la sortie des abattoirs, à moins
que ce soit des suifs bruts qui ne payent, dans ce
cas, que le droit d'octroi.

Les droits constatés sur les viandes et abats des
bouchers admis au crédit sont payés tous les samedis, comme ceux des abats de veaux.

Les pieds de bœufs et les petites parties de viandes
et de suifs enlevés par des personnes non admises
au crédit, acquittent les droits au comptant comme
les viandes sortant des abattoirs.

Il n'est accordé aucune déduction sur le poids des
animaux abattus pour la peau qui y est encore adhérente ou pour les abats et issues qui n'en ont point
été séparés.

Aux termes du décret du 24 février 1858, article 3,
la viande est inspectée à l'abattoir et à l'entrée
dans Paris, sans préjudice des autres droits appartenant à l'administration, pour assurer la fidélité du
débit et la salubrité des viandes vendues dans les
boutiques ou sur les marchés.

Le colportage en quête d'acheteurs des viandes
de boucherie était interdit dans Paris par l'article 4 ;
mais cet article a été abrogé par le décret du gouvernement de la défense nationale en date du 5 septembre 1870 (1).

(1) Voyez appendice nᵒ 41.

ABATS ET ISSUES

La préparation des tripées des bœufs, vaches et moutons n'est permise que dans les abattoirs.

Les locaux nécessaires sont fournis à un adjudicataire qui s'est engagé à se conformer au cahier des charges, dressé pour l'adjudication, le 9 septembre 1862 (1).

---

(1) Le sieur Hiller a été le 24 septembre 1862, déclaré adjudicataire à partir du 1er octobre suivant, des ateliers de triperies dans les cinq grands abattoirs alors existants (de Ménilmontant, de Grenelle, de Montmartre, du Roule et de Villejuif), pour 3, 6 ou 9 années, avec engagement par lui, de se conformer au cahier des charges dressé pour l'adjudication et approuvé par le préfet de la Seine le 9 septembre de la même année.

Le 31 décembre 1866, le même industriel a obtenu l'autorisation d'occuper dans le nouvel abattoir de la Villette, l'atelier affecté au commerce de la triperie, aux conditions exprimées dans le cahier des charges précité et pour le temps restant à courir, aux termes de l'adjudication précédente du 24 septembre 1862, moyennant :

Pour chaque tripée de bœuf ou vache. . . . 0 fr. 30
    id.   de mouton. 0   05
Par issues sorties de l'abattoir après simple lavage, savoir :
Par chaque tripée de bœuf ou vache. . . . . 0 fr. 15
    id.   de mouton. 0   02 $^{1}/_{2}$

Les droits établis pour chaque tripée de bœuf ou de mouton, sont payés à l'octroi des abattoirs pour location des bâtiments et du matériel nécessaire à la cuisson de ces objets.

La tripée (ou entrailles de bœuf ou vache) est imposée à raison de 0,30 c. par animal, lorsque ces objets sont cuits, lavés, en un mot, préparés dans les abattoirs.

Les issues de veau payent à raison de un franc par tête. Ces issues comprennent la tête, les pieds et les entrailles (1).

Les issues de mouton, qui se composent exclusi-

Apport de l'extérieur, pour la cuisson :
Par chaque tripée de bœuf ou vache. . . . .   0 fr. 30
      id.   de mouton.   0   05
Et par douzaine de pieds de moutons présentés séparément.   0   05

La location audit sieur Hiller expirant le 1ᵉʳ octobre 1871, a été prorogée une première fois jusqu'au 31 décembre suivant par décision administrative du 13 octobre précédent ; une deuxième prorogation a été consentie jusqu'au 31 mars 1872, par une autre décision du 26 décembre 1871 ; puis, une troisième prorogation a été faite le 9 mars 1872 jusqu'au 31 mai suivant ; enfin une 4ᵉ prorogation a été consentie jusqu'au 31 décembre de la même année.

Cette location doit être prochainement mise en adjudication.

(1) Ainsi les abats de veaux ne sont pas pesés. Ils sont fixés d'après un poids moyen à douze kilogrammes par abat, et le compte en est établi d'après le nombre de veaux entrés par chaque boucher. Les droits constatés sur les abats de veaux des bouchers admis au crédit sont payés tous les samedis comme ceux des viandes et des autres abats.

vement des entrailles de l'animal, payent 0,05 c.
par tripée; la tête n'est pas imposée (1).

Les pieds de bœuf, de vache et de mouton, acquittent en raison de la quantité d'huile qui peut
en être extraite.

Cette quantité est évaluée à raison de un litre
pour dix pieds de bœuf ou de vache et pour 160
pieds de mouton; elle paye 0,25 c. 2 par litre, soit
25 fr. 20 c., par hectolitre.

Les cervelles et rognons de bœuf ou de vache,
les foies, ris et cervelles de veau et les rognons de
mouton détachés des issues, sont imposés comme
viande.

Les peaux et les cornes des bœufs et vaches n'acquittent aucun droit; elles sont achetées à l'année,
sur le marché, aux marchands de bestiaux, et enlevées dans les abattoirs par des corroyeurs.

Il en est de même pour les peaux de moutons.

---

(1) Les tripées, simplement lavées, sortant des abattoirs
pour des particuliers, acquittent la moitié du droit fixé pour
les autres.

ANIMAUX MORTS DANS LES ABATTOIRS

QUI SONT ENVOYÉS A LA MÉNAGERIE DU JARDIN DES PLANTES

Les animaux morts envoyés à la ménagerie du Jardin des Plantes sont accompagnés d'une feuille de conduite.

Cette feuille, qui est délivrée au conducteur, doit être, par lui, rapportée au bureau de l'octroi de l'abattoir, revêtue du récépissé et du certificat de l'arrivée à la ménagerie, signés du directeur de cet établissement et portant en marge le cachet du Muséum d'histoire naturelle.

Faute par le conducteur de remplir cette formalité, l'administration de l'octroi le poursuit en payement des droits.

Les veaux et les agneaux mort-nés n'étant pas pris en charge par l'octroi, ils sont envoyés à la ménagerie sans feuille de conduite.

Suivant circulaire du 9 septembre 1847, les employés de l'octroi s'opposent à la sortie d'un animal mort qui n'est pas dépecé et font prévenir, sur-le-champ, le commissaire de police ou tout autre agent de son administration pour qu'il soit procédé immédiatement à la saisie, afin que la viande ne soit pas livrée à la consommation.

ABATAGE DES BESTIAUX

SELON LE RITE ISRAÉLITE

En vertu du règlement de la boucherie *kascher*, en date du 16 février 1869, la boucherie *kascher*, comprend deux services bien distincts :

1° La *sch'hitah*, ou service à l'abattoir pour le compte des bouchers en gros ;

2° Le débit de la viande *kascher* en ville aux étaux autorisés par le consistoire ;

Le personnel de la boucherie *kascher* comprend :

Un *controleur* à l'abattoir ;

Des *schohtims*, ou sacrificateurs ;

Des *schomrims*, ou surveillants particuliers ;

Des *borschers* spéciaux, surveillants généraux.

Les marchands bouchers en gros ou en détail autorisés ou non à vendre la viande *kascher*, peuvent faire tuer les animaux dans l'abattoir par les *schohtims* nommés par le consistoire moyennant une redevance payée à l'administration et dont la quotité est déterminée plus loin.

Les marchands bouchers *détaillants* ou *étaliers*,

autorisés à vendre de la viande *kascher*, payent une redevance annuelle dont la quotité est déterminée ci-après.

Pour ouvrir un étal *kascher*, le boucher doit en faire la demande au Consistoire et indiquer dans cette demande les garanties qu'il offre à l'administration israélite comme moralité.

L'autorisation d'ouvrir une boucherie *kascher* n'est accordée que sur l'avis favorable du grand rabbin.

Le contrôleur à l'abattoir est chargé de veiller à ce qu'il ne s'introduise aucune espèce de fraude dans l'exercice du service à l'abattoir, tant de la part des *schohtims*, que de la part des bouchers.

A cet effet, la place du contrôleur est à l'abattoir pendant tous les moments consacrés à la *sch'hitah*.

Il se transporte incessamment sur tous les points de l'abattoir où les *schohtims* exercent leur ministère.

Le contrôleur prend note sur un état spécial des animaux tués par les *schohtims* et reconnus *kascher*.

Il applique à l'animal, concurremment avec le *schohet* ou *sacrificateur*, le cachet de l'administration, lequel porte l'empreinte du Consistoire israélite avec le nom du grand rabbin en hébreu au milieu.

Le cachet du *schohet* porte son nom et la date du jour où l'animal a été saigné.

Outre l'apposition de ce cachet, le *schohet* marque

encore avec la pointe d'un couteau, sur la poitrine
et le paleron de l'animal, le jour de la semaine où
l'animal a été abattu.

Aucun animal n'est réputé *kascher*, c'est-à-dire
reconnu sain et jugé propre à la consommation des
israélites, s'il ne porte pas ces deux empreintes d'une
manière bien distincte.

L'état numérique des animaux abattus est jour-
nalier. Il est transmis tous les jours au secrétariat
par les soins du contrôleur.

Le secrétariat procède au dépouillement des états
d'inscription et impute au débit du compte de
chaque boucher, le montant de la redevance qu'il
doit acquitter par suite du nombre de bestiaux qu'il
a fait abattre selon le rite israélite.

L'agent chargé de la recette générale de l'administration consistoriale, procède toutes les semaines, au recouvrement du montant de la redevance
imputée aux bouchers.

Il est établi, à cet effet, un bordereau et des quittances sur des modèles donnés.

Le contrôleur reçoit la déclaration des marchands
bouchers non encore inscrits. Il leur fait ouvrir
un compte à l'administration et fournit, à cet effet,
toutes les indications nécessaires à l'inscription,
savoir :

Les nom et prénoms des bouchers ;

Leur demeure ;

Le lieu où doit s'effectuer le payement de la redevance.

Les *schohtims* sont nommés par le Consistoire
conformément aux dispositions des articles 19 et
52 de l'ordonnance du 25 mai 1844 (1), et de l'article 10 du décret du 29 août 1862, portant organisation du culte israélite (2).

---

(1) Ordonnance du 25 mai 1844. — *Art.* 19. — Le consistoire
a l'administration et la police des temples de sa circonscription
et des établissements et associations pieuses qui s'y rattachent.
Il délivre les diplômes de premier degré pour l'exercice des
fonctions rabbiniques, sur le vu des certificats énoncés en
l'article 12 ; il représente en justice les synagogues de son ressort et exerce en leur nom les droits qui leur appartiennent
sous la réserve portée en l'article 64. Il nomme les commis-
sions destinées à procéder à l'élection des Rabbins commu-
naux et des ministres officiants ainsi qu'il est réglé par les
articles 48 et 51. Il donne au consistoire central son avis sur
ces élections ; il nomme le *Mohel* et le *Schohet* pour le chef-lieu
consistorial, sur l'avis du Grand-Rabbin, et, pour les autres
communes, sur le certificat du Rabbin du ressort, confirmé
par le Grand-Rabbin. Ces nominations sont révocables par le
consistoire sur l'avis du Grand-Rabbin.

Art. 52. — Nul ne peut exercer les fonctions de *Mohel* et de
Schohet, s'il n'est pourvu d'une autorisation spéciale du consistoire de la circonscription. Le *Mohel* et le *Schohet* sont soumis dans l'exercice de leurs fonctions, aux règlements émanés
du consistoire départemental et approuvé par le consistoire
central.

(2) Décret impérial du 29 août-14 novembre 1862, modifiant
l'organisation du culte israélite : *Art.* 10. — Nul ne peut
exercer les fonctions de *Mohel* et de *Schohet*, s'il n'a obtenu
une autorisation spéciale du consistoire de la circonscription,
accordée sur l'avis conforme du Grand-Rabbin. En outre, le
Mohel doit être pourvu d'un certificat délivré par un docteur

Les *schohtims* sont à la disposition des bouchers qui se soumettent aux règles et tarifs établis par le consistoire.

Le service des *schotims* commence en été à 6 heures du matin, en hiver à 7 heures du matin et finit en toutes saisons à 3 heures.

Toutefois, la durée du service peut être prolongée, s'il y a lieu, l'avant-veille des sabbaths et fêtes, et chaque fois que le contrôleur le juge nécessaire. (1).

. Lorsqu'après examen, l'animal est reconnu *kascher*, le *schohet* applique son cachet sur toutes les parties de l'animal.

Cependant, ainsi qu'il est dit plus haut, l'animal ou ses différentes parties ne sont réputées *kascher*

---

en médecine ou en chirurgie désigné par le préfet, et constatant que l'impétrant offre, au point de vue de la santé publique, toutes les garanties nécessaires.

Le *Schohet* doit dans toute commune où il veut exercer ses fonctions, faire viser par le maire l'autorisation à lui donnée par le consistoire départemental. Les autorisations sont révocables.

(1) Le service des *Schohtims* ou *sacrificateurs*, consiste à trancher d'un seul trait, avec un damas ou glaive, le cou de l'animal. Aussitôt après la saignée, le *Schohet* s'assure qu'il n'a été fait aucune brèche au damas, car s'il en existait une, l'animal serait considéré comme *tarref*, et comme tel, impropre à la consommation des Israélites.

Lorsque l'animal est ouvert, le *Schohet* visite le mou afin de s'assurer qu'il n'est pas adhérent aux côtes et qu'il n'a aucune maladie.

que s'ils portent également le cachet du contrôleur.

Les *borschers* spéciaux, chargés de purifier les morceaux de la partie postérieure de l'animal remplissent en même temps les fonctions d'inspecteurs des *schorims* et des étaux. Ils sont nommés par le consistoire.

Les candidats aux fonctions de *borschers* spéciaux, doivent être pourvus d'un certificat d'aptitude délivré par le grand-Rabbin de la circonscription consistoriale.

L'inspecteur des étaux *kascher* a mission de s'assurer que les *schomrims* ou surveillants remplissent exactement les devoirs qui leur sont imposés et que la viande débitée aux Israélites provient d'un animal tué selon le rite et reconnu *kascher*.

Le service d'inspection est divisé par zone, afin que chaque inspecteur puisse faire acte de présence dans les boucheries au moins une fois par jour.

La présence de l'inspecteur est constatée par sa signature apposée sur un registre *ad hoc*, lequel reçoit également les observations que l'inspecteur a à faire, soit au sujet des *schomrims*, soit sur un objet quelconque de la boucherie.

Ce registre est porté au secrétariat général par le *schomet* (surveillant), le dimanche matin de chaque semaine, pour être visé et remporté le lundi matin par le même surveillant.

Les faits qui présentent un certain caractère de gravité ou qui exigent une prompte solution, font l'objet d'un rapport immédiat au secrétaire général de la part des inspecteurs.

Les *schomrims* (surveillants), sont nommés par le consistoire parmi les candidats qui se font inscrire d'avance au secrétariat,

Pour être inscrits, les candidats doivent produire des certificats de moralité et d'aptitude délivrés par le Grand-Rabbin de la circonscription consistoriale,

Les fonctions de *schomet* ont pour objet de veiller à ce qu'il ne soit délivré aux Israélites que de la viande *kascher*.

Ils sont chargés, en outre, de purifier la viande (extraire les veines des morceaux ordinaires), dont la clientèle Israélite vient s'approvisionner à l'étal.

La viande envoyée aux clients doit être scellée à la cire portant l'empreinte d'un cachet spécial dont les *schomrims* sont pourvus.

Ils soumettent aux inspecteurs les observations qu'ils ont à faire sur une partie quelconque du service auquel ils sont préposés.

Les *schomrims* ne s'absentent jamais de l'étal sans autorisation. Cette autorisation est donnée par l'inspecteur s'il s'agit d'une absence d'un jour au plus, dans ce cas, l'inspecteur envoie immédiatement un suppléant à l'étal. Si l'absence doit avoir une durée plus longue, la permission est demandée à l'administration qui donne des ordres pour le remplacement.

Il est formellement interdit aux bouchers de vendre de la viande aux Israélites en l'absence du surveillant.

L'infraction à cette règle peut entraîner la suppression immédiate de l'autorisation de vendre de la viande *kascher*.

Il est formellement interdit aux différents fonctionnaires de la boucherie *kascher*, de solliciter ou d'exiger des gratifications ou des indemnités, soit des bouchers à l'abattoir, soit des détaillants qui vendent de la viande *kascher*.

Les infractions à cette règle sont punies sévèrement et peuvent même entraîner la révocation immédiate du fonctionnaire qui s'en rend coupable.

Les fautes de tout autre nature sont appréciées et jugées par l'administration qui inflige une punition proportionnée au délit.

Les fonctions relatives à la boucherie *kascher*, étant, en quelque sorte, un sacerdoce, l'administration a le droit d'exiger des personnes qui en sont revêtues, l'accomplissement strict de tous les devoirs qui leur sont imposés. Les fonctionnaires qui méconnaissent ces obligations sont donc l'objet de la juste sévérité du consistoire.

La redevance annuelle due par les bouchers autorisés à vendre de la viande, est fixée à la somme de 120, 130 et 140 francs par mois, suivant l'importance de l'étal et de la clientèle Israélite.

Cette redevance est exigible d'avance et payable dans la première huitaine de chaque mois.

Le prix du cachet dont le *schomet* et pourvu, est à la charge du boucher.

Le boucher qui ne se libère pas dans la quinzaine, au plus tard, est privé de l'autorisation qu'il a obtenue et le surveillant est retiré immédiatement de la boucherie.

La redevance mensuelle due par les bouchers détaillants est encaissée comme la redevance imputée aux bouchers en gros, par l'agent chargé de la recette générale de l'administration consistoriale.

A cet effet, il est dressé par les soins du secrétariat un bordereau nominatif.

La redevance due par les bouchers en gros pour chaque animal tué selon le rite à l'abattoir, est déterminée comme suit :

Par bœuf.	1 fr. 25
Par veau.	0 25
Par mouton.	0 25

Ces dernières fixations ainsi que la redevance mensuelle dont il est parlé plus haut, peuvent toujours être modifiées suivant les appréciations de l'administration consistoriale.

Le traitement des employés de la boucherie *kascher*, est payé mensuellement au secrétariat général, par les soins du caissier sur un état d'émargement.

DES SUIFS

SUIFS ENTRANT DANS PARIS
A DESTINATION DES ABATTOIRS, DES PARTICULIERS
OU EN PASSE-DEBOUT

Les suifs bruts, en branches, fondus en pains ou en chandelles, et les graisses de toute espèce, non comestibles, employées comme suifs, sont imposés aux entrées de Paris, à raison de 7 fr. 20 les 100 kilog. (1).

En conséquence, tous les suifs venant de l'extérieur à destination des abattoirs ou de l'entrepôt de l'octroi, doivent être déclarés à l'entrée de Paris et l'introduction ne peut être effectuée que sous-consignation des droits avec payement d'escorte. Ces formalités remplies, il est délivré à l'introducteur une feuille de conduite.

---

(1) Les suifs ou graisses servant aux wagons des chemins de fer et qui, pour la plus grande partie sont employés au dehors de Paris, sont affranchis des droits par la circulaire du 11 décembre 1848.

A l'arrivée à l'abattoir, les employés de l'octroi détachent de la feuille de conduite, la coupure constatant l'entrée des suifs dans l'abattoir et la remettent au conducteur qui doit la représenter au receveur pour se faire rembourser sa consignation.

Les suifs entrant en passe-debout ne peuvent traverser Paris que sous caution, consignation ou escorte.

Les suifs qui arrivent à l'entrée dans Paris, en tonneaux, sont vérifiés au moyen d'une jauge.

Le poids du litre de suif est fixé à 938 grammes par la circulaire de l'octroi du 22 décembre 1821.

La chandelle entre ordinairement en paquets de deux kilogrammes cinq cents grammes et acquitte les droits, déduction faite du poids du papier qui l'enveloppe.

Les suifs mélangés de graisse ou de toute autre substance, les chandelles, torches ou lampions, composés des mêmes mélanges, payent comme suif pour leur poids intégral.

Aux termes du règlement du 23 décembre 1846, il est fait déduction de la tare pour tous les objets tarifés au poids, sur les tonneaux, caisses, paniers ou vases renfermant ces objets.

SUIFS SORTANT DES ABATTOIRS

———

Les suifs provenant des abats de bestiaux que l'ordonnance de police du 25 mars 1830, article 96, défendait de fondre partout ailleurs que dans les abattoirs, peuvent également aujourd'hui être fondus dans les établissements particuliers situés à l'extérieur de Paris, auxquels la préfecture de police a donné l'autorisation nécessaire.

Les suifs sont, en général, vendus à l'année, comme les peaux et les cornes des bestiaux ; la plupart ne sont pas fondus dans les abattoirs (1).

Dans le bureau d'octroi établi dans chaque abattoir est placé un registre faisant office de passe-debout, pour les suifs bruts ou fondus qui en sortent ; l'ampliation détachée de la souche, doit, après décharge au bureau de sortie et écritures passées au registre, être rendue au conducteur,

———

(1) Bien que les règlements de police s'opposent à ce qu'il soit fondu des suifs bruts dans l'intérieur de Paris, il est fait exception pour quelques parties de suifs, choisis, qui sont fondus par des procédés nouveaux et qui sont destinés aux parfumeurs et aux pharmaciens.

— Dans les abattoirs, le fondoir renferme les fourneaux, tuyaux, rafraîchissoirs, pressoirs, cuviers, jalots et tous les instruments et ustensiles nécessaires à la fonte ; les poêles ne peuvent contenir moins de mille kilogrammes.

comme on rend les passe-debout, pour être représentée à l'abattoir, afin que la consignation soit
remboursée sur la remise de cette pièce.

La perception des droits sur les suifs, enlevés pour
l'intérieur, ayant lieu à la sortie des abattoirs, les
portes et grilles de ces établissements sont assimilées aux bureaux d'entrée.

Les suifs bruts que l'on expédie hors de Paris ne
sont passibles d'aucun droit, mais ils sortent sous
caution, consignation ou escorte.

Il est perçu sur les suifs fondus dans les abattoirs
et dirigés dans Paris, un droit de 7 fr. 20 par 100
kilogrammes, soit 0,07 c. 2 par kilogramme.

Les suifs bruts sortant de l'abattoir qui sont livrés à la consommation de Paris ne payent que le
droit d'octroi.

Ceux qui y sont fondus et enlevés pour l'extérieur
sont frappés du droit de fonte de un franc par 100
kilogrammes, payable à l'abattoir.

Cependant le droit de fonte peut être soumis-
sionné pour n'être acquitté que dans le délai de dix
jours, fixé par la direction de l'octroi.

Les fondeurs de suifs jouissent de la faculté d'exporter leurs suifs des abattoirs à la charge de justifier qu'ils font sortir de Paris les quantités déclarées. Ils doivent de plus acquitter le droit de fonte,
lorsque les suifs ont été fondus dans les abattoirs.

Aux termes de l'arrêté du préfet de la Seine, en

date du 30 septembre 1818, au moment de la
sortie des abattoirs, les suifs sont déclarés au préposé de l'octroi qui les pèse, les inscrit sur un registre à souches et délivre une feuille de conduite
pour servir de permis de sortie.

La souche et la feuille doivent toujours indiquer
si les suifs sont fondus ou non.

En cas de contestation sur le pesage fait par les
préposés de l'octroi, la vérification par le bureau
central du poids public peut en être requise aux
frais de qui de droit.

Les droits à percevoir pour les suifs sortant des
abattoirs en petites quantités et enlevés par des
personnes non créditées, sont acquittés au moment
de l'enlèvement.

Les suifs sortant d'un abattoir pour aller dans
un autre, sont affranchis des frais d'escorte ; il est
délivré une feuille de conduite, et les enlèvements
ont lieu sans que les fondeurs soient obligés de
consigner les droits ; s'ils sont crédités, la signature du déclarant apposée à la souche du registre
suffit. (Circulaire du 4 janvier 1847.)

Le droit d'escorte est de deux francs ; il est toujours dû pour les expéditions hors Paris, à moins
de faibles quantités, et les envois sont accompagnés
d'une feuille de conduite.

SERVICE MUNICIPAL

DANS L'ABATTOIR DE LA VILLETTE

La ville de Paris ne fait aucune perception directement dans les abattoirs.

Le service des perceptions municipales est exécuté aux abattoirs de la Villette, par un vérificateur, ayant sous ses ordres un nombre d'employés suffisant.

Ce service comprend la concession des échaudoirs, c'est-à-dire le classement et le déclassement des locaux occupés par les bouchers, l'examen de tout ce qui intéresse la propreté et la salubrité des rues, des séchoirs et autres lieux communs ; la conservation de tous les bâtiments ; l'indication des réparations à exécuter ; et, enfin, la surveillance de toutes choses pouvant intéresser l'administration de la préfecture de la Seine.

SERVICE DE L'OCTROI

DANS LES ABATTOIRS

———

Le service de l'octroi (1) constate le nombre et l'espèce de chaque tête de bétail entrant à l'abattoir; il assure, à la sortie, la perception des droits, d'après le poids, sur la viande dépecée, sur les abats, sur la fonte des suifs et sur le lavage et la cuisson des tripées.

Aussitôt le pesage effectué, les bouchers non crédités, acquittent le droit, au bureau du percepteur de service établi dans l'abattoir; ceux admis au crédit payent le samedi de chaque semaine ainsi qu'il est indiqué page 120.

Ce percepteur reçoit aussi le montant de la location des bâtiments.

Toutes les réclamations relatives à l'octroi, doivent être adressées à l'administration centrale.

———

(1) Ce service est fait par un chef brigadier, un sous-brigadier, un receveur ou percepteur et quinze employés.

VENTE EN GROS

———

Suivant arrêté du maire de Paris en date du 20 février 1871 (1), rendu en exécution de l'article 3 du décret de la défense nationale en date du 7 du même mois, la rotonde de gauche située dans la cour principale de l'abattoir général de La Villette a été affectée provisoirement à la vente en gros à la criée et à l'amiable des viandes abattues, et les courtiers institués par la loi du 18 juillet 1866 (2), sont désignés pour vendre à la criée les viandes abattues sur ce marché.

Par arrêté du préfet de la Seine, du 15 mars 1872 (3), cette vente à la criée a été ouverte le 30 mars suivant et réglementée ainsi qu'il suit :

La vente commence à une heure de relevée et est close à cinq heures ;

———

(1) Voyez Appendice n° 43.
(2) Voyez Appendice n° 29.
(3) Voyez Appendice n° 46.

L'ouverture et la clôture de la vente sont annoncées à son de cloche;

Le marché doit être évacué et fermé une demi-
heure après la clôture de la vente (art. 1ᵉʳ).

La réception des viandes pour le marché du jour
commence à neuf heures du matin pour cesser à
trois heures et demie de relevée (art. 2).

Des décisions de l'administration déterminent,
suivant les besoins, les emplacements affectés aux
ventes à la criée et ceux réservés pour les ventes à
l'amiable (art. 3).

Le poids des viandes amenées sur le marché est
vérifié au moment même de l'introduction, et les
droits d'abri et de poids public sont acquittés immédiatement.

Les droits d'abri et de poids public sont perçus
suivant les tarifs du marché à la vente à la criée des
viandes abattues aux Halles-Centrales.

Ces tarifs sont actuellement fixés, savoir :

Pour le droit d'abri, à 0,02 c. par kilogramme ;

Pour le droit de poids public, à 0,30 c. par 100
kilogrammes (1).

Avant leur réception ou vente, les viandes sont
examinées, et celles qui se trouvent gâtées, cor-

---

(1) Ce droit était de 20 cent. par kilogramme. Mais par un
autre arrêté du préfet de la Seine en date du 15 juin 1872, il
a été porté à 30 cent. *Voyez Appendice nº* 49.

rompues ou nuisibles, sont saisies et détruites, sans préjudice des peines portées par la loi (art. 5).

Toutes les chevilles comprises dans les parties des travées occupées par chaque marchand, doivent être garnies. Les agents de l'administration municipale peuvent, en tenant compte de l'importance des apports, limiter le nombre de chevilles qu'un marchand a le droit d'occuper (art. 6).

La garde des viandes introduites sur le marché incombe aux propriétaires de ces marchandises (art. 7).

Les viandes vendues doivent être enlevées une demi-heure au plus tard après la vente ; sinon, elles sont déposées d'office dans la resserre, aux frais des acquéreurs (art. 8).

Les marchandises apportées trop tard pour être vendues, et celles qui n'ont pas été vendues, peuvent être déposées dans la resserre sous la garde de l'agent de la préfecture de la Seine, moyennant un tarif fixé, à titre provisoire, à raison de 0,20 c. par 100 kilogrammes (art. 9).

Les courtiers inscrits conformément à la loi du 18 juillet 1866, sont désignés pour vendre à la criée les viandes abattues sur ce marché (art. 10).

Le droit de courtage sur le marché pour la vente à la criée est fixé, au maximum, à un pour cent du montant de la vente, à la charge du vendeur ;

Les autres frais de vente sont à la charge de

qui de droit, ils sont tarifés s'il y] a lieu (art. 11).

Les enchères et le lotissement sont fixés au moment de la vente, suivant l'état du marché (art. 12).

Lors de la vente, le courtier inscrit immédiatement sur son carnet, en regard de la désignation
de chaque lot et de son poids, le nom et le domicile
de l'acheteur, ainsi que le prix de l'adjudication.

Les enchères sont reçues et leur adjudication
est faite par le courtier chargé de la vente. Le
courtier dresse procès-verbal de chaque séance.

Une copie de ce procès-verbal est remise chaque
jour aux agents de la préfecture de la Seine
(art. 13).

Sont exclus du marché ceux qui contreviennent
aux prescriptions de ce règlement (art. 14.)

OBSERVATIONS

Il y a quatre plateaux de pesage public d'établis
dans ce nouveau marché en gros à la criée des
viandes. Chacun de ces plateaux est desservi par un
peseur et un préposé du poids public appartenant à
la ville.

Avant d'être passées à la criée toutes les viandes
sont pesées. Chaque lot pesé est revêtu d'une éti-
quette détachée d'un livre à souche tenu par le préposé.

Un receveur nommé aussi par la ville est chargé
du recouvrement des droits. Outre les frais ci-
dessus, la viande vendue à la criée étant considérée
comme vendue en entrepôt, doit acquitter à la sortie de l'abattoir un droit de 0,12 c., par kilogramme à l'octroi.

Des ouvriers appartenant aux courtiers sont chargés de livrer aux bouchers les lots de viande qu'ils
ont achetés. Ce travail est rétribué à raison de
0,10 c. par lot.

RÈGLEMENT DES ABATTOIRS

Suivant arrêté de M. le préfet de la Seine, en date du 29 janvier 1870, rendu sur le rapport de la direction des affaires municipales et l'avis de M. le préfet de police, les abattoirs sont ouverts au public de 6 heures du matin à 8 heures du soir, du 1er novembre au 31 mars ; et de 5 heures du matin à 9 du soir, du 1er avril au 30 octobre.

En dehors des heures ci-dessus indiquées, il est défendu de laisser s'introduire dans les abattoirs, aucune personne étrangère à leur service, sans une permission expresse de l'administration.

L'entrée et la circulation dans les greniers à fourrages sont interdites :

1° Depuis 4 heures du soir jusqu'à 8 heures du matin, pendant les mois de novembre, décembre et janvier ;

2° Depuis 5 heures du soir jusqu'à 7 heures du matin pendant les mois de février, mars et octobre ;

3° Depuis 7 heures du soir jusqu'à 5 heures du matin pendant les mois d'avril et de septembre.

4° Depuis 8 heures du soir jusqu'à 4 heures du

matin, pendant les mois de mai, juin, juillet et
août (1).

Tout propriétaire de bestiaux qui veut obtenir la
concession d'un échaudoir, doit en faire la demande
par écrit au préfet de la Seine (2).

En attendant son classement, le demandeur peut
faire ses abatages dans les échaudoirs banaux.

Aucun échaudoir ne peut être concédé, sans
qu'au préalable, la vacance en ait été déclarée et
affichée dans l'abattoir pendant un délai de cinq jours.

Il en est de même pour une portion d'échaudoir.

L'échaudoir déclaré vacant est accordé au marchand boucher ou au propriétaire du bétail le plus
anciennement classé dans l'abattoir, si dans le délai
de 5 jours à partir de la déclaration de vacance, il le
réclame par écrit en échange du sien (3).

Ces demandes de mutation doivent être remises
au chef du service des perceptions municipales
dans chaque abattoir (4).

---

(1) Quant aux échaudoirs, les bouchers peuvent y abattre à
toute heure de jour et de nuit.

(2) La location d'un échaudoir comprend celle du grenier
à fourrages, de la chambre de toilette, de la case à bœuf et
de la case à veaux et à moutons correspondants au numéro
de l'échaudoir.

(3) Le service des perceptions municipales de l'abattoir tient
un registre du classement par ancienneté pour éviter toute
contestation à cet égard.

(4) Les demandes de concession d'un échaudoir ou de mutation doivent être faites sur papier timbré.

Les demandes d'admission faites, ainsi qu'il est dit plus haut, ne prennent rang qu'après les demandes de mutation.

Tout échaudoir resté vacant par suite de mutation est aussitôt affiché et concédé dans le délai ci-dessus stipulé.

Nul ne peut obtenir la concession de plus d'un échaudoir sans une autorisation spéciale de l'administration (1).

Les échaudoirs ne peuvent être exploités que par les titulaires. L'associé d'un titulaire ne peut faire d'abatage dans l'échaudoir concédé à ce dernier, avant d'avoir fourni les titres qui établissent sa qualité d'associé.

Les échaudoirs ne sont pas transmissibles.

Toutefois, la veuve d'un titulaire peut obtenir la concession de l'échaudoir de son mari, si elle continue le commerce de celui-ci.

L'administration déclasse d'office :

1° Le titulaire qui, pendant un mois, n'a fait aucun abatage ;

2° Le titulaire qui a traité, à prix d'argent ou de toute autre manière, de la sous-location de son échaudoir.

---

(1) Le boucher qui abat plus de 70,000 kilogrammes de viande par mois, peut obtenir cette autorisation ou bien une deuxième adjonction dans un autre échaudoir que celui qu'il occupe déjà.

3° Le titulaire qui a enfreint les règlements de l'abattoir (1).

Le titulaire déclassé d'office perd les droits résultant de son ancienneté de classement. Il est provisoirement autorisé à faire ses abatages dans l'un des échaudoirs banaux.

Lorsque par suite du développement de leurs opérations, les titulaires classés dans un même échaudoir ne peuvent plus y continuer leurs abatages conjointement, le dernier titulaire classé dans l'échaudoir en est exclu. Il est provisoirement autorisé à faire ses abatages dans l'un des échaudoirs banaux.

Les échaudoirs banaux sont affectés à l'abatage des animaux appartenant aux marchands non classés dans les échaudoirs.

Le service des perceptions municipales délivre dans l'abattoir, les permis d'occuper temporairement les échaudoirs banaux.

Aussitôt lo travail d'abatage terminé, les échaudoirs banaux doivent être laissés disponibles et en parfait état de propreté (2).

Le nettoiement des cours de travail au-devant des

---

(1) Les dispositions relatives au classement et au déclassement des échaudoirs sont applicables aux fondoirs.

(2) Au 1er janvier 1873, il n'en existait qu'un seul en activité.

échaudoirs est à la charge des titulaires qui doivent, en outre, entretenir en bon état de réparations locatives et de propreté les localités dont ils ont la jouissance.

La garde et la conservation des bestiaux est à la charge des occupants.

Il est défendu de placer des enseignes ou des écriteaux tant à l'intérieur qu'à l'extérieur des bâtiments.

Il ne peut être apposé des affiches qu'avec l'autorisation de l'administration et que dans les endroits spéciaux qui sont indiqués.

En vertu de l'article 9 de la loi du 4-12 juin 1858 (1), les marchands bouchers en gros, dits : *chevillards,* qui effectuent journellement des ventes dans les échaudoirs qui leur sont attribués, sont consi-

---

(1) Loi du 4-12 juin 1858. — *Art.* 9. — Le patentable ayant plusieurs établissements, boutiques ou magasins de même espèce ou d'espèces différentes, est, quelle que soit sa classe ou sa catégorie comme patentable, imposable au droit fixe entier pour l'établissement, la boutique ou le magasin donnant lieu au droit fixe le plus élevé, soit en raison de la population, soit en raison de la nature du commerce, de l'industrie ou de la profession.

Il est imposable pour chacun des autres établissements, boutiques ou magasins, à la moitié du droit fixe afférent au commerce, à l'industrie ou à la profession qui y sont exercés. — Les droits fixes et demi-droits fixes sont imposables dans les communes où sont situés les établissements, boutiques ou magasins qui y donnent lieu.

dérés comme y ayant un établissement commercial et y sont imposés, savoir :

Ceux qui n'ont pas d'autre établissement en ville, à un droit fixe de quatrième classe de 75 fr., et ceux qui ont un autre établissement dans Paris, pour lequel ils payent déjà un droit fixe principal, à un demi-droit de la même classe.

Le droit proportionnel (1) a été reglé, pour les uns comme pour les autres, à raison d'une valeur locative de 1,200 fr., échaudoir et dépendances comprises, c'est-à-dire pour l'échaudoir, le séchoir, la chambre des ouvriers, le grenier et la place dans les bouveries couvertes.

---

(1) Ce droit est du vingtième de la valeur locative, non compris les centimes additionnels.

SERVICE DE LA POLICE

DES ABATTOIRS ET DES OUVRIERS SPÉCIAUX
QUI Y SONT EMPLOYÉS

Aux abattoirs de la Villette, le service de la police proprement dit est fait par trois inspecteurs qui sont chargés du maintien de l'ordre et de la salubrité générale des abattoirs.

Outre ces inspecteurs, la préfecture de police a placé dans les abattoirs deux inspecteurs de la boucherie qui ont mission d'assurer la salubrité des viandes et de saisir toutes celles qui sont malsaines. Celles qui ne sont pas affectées de maladies contagieuses sont envoyées à la ménagerie, les autres sont remises à deux industriels qui sont spécialement autorisés, par le préfet de police, à ramasser toutes les viandes saisies. Celles-ci servent à faire du savon, du noir animal, de l'huile et des engrais.

Huit employés dits : *surveillants*, sont chargés par la préfecture de police, qui les nomme, d'accompagner, de jour et de nuit, les animaux à leur entrée dans les abattoirs jusqu'aux bouveries auxquelles ils sont destinés, et de veiller à ce qu'il ne leur arrive aucun accident.

Avec l'autorisation de la préfecture de police, la boucherie a placé dans les abattoirs, quatre *surveillants livreurs*, qui, sont spécialement chargés de livrer les issues et les peaux provenant des animaux abattus, aux mégissiers et aux tanneurs qui les ont achetées.

Ces surveillants livreurs sont payés par les bouchers à raison de 125 francs par mois.

Il y a aussi deux *bouviers* établis par les bouchers et à leurs frais (1), dans les abattoirs de la Villette, pour placer les bestiaux, les soigner et mettre de la paille dans les cours.

_____

(1) Les bouviers sont payés à raison de 135 francs par mois.

———

TROISIÈME PARTIE

ABÀTTOIRS A PORCS

DE PARIS

ABATTOIRS A PORCS

NOTICE HISTORIQUE

Avant le 31 octobre 1848, l'abatage des porcs destinés à l'approvisionnement de Paris, se faisait dans des tueries particulières qui existaient dans la ville, rue du Cherche-Midi n° 81, quai Jemmapes n° 152, rue Saint-Jean-Baptiste et rue du faubourg du Roule.

Jusqu'en 1833, date de sa fermeture, celle du faubourg du Roule avait été affectée aux marchands en gros et aux charcutiers forains. Plus tard les habitants se plaignirent des émanations que les trois autres tueries répandaient, et, de son côté, le préfet de police, le 24 novembre 1843, adressa au préfet de la Seine des réclamations à ce sujet.

Depuis plusieurs années, et notamment par sa délibération du 5 mai 1843, le conseil municipal avait déjà reconnu la nécessité d'établir à Paris, deux abattoirs publics pour les porcs; mais aucune

des propositions qui lui avaient été faites dans ce
sens, n'avait été acceptée par lui ; il avait même
écarté le système de concession exprimé dans cette
délibération, parce qu'il ne lui paraissait pas admis-
sible que des tiers vinssent recueillir les bénéfices
que pouvait procurer une semblable opération.

Cependant, au mois de juillet 1844, les sieurs
Heullant et Goulet furent plus heureux que leurs
devanciers ; car, le 21 du même mois, le préfet de la
Seine proposa au conseil municipal d'accepter l'offre
qu'ils firent de se charger pour le compte de la ville
de Paris, de la construction de deux abattoirs à
porcs sur deux terrains situés, l'un au coin de la
rue Saint-Maur et des Amandiers, et l'autre sur le
quai d'Orsay, près de la barrière de la Cunette.

Toutefois, en janvier suivant, le choix de ces emplacements fut modifié d'un commun accord et les
soumissionnaires consentirent à édifier les abattoirs, savoir : pour la rive droite, sur les terrains de
l'ancienne voirie de Château-Landon et sur un
terrain d'environ 6,662 mètres appartenant à un
sieur Badoulleau, et pour la rive gauche, sur un
terrain situé près de la barrière Montparnasse,
d'une superficie de 8,707 mètres environ, et appartenant pour la plus grande partie aux hospices de
Paris.

Le conseil municipal, dans sa séance du 7 mars
suivant, après avoir examiné la soumission défini-

tive des sieurs Heullant et Goulet, et les pièces y
annexées, délibéra :

Qu'il y avait utilité publique à établir, dans Paris,
deux abattoirs à porcs, dont l'un serait placé sur la
rive droite et l'autre sur la rive gauche ¦de la Seine
(art. 1er).

Qu'il y avait pareillement utilité publique à acquérir pour la formation de ces établissements deux
terrains : le premier d'une contenance d'environ
6,662 mètres appartenant à un M. Badoulleau et
contigu à l'emplacement de l'ancienne voirie de
Château-Landon qui serait réuni à ce terrain pour
y élever l'abattoir de la rive droite ; le second, d'une
contenance d'environ 8,718 mètres situé près la
barrière Montparnasse (*intra muros*), appartenant
pour la plus grande partie aux hospices de Paris
(art. 2).

Le conseil autorisa, en outre, le préfet de la
Seine à acquérir les immeubles ci-dessus désignés
et à affecter à la même destination l'emplacement
de l'ancienne voirie de Château-Landon (art. 3), et
il décida qu'il y avait lieu de traiter avec MM. Heullant et Goulet, pour l'établissement de ces deux
abattoirs, aux clauses et conditions établies, tant
par leur soumission du 10 janvier 1845 et le tableau
explicatif qui l'accompagnait, que par le cahier des
charges annexé à ladite soumission. (art 4).

Le 17 juillet 1845, dans un nouveau mémoire, le

préfet de la Seine exposa au conseil l'état l'avance-
ment de l'instruction suivie sur ce projet et fit connaître les obstacles qui s'étaient opposés jusqu'alors
à ce qu'on considérât comme définitif le choix de
l'emplacement de Château-Landon précédemment
arrêté, obstacles qui consistaient principalement
dans le retranchement à opérer sur ce terrain, pour
le tracé projeté du chemin de fer de Paris à Stras-
bourg.

Sur ce mémoire, et après avoir examiné une
soumission supplémentaire de MM. Heullant et
Goulet, en date dudit jour 17 juillet 1845, ainsi que
les pièces et documents à l'appui, desquels résultait
la possibilité d'établir encore cet abattoir sur le
même emplacement · en le restreignant dans de
certaines limites et en le construisant en partie sur
des terrains appartenant à M. Cabouret et autres,
lesquels terrains n'étaient pas compris dans le périmètre attribué primitivement à l'abattoir.

Le conseil, considérant que cette position était
réclamée par le commerce de la charcuterie comme
devant satisfaire parfaitement aux besoins du service, délibéra dans ses séances des 12 août et 5 décembre suivant :

Qu'il y avait lieu de persister dans la délibération
du 7 mars 1845 qui plaçait l'abattoir de la rive
droite sur les 'terrains de l'ancienne voirie de
Château-Landon et autres contigus, mais avec la

modification résultant du plan nouveau. Le conseil, en outre, déclara d'utilité publique l'acquisition des propriétés indiquées dans ce plan, y compris l'isolement et une rue extérieure de 15 mètres, et accepta la soumission supplémentaire de MM. Heullant et Goulet.

Dans cette même séance, après avoir entendu le mémoire par lequel M. le préfet de la Seine lui proposait de désigner le terrain de l'ancienne voirie des Fourneaux situé près la barrière de ce nom, pour y établir l'abattoir à porcs qui devait être primitivement sur la butte Montparnasse, et après avoir pris communication du plan de la barrière des Fourneaux figurant les dispositions générales de l'abattoir appliquées à cet emplacement, ensemble la nouvelle soumission de MM. Heullant et Goulet du 2 du même mois;

Le conseil:

Considérant, entre autres, l'engagement pris par un sieur Philippe, propriétaire des terrains particuliers qu'il était nécessaire d'acquérir pour compléter le périmètre de l'établissement, et de les céder à la Ville pour une somme de 55,900 fr., sauf l'indemnité due au locataire;

Considérant aussi que l'emplacement de la butte Montparnasse avait été indiqué par le commerce de la charcuterie comme étant le plus propre à la destination projetée, quoique, cependant, ce choix

eût soulevé de nombreuses réclamations dont plusieurs tendaient à reporter à la barrière des Fourneaux l'établissement dont s'agissait;

Enfin, considérant que, bien que ce dernier
emplacement n'offrît pas au même degré les conditions favorables que présentait celui du Montparnasse et qu'il nécessitât une dépense de 184,200
francs, au lieu de 174,140 fr.;

Délibéra :

Qu'il y avait lieu d'établir l'abattoir à porcs de la
rive gauche sur le terrain situé aux abords de la
barrière des Fourneaux, et qu'il y avait utilité
publique à acquérir aux conditions générales de la
soumission, la propriété du sieur Philippe ou toutes
autres qui seraient nécessaires à l'établissement de
cet abattoir.

Cependant diverses circonstances, notamment
la loi du 10 mai 1846, qui changea l'assiette du droit
d'octroi sur les bestiaux, ayant contraint les sieurs
Heullant et Goulet à modifier leurs premières propositions, ceux-ci présentèrent le 18 décembre
1846, au conseil municipal qui, dans sa séance du
12 février 1847, l'accepta, une nouvelle soumission pour l'établissement de deux abattoirs publics
à porcs dont l'un serait placé sur la rive droite de
la Seine, dans l'emplacement de l'ancienne voirie
de Château-Landon et terrains circonvoisins, et
l'autre, sur la rive gauche aux abords de la bar-

rière des Fourneaux et il maintint ses délibérations précédentes des 7 mars, 12 août et 5 décembre 1845 dans toutes celles de leurs dispositions qui n'étaient pas contraires à celle dudit jour 12 février 1847.

Sur cette délibération, le 21 mai suivant, une ordonnance royale autorisa la Ville de Paris :

1° A établir deux abattoirs publics pour les porcs ;

2° A acquérir soit à l'amiable, soit par application de la loi du 3 mai 1841, la partie des emplacements sur lesquels devaient être construits ces abattoirs dont elle n'était pas propriétaire ;

3° Et à traiter avec les sieurs Heullant et Goulet pour la construction desdits établissements.

L'approbation ministérielle fut donnée le 1er juin 1847 et le traité validé le 18 août suivant.

Ce traité disposait, qu'à partir du jour de l'ouverture des abattoirs, les soumissionnaires percevraient pendant six années à leur profit, à titre de droit d'abat, deux centimes par kilogramme de viande, panne, graisse, gras de porc et ratis fondus ou non, entré dans chacun de ces établissements (art. 14).

L'administration devait tenir compte aux concessionnaires de un centime 1/2 par kilogramme de viande, panne, gras de porc et ratis fondus ou non, venant du dehors et introduit dans Paris (art. 15).

La concession faite par la municipalité devait

cesser de plein droit à l'expiration des six années calculées du jour de l'ouverture des abattoirs et la ville de Paris entrer gratuitement en pleine propriété et jouissance des objets mobiliers.

Ces deux établissements qui ont coûté 1,214,263 francs 83 centimes, ont été construits sous la direction de l'architecte *Picard*, et occupent ensemble une superficie d'environ 23,271 mètres.

Suivant lettre du 12 octobre 1848, M. le préfet de la Seine ayant informé M. le préfet de police que les travaux étaient achevés, les abattoirs à porcs furent mis à la disposition du commerce.

Ces deux abattoirs ont été ouverts le 31 octobre 1848, en vertu d'une ordonnance du 27 du même mois qui en a réglé la police.

Aux termes de l'article 3 de cette ordonnance, toutes les tueries particulières existant alors dans les limites du rayon de l'octroi de Paris furent interdites et fermées avec prescription, qu'à l'avenir, l'abatage des porcs aurait lieu exclusivement dans les nouveaux abattoirs; toutefois, les propriétaires et habitants autorisés à élever des porcs pour la consommation de leur maison conservèrent la faculté de les abattre chez eux, pourvu que ce fût dans un lieu clos et séparé de la voie publique.

La concession Heullant et Goulet est expirée le 31 octobre 1854, époque depuis laquelle, la ville de Paris gère elle-même les deux abattoirs à porcs.

DESCRIPTION DE L'ABATTOIR

DE CHATEAU-LANDON

L'abattoir de *Château-Landon* a sa façade sur la rue Philippe-de-Girard, ci-devant rue de la Chapelle.

Il n'a qu'une seule entrée pour les voitures et une petite porte à claire-voie pour les piétons.

A l'époque de son ouverture, cet abattoir occupait une superficie de 14,564 mètres; l'entrée était alors fermée par une grille en fer établie à environ vingt mètres en arrière de la porte cochère actuelle; mais, depuis le mois de juillet 1867, et pour faciliter la construction de l'école municipale Colbert (1), la grille a été démolie et devant son emplacement, la ville de Paris a fait élever, sur des terrains lui appartenant, les porcheries et les magasins à paille qui

(1) L'École municipale Colbert, fondée en novembre 1868, par la ville de Paris, rue de Château-Landon, n° 27, sur le modèle de l'école Turgot, est destiné aux jeunes gens qui doivent entrer dans les carrières commerciales ou industrielles. Elle peut contenir 400 élèves.

étaient construits primitivement sur le terrain occupé aujourd'hui par l'école Colbert.

L'ensemble des bâtiments, au nombre de quatorze,
occupe maintenant avec les cours, une superficie
d'environ treize mille mètres.

Ils sont situés entre la rue Philippe-de-Girard au
nord, l'école Colbert et la rue de Château-Landon
au sud, un terrain appartenant à la ville (1) à l'est,
et un autre terrain séparant l'abattoir du chemin
de la Chapelle et du chemin de fer du nord à l'ouest.

A droite, avant d'entrer dans l'abattoir et en saillie,
sur la rue Philippe-de-Girard, est un petit pavillon
servant de loge au concierge.

Lorsqu'il a franchi l'entrée, qui forme renfonce-
ment, le visiteur, placé à peu près au milieu de la
première cour, a, devant lui, presque toute l'installation de l'abattoir.

A gauche, et longeant le mur bordant la rue Philippe-de-Girard, sont un pavillon affecté au bureau
d'octroi (2), et un bâtiment contenant quatre porcheries; à l'extrémité ouest de ce bâtiment, on a ménagé dans la cour, un espace vide suffisant, qui sert
au triage des porcs.

A droite, et séparés de la loge du concierge par

---

(1) Ce terrain est en ce moment occupé par le service des
plantations de Paris.

(2) La loge du concierge et le bureau d'octroi étaient autrefois dans le bâtiment des employés.

un petit jardin d'environ dix mètres de superficie, sont deux bâtiments contigus : le premier, sans grenier, renferme quatorze porcheries, et l'autre, élevé d'un étage, contient deux réservoirs d'eau alimentés par la turbine établie sur le quai de Seine, près de l'entrepôt des douanes.

Au pied de ce bâtiment, il existe dans la cour, une vasque en pierre avec robinet au-dessus, pour abreuver les chevaux.

Presque au centre de la cour d'entrée, qu'ils séparent à peu près en deux parties, s'élèvent deux bâtiments ; l'un, avec un étage et grenier dessus, fait face aux quatorze porcheries et sert d'habitation à l'inspecteur de police, au receveur de l'octroi et au concierge ; l'autre, situé en avant et à l'ouest de ce bâtiment, se prolonge jusqu'au mur d'enceinte et renferme huit magasins à paille. L'un de ces magasins ouvre par derrière sur une petite cour de triage dont il sera parlé plus loin.

A dix mètres environ de l'habitation des employés, s'élève le bâtiment principal. Ce bâtiment qui forme, pour ainsi dire, le fond de la première cour, fait en partie face à la porte d'entrée de l'abattoir, il est divisé en trois sections et contient le dégraissoir et deux pendoirs.

Le dégraissoir qui occupe le centre du bâtiment renferme quatre grandes tables en pierre de taille d'un seul morceau, larges de deux mètres 50 cen-

timètres et longues de dix mètres, et deux petites
tables de trois mètres 58 centimètres de long sur
deux mètres 50 centimètres de large.

Chacune de ses tables est garnie au milieu d'une
traverse en fonte munie de crochets et supportée
par de petites colonnes aussi en fonte, de 80 centimètres de hauteur.

Les traverses des grandes tables ont 86 crochets
de chaque côté et celles des petites tables 26.

Ces tables servent à déposer les issues ou tripées,
lorsqu'elles sont parfaitement lavées.

Des trois bassins en pierres avec jets d'eau qui
existaient autrefois, dans l'intérieur du dégraissoir,
il n'en reste plus qu'un , deux (1) ont été supprimés
depuis sa construction, parce qu'ils gênaient la circulation.

Dans les pendoirs il existe, à droite et à gauche du
passage ménagé au centre, des traverses en fer soutenues chacune par des colonnes en fonte. Ces traverses , établies transversalement et à hauteur
d'homme, sont au nombre de dix dans le pendoir de
droite (2) et de douze dans celui de gauche. Elles
ont chacune seize chevilles de chaque côté. pour
pendre les porcs et sont posées parallèlement et
symétriquement à deux mètres de distance environ

---

(1) Celui du milieu et celui du fond.
(2) Le pendoir de droite a été élevé à l'époque de l'annexion.

les unes des autres, dans toute la longueur des pendoirs.

Des robinets donnant de l'eau à volonté sont établis de chaque côté du dégraissoir et des pendoirs, et de deux en deux dans les travées en pierre de taille qui supportent le bâtiment.

Les pendoirs ont accès dans les cours et dans le dégraissoir par quatorze baies ménagées de chaque côté.

Devant le pendoir de gauche, qui, en raison de la position de l'habitation des employés se trouve en partie masqué par ce bâtiment, lorsqu'on entre dans l'abattoir, on a ménagé un espace d'environ quatre mètres carrés, entourés de deux petits murs, qui sert de coche pour le dépôt des immondices.

Afin de pouvoir décharger les porcs vivants amenés en voiture, on a laissé entre le bâtiment des réservoirs et un petit bâtiment contenant trois porcheries (1), un espace de terrain vide d'environ vingt mètres de surface.

A la suite de ces trois porcheries, presque en façade, à l'entrée et au sud-est de l'abattoir, est un brûloir (2).

---

(1) Ce bâtiment contenait autrefois neuf porcheries, il en a été démoli six pour faire place à l'école Colbert.

(2) Les deux brûloirs, qui existaient primitivement à la suite des deux pendoirs, ont été démolis lors de la construction de l'école Colbert, qui en a pris l'emplacement, et reconstruits sur leur emplacement actuel.

Il existe derrière la maison d'habitation et mitoyen dans les deux tiers de sa longueur avec les huit magasins à paille décrits plus haut, un petit bâtiment contenant deux porcheries et un magasin à paille.

Ce bâtiment est séparé par une petite cour de triage (1), d'un petit pavillon servant de vestiaire pour les ouvriers des deux sexes employés dans l'abattoir.

Sur le même plan, et à deux mètres de distance de ce vestiaire, s'élève, parallèlement au pendoir de gauche, un bâtiment contenant six porcheries. Un cabinet d'aisance est construit à l'angle gauche de ce bâtiment.

Le deuxième brûloir est au fond de l'abattoir, à peu près sur le même plan que le brûloir dont nous avons parlé plus haut, et à l'angle sud-ouest du mur d'enceinte qu'il complète.

L'espace vide compris entre ce brûloir, le pendoir de gauche, le vestiaire et les six porcheries, forme une cour assez spacieuse.

L'eau coule partout en abondance de cinquante robinets ou fontaines (2).

---

(1) C'est sur cette cour qu'ouvre le huitième magasin à paille dont nous avons parlé plus haut.

(2) 36 robinets sont placés dans les pendoirs et le dégraissoir, (12 dans chacun, 6 de chaque côté), et 14 fontaines dans les cours.

L'abattoir est éclairé intérieurement et extérieurement par quinze lanternes à l'huile (1) et sept ap-
pliques (2).

Toutes les cours sont parfaitement pavées et en-
tretenues dans le plus grand état de propreté.

En résumé, l'abattoir de Château-Landon compte
quatorze bâtiments comprenant :

29 porcheries (3) et un magasin à paille. .	5 bâtiments.
2 brûloirs	2
1 dégraissoir. }	
2 pendoirs . . }	1
2 réservoirs	1
1 vestiaire	1
8 magasins à paille.	1
1 loge pour le concierge.	1
1 bureau d'octroi.	1
et 1 bâtiment d'habitation pour les em-
ployés	1

La ville de Paris a dans cet abattoir un concierge
et un portier qui font le service à tour de rôle et
deux hommes de peine chargés de la propreté des
cours.

---

(1) Deux dans chaque pendoir, deux dans le dégraissoir et
neuf dans les cours.

(2) Une dans la loge du concierge et une devant; une dans
la cour, sur le mur, près du bureau d'octroi, une dans le cor-
ridor du bâtiment d'habitation et une dans l'intérieur de chacun des trois cabinets d'aisances.

(3) Les porcheries peuvent contenir chacune 35 gros porcs
ou 45 petits.

Le service de l'octroi est fait par un sous-brigadier, deux employés et un receveur, et celui de la
police, par un inspecteur.

Le syndicat de la charcuterie a placé dans cet
abattoir un nombre de garçons suffisant, chargés de
surveiller les porcs de jour et de nuit, de les entretenir et d'abattre, au besoin, ceux qui doivent l'être
dans un bref délai.

DESCRIPTION DE L'ABATTOIR

DES FOURNEAUX

L'abattoir des *Fourneaux* a son entrée au nord-est, sur la rue des Fourneaux.

Il a la forme d'un carré long et est entouré de murs d'environ quatre mètres de hauteur.

Son périmètre règne sur le boulevard de Vaugirard, la rue des Fourneaux et sur des jardins appartenant à la ville de Paris.

Parfaitement dégagé et aéré, cet abattoir, fermé par une grille en fer, comprend, savoir :

A gauche, en entrant, un petit pavillon avec un étage, dans lequel sont placés la loge du concierge, le bureau de l'octroi et celui de l'inspecteur de police au rez-de-chaussée ; l'étage divisé en deux, sert de logement au concierge et à un employé de l'octroi.

Contigu à ce pavillon, il en est un autre plus petit, dans lequel sont aménagés une remise pour une pompe à incendie et un poste de pompiers.

Sur le même plan et séparé par une petite cour

très-étroite, existe un autre pavillon dans lequel
sont ménagés six cabinets servant de vestiaires aux
personnes des deux sexes employées dans l'abattoir (1).

En face de la grille d'entrée s'élève un bâtiment
dans lequel sont établis un dégraissoir et deux pendoirs.

Le dégraissoir qui est au milieu, contient quatre
grandes tables en pierre de taille exactement semblables à celles existant dans le dégraissoir de l'a-
battoir de Château-Landon; au centre de ces tables
qui sont posées en carré est un bassin avec jet d'eau.

De chaque côté, dans toute la longueur du dégraissoir, quatre robinets donnent de l'eau à volonté.

Chaque pendoir renferme dans sa longueur, huit
traverses en fer soutenues chacune par deux colonnes en fonte.

Chacune de ces traverses porte de chaque côté
seize dents de loup aussi en fer pour pendre les
porcs.

Au centre de chaque pendoir on a placé un bureau mobile, vitré sur ses quatre faces, pour le service de l'octroi.

Une bascule est établie auprès de ces bureaux
pour le pesage des porcs au moment de leur enlèvement.

_____

(1) Un pour les femmes et cinq pour les hommes.

De deux en deux, et de chaque côté des piliers des pendoirs, quatre robinets donnent de l'eau à volonté, et quatre baies ménagées dans chacun des murs mitoyens avec le dégraissoir, rendent les communications faciles dans ces ateliers.

Le dégraissoir et les pendoirs ne sont munis d'aucune lanterne, les charcutiers s'éclairent eux-mêmes avec des chandelles.

Dans les cours et autour des bâtiments, il y a quatorze bornes fontaines pour les besoins de l'abattoir.

Derrière le bâtiment que nous venons de décrire, sur son prolongement et séparés par une petite cour, se trouvent les brûloirs.

Au moment de sa construction, ce bâtiment n'avait qu'un seul brûloir; mais, depuis cette époque, les besoins des charcutiers l'ayant rendu insuffisant, on a construit, en 1868, une aile de chaque côté, de telle sorte que, tout en ne formant aujourd'hui qu'un seul bâtiment, il est divisé intérieurement en trois parties communiquant entre elles et renferme ainsi trois brûloirs.

Derrière ces brûloirs, et dans la longueur du terrain occupé par l'abattoir, sont deux bâtiments contenant chacun quatorze porcheries ou cases. Chaque porcherie peut renfermer 25 porcs en été et 40 en hiver.

Ces bâtiments sont séparés par une cour que l'on

ferme à volonté, à chaque extrémité, avec des barrières mobiles, pour servir ainsi de parc aux porcs.

Derrière ces porcheries, s'élève, adossé au mur
formant le fond de l'abattoir, et au milieu de ce
mur, un bâtiment contenant un réservoir d'eau
alimenté par la Seine. Au pied de ce bâtiment, dans
la cour, est une vasque en pierre garnie intérieurement en plomb, avec robinet au-dessus pour abreuver les chevaux.

A gauche, contigus et sur le même plan que le
réservoir, sont deux petits bâtiments servant, l'un
de fondoir pour les tripiers (1), et l'autre contenant
deux magasins à paille avec grenier à fourrages
dessus.

On a ménagé intérieurement, à droite de la
grille d'entrée, tout le long des murs de la rue des
Fourneaux et du boulevard de Vaugirard, jusqu'au
bâtiment du réservoir, des jardinets pour les employés logés dans l'abattoir.

Vis-à-vis la porcherie de droite, entre les jardinets et près du mur contigu au boulevard, un espace d'environ vingt mètres de long sur cinq de
large, est réservé pour la décharge des porcs amenés en voiture.

En face les porcheries de gauche et adossés au

---

(1) Ce fondoir est loué par la ville de Paris, moyennant une
redevance annuelle de 400 fr.

mur séparant l'abattoir des jardins de la ville, sont deux cabinets d'aisance pour les personnes des deux sexes qui travaillent dans l'établissement.

Ces deux cabinets sont séparés par une fosse cachée par un mur d'environ 60 centimètres de hauteur, dans laquelle sont déposées les immondices provenant des porcheries, des brûloirs et du dégraissoir.

Les cours de l'abattoir, au nombre de six, sont partout parfaitement pavées ; elles sont éclairées par neuf lanternes à l'huile.

La ville de Paris a, dans cet abattoir, un concierge et un portier qui font le service à tour de rôle, et deux hommes de peine chargés de l'entretien de la propreté des cours.

La préfecture de police est représentée par un inspecteur.

Le syndicat de la charcuterie y a un économe écrivain, et l'octroi un sous-brigadier et deux employés.

Les fonctions de tous ces agents sont les mêmes que celles des agents établis à l'abattoir de Château-Landon.

ENTRÉE DES PORCS DANS PARIS

L'entrée des porcs dans Paris s'effectue de la même manière que l'introduction des bestiaux, mais les porcs ne peuvent avoir d'autre destination que les deux abattoirs qui leur sont attribués (1).

Les porcs sont introduits sur des feuilles de conduite.

---

(1) Les cochons de lait vivants peuvent être envoyés au marché en gros de la volaille et du gibier qui se tient dans le pavillon n° 4 des halles centrales. Mais, avant leur enlèvement du carreau, tout acheteur est tenu de consigner au bureau de l'octroi du marché une somme de quatorze francs pour chaque tête de ces animaux. Cette formalité accomplie, l'employé lui délivre un permis dit de sortie, sur la présentation duquel l'acheteur reçoit le remboursement de sa consignation, soit qu'elle ait lieu au bureau d'octroi de l'une des barrières s'il sort ses porcs de Paris, soit à celui de l'un des abattoirs spéciaux s'il les y amène, soit à son domicile, s'il est autorisé à les y conduire; dans ce dernier cas, la consignation n'est remboursée que lorsque le porc est abattu ou sorti de Paris.

Le permis de sortie diffère du passe-debout en ce qu'il peut indistinctement être présenté et remboursé à toutes les portes de Paris, tandis que le passe-debout ne peut l'être qu'à la recette du poste où il a été délivré.

Les cochons de lait à destination des halles et marchés peuvent y être dirigés sans acquittement des droits d'octroi comme les chevreaux et les agneaux.

En vertu des circulaires de l'administration de l'octroi des 19 octobre 1847 et 27 avril 1850, les conducteurs de porcs et leurs garçons sont tenus de porter à leur chapeau une plaque de cuivre indiquant leurs nom, profession et le numéro d'ordre du registre matricule de leur inscription.

Exceptionnellement, les cochons de lait qui entrent vivants dans Paris, sans être conduits aux abattoirs, sont imposés au poids sous une déduction de 40 p. 0/0. Cette perception s'effectue comme celle sur les porcs abattus ; on mentionne seulement dans le laissez-passer et dans la quittance que l'animal était vivant.

Les porcs abattus à l'extérieur payent le droit au poids, et les charcutiers sont tenus de produire, à l'appui de leur déclaration, une note indicative du poids de chaque demi-porc et de marquer chaque moitié d'un numéro qui est reporté sur cette note.

Il n'est accordé aucune déduction sur le poids des animaux abattus, pour les issues qui n'en ont point été séparées.

Les porcs abattus, la viande dépecée fraîche de ces animaux, les cochons de lait, gras de porc et ratis fondus ou non (1), venant de l'extérieur, payent à raison de 11 fr. 65 les 100 kilogrammes.

Il n'est fait aucune déduction sur le poids des animaux abattus, de toute espèce, pour la peau qui y est encore adhérente.

Les cochons de lait abattus à l'extérieur de Paris acquittent les droits à l'entrée comme viande de porc.

Les porcs élevés dans Paris, après consignation des droits, sont admis aux abattoirs sur la présentation de la quittance qui est visée par les employés de l'octroi, pour que le nourrisseur puisse retirer sa consignation à la barrière d'entrée. (Circulaire de l'octroi du 14 décembre 1847.)

------

(1) On appelle ratis, la graisse retirée des intestins et enlevée immédiatement après que l'animal a été abattu.

SORTIES DES VIANDES

ET AUTRES PROVENANCES DES PORCS

Il y a dans chaque porc cinq parties distinctes soumises aux droits :

Le corps coupé par moitié et les ratis sont imposés comme viande ;

La tête séparée du corps et enlevée séparément, les pieds qui restent attachés au corps et la fressure enlevée sont imposés comme abats.

Aux termes des ordonnances du 23 décembre 1846 et 30 août 1848, les porcs abattus, la viande dépecée fraîche provenant de ces animaux, les cochons de lait, graisses, gras de porc et ratis fondus ou non, sortant des abattoirs publics de la ville de Paris, sont imposés à raison de 11 fr. 40 les 100 kilogrammes, plus le décime, droit d'abatage compris.

Le tarif impose les abats et issues de porcs sortant des abattoirs ou venant de l'intérieur à raison de 4 fr. 18 les 100 kilogrammes, décime compris (1). Le droit principal est donc de 3 fr. 80 par 100 kilogrammes.

Lorsque l'on procède au pesage et à l'enlèvement des porcs, le mandataire du syndicat de la charcuterie remet, au chef du service de l'octroi, autant de déclarations signées de lui qu'il y a de charcutiers destinataires ; chacune de ces déclarations indique le nom de ceux-ci, et le nombre de demi-porcs qui lui est livré.

Le pesage s'effectue au moment de la sortie par demi-porc, par les employés d'octroi, sous les yeux du déclarant lui-même, et la perception est établie sur les quantités enlevées.

En vertu des circulaires des 7, 8, 9 et 24 septembre 1847, les tête, fressure et pieds ne sont pas pesés, on les compte pour 13 kilogrammes d'abats par porc, soit à la sortie des abattoirs, soit à l'entrée à la barrière, quelle que soit la grosseur du porc.

----

(1) Avant 1859, l'octroi ne faisait aucune perception dans les abattoirs à porcs ; tout était au crédit et payé au receveur de l'octroi de la barrière de la Chapelle, ainsi que cela a encore lieu aujourd'hui, pour les charcutiers au crédit, par le syndicat de la charcuterie.

Par traité avec l'octroi et les mandataires généraux du bureau du commerce de la charcuterie de Paris, le payement des droits d'octroi sur les viandes de porcs sortant des abattoirs, n'a lieu qu'une seule fois, le samedi de chaque semaine.

L'avance du montant de ces droits est faite par le bureau, qui s'en rembourse la semaine suivante.

SERVICE MUNICIPAL

DANS LES ABATTOIRS A PORCS

Le règlement des abattoirs à porcs est le même que celui de l'abattoir de la Villette (1); toutefois les marchands qui tuent en commun peuvent, sur leur demande adressée à l'inspecteur des perceptions municipales chargé des abattoirs, être autorisés à occuper une même porcherie. La concession en est faite de préférence au plus ancien marchand abattant dans l'abattoir qui demande cette porcherie en échange de la sienne.

Les clefs des porcheries et de tous les locaux inoccupés restent en dépôt chez les concierges, tant qu'il n'en est pas fait usage.

---

(1) Voyez *Appendice* n° 36.

POLICE

DES ABATTOIRS A PORCS

———

En vertu de l'ordonnance de police du 23 octobre 1854 (1), depuis le 1ᵉʳ novembre de la même année, les abattoirs publics pour les porcs, établis à Paris, l'un rue des Fourneaux, l'autre rue de Château-Landon, ont continué à être exclusivement affectés à l'abatage et à l'habillage(2) des porcs dans Paris. (art. 1ᵉʳ.)

Il est formellement interdit d'ouvrir dans Paris des tueries particulières de porcs et d'en faire usage. Toutefois, les propriétaires et habitants qui sont autorisés à élever des porcs pour la consommation de leur maison, conservent la faculté de les

———

(1) L'article 40 de cette ordonnance a abrogé, à partir du 1ᵉʳ novembre 1854, jour de sa mise à exécution, les précédentes ordonnances de police concernant les abattoirs à porcs, des 27 octobre 1848 et 23 mars 1849. (Voyez *Appendice* n° 18).

(2) Habiller un porc, c'est le brûler, laver la couenne et le gratter, l'ouvrir, enlever les intestins et les nettoyer ainsi que l'intérieur de l'animal.

abattre chez eux, pourvu que ce soit dans un lieu clos et séparé de la voie publique. (Art. 2.)

Les marchands de porcs et marchands charcutiers en gros et en détail, autorisés par le préfet de police, sont seuls admis à abattre et à vendre des porcs abattus dans les abattoirs de Paris. Toute vente de porcs sur pied y est interdite (1). (Art. 3.)

Les porcs destinés pour les abattoirs doivent y être conduits directement.

En arrivant aux abattoirs, les conducteurs de porcs doivent porter les plaques indicatives de leur profession et déposer les porcs dans les porcheries spécialement affectées au triage de ces animaux. Après le triage, les porcs sont conduits dans leurs porcheries respectives, et aucun abatage ne peut être fait avant que le triage soit terminé. (Art. 5.)

Les marchands ont la faculté d'abattre dans celui des deux abattoirs qui est le plus à leur convenance. (Art. 6.)

Les marchands peuvent faire comme ils l'entendent leurs abats et transports de marchandises dans les abattoirs, par eux-mêmes ou par leurs agents munis de livrets. (Art. 7.)

---

(1) L'article 4 de cette ordonnance a été rapporté et les hayons ont été supprimés par ordonnance de police du 18 février 1859. (Voyez *Appendice* n° 21.)

Les marchands sont tenus d'avoir dans les abattoirs des garçons pour recevoir les porcs à leur arrivée. — Ils se pourvoient, en outre, de tous les instruments et ustensiles nécessaires à leur travail, les entretiennent en bon état de service et de propreté, et fournissent la paille pour la litière des porcs, auxquels ils doivent donner la nourriture et les soins nécessaires. — Les surveillants font connaître aux préposés de police ceux des marchands qui négligent ces prescriptions. (Art. 8.)

Il n'est admis dans les abattoirs que des garçons munis de livrets. Les livrets sont déposés entre les mains de l'inspecteur de police, et y restent aussi longtemps que les titulaires sont employés dans les abattoirs. (Art. 9.)

Les porcs peuvent être abattus, brûlés et habillés à toute heure du jour et de la nuit, dans les brûloirs, pendoirs et autres lieux affectés, ou qui peuvent l'être par la suite, à ces travaux.

Les porcs ne peuvent se faire ailleurs sous aucun prétexte. (Art. 10.)

Les porcs doivent être conduits au brûloir avec toutes les précautions nécessaires pour qu'ils ne puissent s'échapper et vaguer dans l'établissement. (Art. 11.)

Le sang des porcs est recueilli dans des poêles, vases ou baquets, en bon état de propreté et de manière à ce qu'il ne puisse se répandre et couler dans les ruisseaux. — Le sang qui n'est pas emporté immédiatement doit être renfermé dans des futailles parfaitement closes, lesquelles sont ensuite déposées dans des lieux désignés à cet effet. — Ces futailles ne peuvent séjourner plus de deux jours dans l'abattoir. (Art. 12.)

Les portes des brûloirs doivent être fermées au moment de l'abatage des porcs. Dans tous les cas, les portes de l'abattoir doivent être habituellement closes et ne s'ouvrir que pour les besoins du service. (Art. 13.)

L'occupation des pendoirs est réglée suivant les besoins du service, par les inspecteurs des abattoirs, et il est défendu aux marchands et aux personnes qu'ils emploient de s'écarter des prescriptions faites à cet égard. (Art. 14.)

Les surveillants de service visitent au moins trois fois par nuit les porcheries. Dans le cas où les porcs doivent être abattus, les surveillants sont tenus d'y pourvoir immédiatement. (Art. 15.)

Les viandes sont inspectées après l'abatage et l'habillage. Celles qui sont reconnues impropres à la consommation sont saisies et envoyées à la ménagerie du Jardin des Plantes, par les soins de l'inspecteur de police, qui dresse procès-verbal de la saisie. Les porcs morts naturellement sont également saisis, s'il y a lieu. En tous cas, les graisses de l'animal saisi sont laissées au propriétaire (Art. 16.).

Les viandes malsaines sont ramassées par des industriels, ainsi qu'il est pratiqué aux abattoirs de la Villette.

Il est défendu de laisser séjourner dans les pendoirs et ateliers de dégraissage, aucuns suifs, graisses, dégrais, ratis, panses et boyaux. Les résidus provenant du nettoyage des intestins doivent être transportés aux coches dans le plus bref délai. (Art. 17.)

Les lavages et grattages des intestins de porcs sont interdits dans les établissements de charcuterie. Le travail de préparation de boyaux de porcs doit se faire exclusivement dans les abattoirs. (Art. 18.)

On ne peut, sous aucun prétexte, fabriquer ni engrais, ni compost dans les abattoirs. (Art. 19.)

Après l'abatage et l'habillage des porcs, les charcutiers doivent, chaque jour, faire balayer et laver avec soin les pendoirs et ateliers de travail. Ils pourvoient aussi au nettoiement des coches, des brûloirs, et des porcheries dont ils font enlever les fumiers et les immondices. Ils sont tenus également de faire laver et gratter, toutes les fois qu'ils en sont requis par les préposés de police, les murs intérieurs et extérieurs, ainsi que les portes de tous les locaux dont ils ont la jouissance. Les fumiers, vidanges et voiries déposés dans les coches, doivent être enlevés des abattoirs tous les jours. (Art. 20.)

Il est défendu d'embarrasser, sans nécessité, les cours, rues, passages et autres voies de circulation, par des voitures, futailles, matériaux, ustensiles, etc. Les conducteurs de voitures dont la présence dans l'abattoir est justifiée par une nécessité de service, doivent les ranger sur l'emplacement désigné à cet effet. Les chevaux ne peuvent être attachés qu'aux anneaux à ce destinés. Lesdits conducteurs sont responsables des faits des personnes à leur service, ou qu'ils emploient comme aides. Il leur est expressément défendu de loger leurs chevaux et de remiser leurs voitures dans les abattoirs. (Art. 21.)

Il est également défendu de détruire ou de dégrader aucune partie des abattoirs ou des objets qui en dépendent ; de laisser ouvert aucun robinet sans nécessité, d'écrire, tracer ou crayonner sur les murs ou sur les portes. Les maîtres sont responsables des dégâts commis à cet égard par les garçons à leur service. (Art. 22.)

Les concierges et portiers des abattoirs doivent exercer constamment et personnellement leur surveillance aux entrées. (Art. 23.)

Ils ne laissent entrer ni sortir aucune voiture ou paquet sans les visiter. Ils signalent particulièrement aux inspecteurs les porcs morts naturellement ou saignés, introduits dans les abattoirs. (Art. 24.)

Il n'est admis dans les abattoirs aucune personne étrangère au service ou au commerce, à moins d'une permission spéciale. Ces permissions sont remises aux inspecteurs de police. (Art. 25.)

Il est défendu d'amener et de conserver des chiens dans les abattoirs, ainsi que d'y élever et entretenir des porcs, pigeons, volailles, lapins, chèvres et moutons, sous quelque prétexte que ce soit. (Art. 26.)

Il est défendu à tous marchands et à toutes personnes logées dans les abattoirs, de jeter ou déposer, en dehors des lieux disposés pour les recevoir, aucuns fumiers, immondices et eaux ménagères. (Art. 27.)

Les marchands ne peuvent, sous aucun prétexte, laisser en dépôt dans l'intérieur des abattoirs, des voitures et charrettes, ainsi que des ustensiles sans utilité actuelle. (Art. 28.)

Les porcs saignés et les viandes ne peuvent être transportés que dans des voitures closes et couvertes, de manière à en soustraire complétement le chargement à la vue du public. (Art. 29.)

Les conducteurs de voitures ne peuvent les conduire qu'au pas en entrant dans les abattoirs et en en sortant; ils doivent les arrêter au passage des grilles pour les visites prescrites. (Art. 30.)

Il est défendu de fumer dans les abattoirs, d'entrer la nuit dans les bâtiments, écuries et greniers,

avec des lumières, si elles ne sont renfermées dans
des lanternes closes et à réseaux métalliques, d'appliquer des chandelles allumées aux murs, aux
portes et en quelque lieu que ce soit, intérieurement et extérieurement. (Art. 31.)

Aucune voiture de fourrages, de bois ou d'autres
matières combustibles, n'est reçue dans les abattoirs, si son chargement ne peut être resserré avant
la nuit. (Art. 32.)

Il est défendu de coucher dans les écuries, greniers et autres dépendances des abattoirs. (Art.
33.)

Les personnes employées aux travaux des abattoirs ne peuvent se déshabiller ni changer de vêtements que dans les locaux fermés affectés à ce service. (Art. 34.)

Tous jeux de hasard et autres sont interdits dans
les abattoirs, ainsi que tous débits de boissons et
comestibles. (Art. 35.)

Les concierges, portiers et surveillants des abattoirs à porcs, sont tenus à l'exécution des dispositions qui précèdent et qui n'incombent pas personnellement aux marchands et à leurs agents. Ils
doivent, en général, leur concours aux préposés de
police chargés de surveiller cette exécution, et sont
également astreints à toutes les consignes qui leur
sont données par la préfecture de la Seine et par la
préfecture de Police. (Art. 37.)

Les contraventions sont constatées par des procès-verbaux ou rapports, qui sont sur-le-champ
adressés au préfet de police, pour y être donné telle
suite qu'il appartient. (Art. 39.)

TRANSPORT

DES MATIÈRES INSALUBRES

Aux termes de l'article 21 (titre VI) de l'ordonnance de police du 1er octobre 1844, les eaux provenant de la cuisson des os pour en retirer la graisse, les eaux grasses destinées aux nourrisseurs de porcs, les eaux de charcuterie et de triperie, les râclures de peaux infectes et en général toutes les matières qui peuvent compromettre la salubrité, ne doivent être transportées dans Paris que dans des tonneaux hermétiquement fermés et lutés.

Toutefois, les débris frais des abattoirs, des boyauderies et des triperies peuvent être transportés dans des voitures garnies en tôle ou en zinc, parfaitement étanches et de plus couvertes. Les matières énoncées dans le paragraphe 1er du présent article, peuvent également être transportées de cette dernière manière lorsqu'il est reconnu qu'il y a impossibilité de les transporter dans des tonneaux, mais seulement alors pendant la nuit jusqu'à huit heures du matin.

RÉGLEMENT GÉNÉRAL

CONCERNANT LE PERSONNEL, LES SERVICES D'AMENAGE, D'ABATAGE ET DE TRANSPORT DES PORCS

Le 19 novembre 1869, le règlement général concernant le personnel, les services d'amenage, d'abatage, et de transport des porcs, a été délibéré et approuvé en assemblée générale du bureau de la charcuterie sur le rapport d'une commission nommée à cet effet et assistée de trois mandataires généraux. (Art. 56.)

Aux termes de ce règlement dont l'article 55 a rapporté les dispositions de tout règlement antérieur, il a été prescrit :

TITRE PREMIER.

Administration. Mandataires généraux. Commission administrative. Écrivains. Économes. Garçons d'abattoirs. Dispositions générales.

Article Ier.

Les services en commun des abattoirs sont administrés par les trois mandataires généraux en fonctions, avec le concours d'une commission d'administration composée de trois commissaires par chaque abattoir.

§ Iᵉʳ.

Commission administrative. Ses attributions.

Art. II.

Les membres de cette commission sont élus, au nombre de six, par l'assemblée générale des mandataires d'arrondisssement convoqués à cet effet.

Leurs fonctions consistent : à délibérer en séance de commission administrative, avec les trois mandataires généraux en fonctions, sur tout projet de traités ou marchés à passer pour fourniture de paille, fourrage, son et avoine, d'échange, vente ou achat de chevaux, augmentation du matériel ou du personnel.

Les membres de cette commission, chacun dans leur abattoir respectif, sont chargés d'inspecter tous les détails des services; de signaler toutes contraventions au présent règlement qui pourraient se commettre; de se faire rendre compte par l'écrivain économe de la conduite du personnel des employés aux gages du bureau; de l'entretien et conservation du matériel; d'intervenir dans tous les cas d'infraction grave au règlement; de prendre à cet égard toute mesure d'urgence, suivant les circonstances, contre tout contrevenant, sauf à en référer sans délai aux mandataires généraux; enfin, de concourir avec ces derniers à l'exécution de toutes les mesures arrêtées en conseil d'administration.

§ II.

Des écrivains-économes.

Art. III.

Les fonctions des écrivains-économes consistent à faire toutes les écritures concernant :

1° Les pesées des viandes au moyen de bulletins nominatifs ;

2° Les bulletins de transport des viandes à domicile;

3° Les quittances et feuilles d'octroi hebdomadaires;

4° Les bulletins en forme de placards nominatifs, indiquant par numéro et porcherie le mouvement pour chaque jour, des entrées et sorties de porcs ; ces derniers bulletins seront retirés des cadres le jeudi matin de chaque semaine et conservés en dépôt.

Les mêmes écrivains-économes tiendront jour par jour un registre dans l'ordre alphabétique de toutes les sorties de viande pour compte et sous le nom des destinataires, conformément au modèle imprimé à cet effet.

Ce registre devra être communiqué sans déplacement aux employés de l'octroi et à tout charcutier intéressé, en cas d'omission, d'erreur ou de réclamation fondée, mais seulement en la partie les concernant.

Art. IV.

Il sera fait chaque jour à quatre heures de relevée par les écrivains-économes, le comptage des porcs restant en porcherie. Ce comptage devra être rapproché du nombre des porcs abattus dans la même journée, afin de contrôler l'exactitude du résultat du comptage. Il en sera fait un rapport écrit adressé au bureau, et, en cas d'erreur, il en sera donné avis aux employés de l'octroi et au préposé de police de l'abattoir.

Art. V.

Les écrivains-économes se présenteront en personne au bureau, le vendredi de chaque semaine, à l'heure ordinaire de la réunion des mandataires, porteurs du registre sur lequel ils auront transcrit les rapports qu'ils auront eu à dresser dans le cours de la semaine; ils seront tenus de faire parvenir tous les samedis, avant trois heures, au plus tard,

au conseil du bureau, les quittances et feuilles
hebdomadaires de l'octroi.

Art. VI.

En outre, ils tiendront un registre spécial des in-
ventaires du matériel des entrées et sorties de tout
objet neuf ou donné en réparation ; il en sera de
même des fournitures de paille et fourrages qui
auront un livre particulier.

Art. VII.

Il leur est interdit de faire faire ou commander
aucune acquisition de matériel neuf, ou réparation
de ce matériel ; d'en acquitter ou régler le montant
sans avoir pris l'avis, à cet égard des mandataires
généraux.

Toutes factures ou mémoires seront, par les parties prenantes, présentés et acquittés au bureau.

Art. VIII.

Les écrivains-économes ne pourront s'absenter
de leur bureau ou de l'abattoir aux heures des services, sans y être autorisés par le président du bureau du commerce de la charcuterie, et à charge
de se faire remplacer momentanément par une personne apte à remplir leurs fonctions.

§ III.

Du personnel des garçons et employés des abattoirs.

Art. IX.

Il y aura un premier garçon chef fendeur ;
Un deuxième fendeur ;
Six conducteurs de viande ;
Un porcher ;
Trois femmes pour défaire les dedans ;
Un palefrenier, chargé d'un voyage de viande, mais seulement en cas de nécessité.

ATTRIBUTIONS.

Le premier garçon chef sera chargé de fendre concurremment avec le second fendeur.

Il aura seul la direction des autres garçons et conducteurs ; il assistera à la pesée des viandes, appellera au plateau, vérifiera et contrôlera les poids, et l'écrivain-économe en portera de suite le résultat sur les bulletins qu'il aura préparés à l'avance.

Les chargements de viandes, au fur et à mesure des pesées, seront organisés sous la direction et le contrôle du garçon chef.

Les conducteurs feront le transport des viandes à

domicile; après un premier voyage, à leur retour, les conducteurs remiseront leurs chevaux aux écuries.

§ IV.

Dispositions générales.

Art. X.

Les marchands charcutiers en gros et en détail autorisés par M. le préfet de Police, pour le compte desquels le bureau du commerce de la charcuterie de Paris jugera possible d'opérer les services d'amenage, abatage et transports doivent se conformer au présent règlement.

§ V.

Amenages et abatages.

Art. XI.

Ces marchands devront faire connaître, avant de quitter le marché de la Villette, par écrit, la quantité de porcs qu'ils voudront faire amener et abattre par les soins et avec l'assistance des garçons d'abattoir aux gages du bureau du commerce de la charcuterie de Paris. A cet effet, ils feront inscrire leur déclaration sur un bulletin spécial, signé par l'écrivain.

Art. XII.

A défaut de cette déclaration, par écrit, les porcs non déclarés, ne seront point compris dans les amenages.

Art. XIII.

Le bureau du commerce de la charcuterie ne répond point des animaux qui n'auront point reçu la *marque au fer* du propriétaire avant leur départ du marché.

Ces porcs devront, en outre, porter le numéro de la porcherie aux abattoirs.

Art. XIV.

Les charcutiers en gros et en détail qui payeront le tarif des services, des fournitures, de l'amenage, de l'abatage et du transport, et pour le compte desquels le bureau du Commerce aura consenti à faire ces mêmes services, auront le droit de se faire assister, dans leurs opérations, par les garçons d'abattoir, de la manière suivante :

Si les charcutiers veulent faire l'abatage eux-mêmes ou par leurs garçons munis de livrets, les garçons d'abattoir seront obligés à leur tenir la poêle et à tourner le sang, ou au choix des charcutiers ou de leurs garçons à assommer et à saigner les porcs. En outre, les garçons d'abattoir leur prête-

ront assistance pour couvrir les porcs, les mettre
sur le traîneau et pour les pendre.

Art. XV.

Les soins et la nourriture nécessaires aux porcs
remisés, pour compte des charcutiers, auront lieu
par l'administration du bureau conformément à
l'article huit de l'ordonnance de police du 23 octobre 1854.

Ces soins consisteront à faire sortir chaque jour,
à quatre heures du soir, les animaux des porcheries,
suivant l'ordre numérique. Chaque bande de porcs
sera laissée dans la cour le temps nécessaire pour
les laisser boire, etc. Il leur sera donné, et ce, deux
fois par semaine, par chaque porc, un kilogramme
de pain au moins, ou tout autre aliment dans une
proportion équivalente.

Conduite et transports des viandes abattues.

Art. XVI.

Ceux qui voudront faire transporter leurs dedans,
ou qui auront besoin de faire tuer pour avoir leurs
dedans ou leur viande le même jour, seront tenus
d'avertir la veille, par écrit, l'écrivain-économe,
soit directement, soit par les bulletins de conduite.

La voiture consacrée à ce transport ne partira pas
plus tard que onze heures.

Elle ne devra transporter que les dedans ou les viandes à l'égard desquels il y aura eu avertissement préalable, comme il vient d'être dit.

A chaque transport de viande, le conducteur recevra de l'écrivain-économe un bulletin de chargement indicatif des jour et heure du départ, du nom du conducteur, du nom du destinataire et du nombre des moitiés, têtes ou dedans. Ce bulletin, présenté à chaque destinataire, devra être signé par lui, en marge, et être rapporté par le conducteur; en cas d'omission ou de refus de signature du bulletin par le charcutier, aucune réclamation ne sera reçue.

Art. XVII.

Les charcutiers dits *gargots*, vendant à la cheville, ne pourront exiger le transport de leurs viandes, ainsi vendues, par la voiture chargée des viandes en destination pour la halle, à moins que le charcutier destinataire ne demeure en droite ligne dans la direction du marché.

A l'égard des transports de viandes vendues à domicile des charcutiers pour le compte des gargots, en dehors de cette direction, ils ne pourront être exigés que moyennant une rétribution de vingt centimes par porc ou moitié de porc, à la condition, en outre, que le destinataire se trouvera dans la circonscription de l'abattoir, d'où les viandes seront expédiées.

Dans le cas de presse ou de nécessité, les viandes provenant des porcs appartenant à des gargots qui auraient fini leurs abatages à huit heures du matin, pourront être transportées à la halle le même jour, nonobstant toute opposition de la part desdits gargots.

Art. XVIII.

Il y aura, outre les gargots qui seront prêts à partir, un roulement de semaine en semaine, pour les départs des voitures chargées du transport de leurs viandes, de manière à ce que celui dont les viandes sont parties les premières au précédent marché, n'aura le droit de faire porter ses viandes au marché suivant, qu'après le départ de celles des autres.

Art. XIX.

Ceux des gargots dont les viandes ne partiront pas le soir, ne pourront en exiger le pesage qu'après le chargement des voitures prêtes à partir.

Art. XX.

En cas d'insuffisance pour le complément du chargement d'une voiture, aucun gargot ne pourra s'opposer à ce que ce chargement soit complété avec des viandes appartenant à d'autres gargots ou charcutiers.

Art. XXI.

Les gargots qui ne feront pas partir leurs viandes le soir pour la halle, seront tenus de demander
la veille, au premier garçon d'abattoir, l'heure à
laquelle ils devront se trouver présents aux abattoirs
pour opérer le chargement des viandes.

Faute par eux de se trouver à l'heure indiquée, le
transport de leurs viandes sera retardé.

Art. XXII.

Les voitures par lesquelles s'opéreront les transport des viandes appartenant aux marchands charcutiers, devront partir au plus tard à cinq heures en
hiver et à quatre heures du matin en été, et, avant
tout départ, chaque conducteur devra être muni du
bulletin de chargement indiqué en l'article seize.

Répartition du sang.

Art. XXIII.

Les porcs marqués pour être abattus seront choisis et triés par grosseur égale et tués de huit en
huit. Le sang en provenant sera recueilli par les
soins des femmes chargées de défaire les dedans et
délivré par elles aux propriétaires des porcs, à raison de trois litres et demi par porc.

Pour empêcher toute fraude à cet égard, chaque

charcutier sera tenu d'avoir deux brocs de capacité suffisante.

Art. XXIV.

Les charcutiers qui enverront aux abattoirs pour avoir du sang, devront s'adresser à cet effet aux femmes chargées de défaire les dedans. Cette distribution leur sera faite au moyen de la remise de l'un des deux brocs indiqués en l'article précédent ; l'autre broc vide sera retenu pour servir à recueillir les plus prochaines saignées.

Art. XXV.

Les charcutiers sont invités à ne jamais offrir de pourboire en nature aux garçons pendant leur service.

TITRE II.

Police des garçons.

Art. XXVI.

Tout garçon convaincu d'avoir maltraité les porcs confiés à sa garde, sera responsable du dégât occasionné par de mauvais traitements. Il sera, en outre, passible d'une amende de deux à cinq francs, de la mise à pied de deux à cinq jours, et même de renvoi immédiat, en cas de récidive ou de mauvais propos.

Art. XXVII.

A leur arrivée aux abattoirs, les porcs seront triés par les soins du porcher avec l'aide des conducteurs, et remisés dans les porcheries dont ils porteront le numéro.

Art. XXVIII.

Le garçon chargé de la surveillance fera, de jour comme de nuit, toutes les visites nécessaires aux porcheries, de trois heures en trois heures.

Il fera une contre-marque aux porcs trouvés suspects de maladie; il en donnera avis aux charcutiers ou à leurs garçons et veillera à ce que, pendant le jour, ces animaux, ainsi contre-marqués, soient abattus les premiers par les charcutiers ou leurs garçons. En cas de refus par les charcutiers ou leurs garçons d'opérer leur abatage, en commençant par les porcs contre-marqués, le garçon chargé de la surveillance opérera lui-même cet abatage. — Pendant la nuit, dans le cas où des porcs seraient trouvés dans la nécessité d'être abattus, le garçon chargé de la surveillance sera tenu d'y pourvoir immédiatement, sous peine d'être responsable du dommage.

Art. XXIX.

Après l'abatage et l'habillage, en cas de réclamation, ces porcs, ainsi abattus, seront examinés par des experts compétents, pris parmi les charcutiers autres que les propriétaires des porcs, qui constateront et estimeront le dégât.

S'il est reconnu que le dégât est imputable au garçon surveillant pour avoir négligé d'abattre ces porcs à temps, il sera passible du dommage arbitré par les experts.

Art. XXX.

L'assommage des porcs aura lieu porc par porc, suivi immédiatement de la saignée de la manière suivante.

Un coup de masse bien asséné devra suffire pour faire tomber le porc et lui faire perdre sa force; un deuxième coup est toléré lorsque le premier a frappé à faux.

Si le deuxième coup est encore manqué, on saisira l'animal et trois garçons le saigneront sans lui asséner aucun autre coup; toute autre manière d'opérer pourra donner lieu à l'application des dispositions de la loi du 2 juillet 1850, répressive des mauvais traitements envers les animaux et à toute indemnité contre le garçon assommeur, en cas de plainte du propriétaire du porc, si la tête est abimée par l'assommage.

Art. XXXI.

Au moment des abatages, les garçons tueurs devront veiller à ce qu'il ne se commette ni erreur, ni
substitution, sous peine de toute responsabilité.

Art. XXXII.

Les porcs seront fendus par le premier garçon
aidé du second garçon, ou d'un garçon désigné par
le bureau.

Art. XXXIII.

Le garçon chargé de la surveillance des porcs
devra faire sortir des porcheries ceux des porcs qui
devront être abattus; ce même garçon désignera
aux charcutiers ou à leurs garçons, celui ou ceux de
ces animaux qui devront être abattus les premiers
pour les causes prévues en l'article 28.

Art. XXXIV.

Si les propriétaires des porcs ne les trouvent pas
dans les porcheries affectées à leur numéro, le garçon porcher devra en faire la recherche immédiatement.

Art. XXXV.

Les pailles devront être ramassées et enlevées des
cours et des brûloirs par les soins des garçons
tueurs d'abattoirs.

Art. XXXVI.

Les garçons tueurs d'abattoir veilleront à ce que
les charcutiers ne brûlent pas trop de paille; ceux
qui, par obstination ou par malveillance, ne tien-
draient aucun compte des observations qui leur
seront faites, à cet égard, au moment de la brûle,
seront signalés à l'écrivain comptable, qui prendra
les mesures provisoires qu'il jugera convenables.
— Il en sera référé au bureau qui prononcera, suivant les circonstances, contre le charcutier signalé,
le refus de prestation des services à l'avenir.

Art. XXXVII.

Les assistances prévues par l'article 14 devront
être prêtées à ceux qui auront le droit de les récla-
mer, sans les faire attendre. En cas de plainte, une
retenue sera opérée sur les gages du garçon qui
aura motivé cette plainte.

Art. XXXVIII.

Il est interdit aux garçons d'abattoir de mettre en
brûle plus de huit porcs à la fois; la marque des
porcs continuera d'avoir lieu dans le brûloir.

Art. XXXIX.

Il est interdit à tout garçon de sortir de l'abattoir,
sous aucun prétexte, avant d'avoir terminé son tra-

vail à lui imparti conformément au règlement.

Art. XL.

La conduite des voitures de transport des viandes à domicile est placée sous la surveillance et la direction du premier garçon ; tous les autres garçons seront tenus de lui obéir. Un registre de police des garçons sera tenu par le premier garçon, conformément à la loi des 22-26 juin 1854.

Art. XLI.

Le sang ainsi que la soie, étant la propriété des maîtres charcutiers, il est formellement interdit aux garçons d'abattoirs de se les approprier en tout ou en partie.

Il leur est défendu expressément de vendre du sang sous peine d'une amende de cinq francs à la première contravention ; de dix francs à la seconde, et de renvoi à la troisième contravention.

Art. XLII.

L'arrachement de la soie ne pourra avoir lieu sans la permission des propriétaires des porcs ou de leurs garçons. Néanmoins, dans le cas où les garçons d'abattoir auront été chargés de l'habillage complet, la soie leur sera abandonnée de droit, suivant l'usage.

Dans tous les cas, les garçons autorisés à arracher

la soie devront s'arranger de manière à avancer le garçon charcutier qui aura été retardé par cet arrachement.

Cette opération devra être faite de manière à ne pas retarder le transport des viandes, ni aucune des parties du service.

Art. XLIII.

Les garçons qui conduiront les attelages de viande devront être propres et soigneux pour la viande.

Ils ne pourront partir de l'abattoir qu'après que le premier garçon se sera assuré que les chevaux sont bien attelés, que la charge n'est ni trop forte ni trop légère, que les bâches sont bien tendues, et que les voitures sont garnies de tous leurs appareils.

Art. XLIV.

Chaque attelage sera, autant que possible, confié au même conducteur.

Art. XLV.

A défaut des précautions indiquées par la prudence et en cas d'omission de tout ou partie des accessoires énumérés à l'article 43, s'il arrive un accident, les garçons conducteurs en seront seuls responsables, sans préjudice de l'amende qui sera encourue, ou de plus forte peine, s'il y a lieu, par l'auteur de l'accident.

Art. XLVI.

Il est défendu aux conducteurs des voitures de trotter à charge, de maltraiter les chevaux, sous peine d'une amende de deux à cinq francs et de la mise à pied, s'il y a lieu, et même de renvoi.

Tout garçon qui ramènerait ses chevaux en sueur, sera passible des mêmes peines.

Art. XLVII.

Au moment de leur rentrée, les chevaux devront être, par les soins de leur conducteur, dételés, bouchonnés, les pieds lavés et mis à leur place garnis de leurs couvertures.

Les harnais seront également mis à leur place au numéro marqué sur le collier : le tout en cas d'absence du palefrenier.

Tout dégât occasionné aux harnais, en dételant sans précaution, sera au compte du conducteur de l'attelage.

Il en sera de même de tout dégât en route et aussi, en cas de perte ou bris, par la faute ou négligence du conducteur, d'aucun accessoire de l'attelage.

Art. XLVIII.

En cas d'accident occasionné, soit aux voitures ou aux chevaux du bureau, par des tiers ou par les garçons conducteurs de ces voitures, aux devan-

tures de boutiques ou à toute autre propriété appartenant à autrui, ou sur la personne des passants,
les garçons d'abattoir sont tenus d'en avertir immédiatement l'écrivain-économe, sous peine de toute
responsabilité. Il en sera de même de toute citation
en justice à eux signifiée par suite de l'accident, ou
en cas de contravention.

Art. XLIX.

Les garçons d'échaudoir sont tenus, en outre, de
se soumettre à tous les règlements des autorités
publiques concernant le régime intérieur des
abattoirs, la police des voitures particulières, celle
des halles et marchés, et généralement à toutes les
dispositions des ordonnances qui régissent le commerce de la charcuterie.

Art. L.

Il est interdit aux garçons d'abattoir de commander, faire ou faire faire, ni posséder en propre aucun objet servant dans le matériel des abattoirs.

En cas de violation de la présente prohibition, les
objets par eux acquis ou commandés seront rejetés
du matériel et laissés pour leur compte.

Art. LI.

Les amendes encourues par les garçons d'abattoir
seront retenues sur leurs gages, sous la responsabilité et par les soins de l'économe.

Le montant de ces amendes servira à augmenter les fonds de secours accordés aux indigents de la communauté.

Art. LII.

Le palefremier est tenu, sous peine de renvoi, de faire connaître au bureau tout mauvais traitement aux chevaux, tout accident, dégât ou bris à l'attelage et harnais, et perte des accessoires, avec l'indication du numéro de la voiture et du nom du conducteur.

TITRE III.

Partage de la soie.

Art. LIII.

Tout garçon d'abattoir faisant partie du personnel, après trois mois au moins de services continus, aura droit, par part égale au partage de la soie, par douzième, dans la proportion de la durée de ses services.

Art. LIV.

Le présent règlement est déclaré obligatoire à partir du 1ᵉʳ décembre 1869, tant à l'égard des charcutiers et gargots qui auront recours à l'entremise du bureau, qu'à l'égard des écrivains-économes et des garçons d'abattoir et conducteurs.

TABLEAUX

INDIQUANT LES QUANTITÉS DE BESTIAUX

PAR ESPÈCES

CONSOMMÉS DANS PARIS DEPUIS L'ANNÉE 1801

AINSI QUE LE PRODUIT DES TAXES D'OCTROI SUR LES VIANDES

DANS LES ABATTOIRS ET AUX ENTRÉES

DE PARIS

BŒUFS

ANNÉES	TARIF	UNITÉ sur laquelle portent les droits	QUANTITÉS en kilog.	PRODUITS des droits d'octroi en fr.	DATES des lois, décrets et ordonnances établissant la perception
1801	F. 18.00	Par tête	71.364	1.284.552	Loi du 9 frimaire an VIII (10 décembre 1799).
1802	»	»	71.502	1.287.036	
1803	»	»	75.402	1.357 236	
1804	»	»	67.634	1.207.412	
1805	»	»	63.707	1.146.726	
1806	»	»	61.618	1.109.859	
1807	»	»	64.494	1.160.885	
1808	»	»	69.871	1.257.687	
1809	»	»	69.995	1.259.914	
1810	»	»	73 197	1.317.546	
1811	»	»	70.743	1.273.378	
1812	»	»	72.268	1.300.830	
1813	»	»	70.138	1.262.488	Décime au profit de l'État (Décret du 11 nov. 1813).
1814	»	»	67.343	1.211.040	Suppression du décime (Décret du 27 avril 1814).
1815	»	»	78.122	1.406.200	
1816	21.00	»	71.937	1.510.677	Ordonnance du 29 décembre 1815.
1817	21.09 et 24.00	»	69.956	1.627.011	Ordonnances des 8 janvier 1817 et 26 décembre suiv.
1818	24.04	»	73.870	1 .72.880	
1819	»	»	70.828	1.699.872	
1820	»	»	71.877	1.725.048	
1821	»	»	73.728	1.762.272	
1822	»	»	76.018	1.824.432	
1823	»	»	76.059	1·825.416	
1824	»	»	79.649	1.911.576	
1825	»	»	82.866	1.988 784	
1826	»	»	81.460	1.955 040	
1827	»	»	76.230	1.829.520	
1828	»	»	71.382	1.713.168	
1829	»	»	69 136	1.659.264	
1830	»	»	67.798	1.631.472	
1831	»	»	61.670	1.628.088	Décime compris.
1832	»	»	68.408	1.805.971	»
1833	»	»	69.974	1.847.314	»
1834	»	»	72.474	1.913.313	»
1835	»	»	71.634	1.891.138	»
1836	»	»	72.330	1.909.512	»
1837	»	»	70.790	1.868.856	»

ANNÉES	TARIF	UNITÉ sur laquelle portent les droits	QUANTITÉS en kilog.	PRODUITS des droits d'octroi en fr.	DATES des lois, décrets et ordonnances établissant la perception
	fr.	Par tête			
1838	24.00	»	70.877	1.871.153	Décime compris.
1839	»	»	69.944	1.816.522	»
1840	»	»	71.748	1.893.355	»
1841	»	»	69.393	1.831.975	»
1842	»	»	72.195	1.905.948	»
1843	»	»	74.143	1.957.375	»
1844	»	»	76.565	2.021.316	» Au droit de 24 fr. en principal
1845	»	»	77.567	2.047.769	» avec décime, 26 fr. 40.
1846	»	»	80.256	2.118.758	» Il faut ajouter :

	1. Caisse de Poissy. . 10 00
	2. Droit d'abatage. . 6 00
	Droit d'octroi . . 26 40
	Total. . 42 40

BŒUFS ENTRÉS SUR PIED DANS LES ABATTOIRS. En consignation : 53 fr.

ANNÉES	TARIF	UNITÉ	QUANTITÉS en kilog.	PRODUITS	DATES
1847		(¹)	82.521	(¹)	Au 1er janvier 1847, le droit fixé
1848			75.163		par tête a été converti en une
1849			80.185		taxe sur la viande provenant
1850			83.471		desdits animaux. (Voir pour les
1851			84.416		produits de l'exercice 1847 et les
1852			87.839		suivants au chapitre des viandes
1853			89.833		sorties des abattoirs.
1854			87.880		
1855			96.417		
1856			104.440		
1857			103.736		
1858			103.107		
1859			105.874		
1860			145.509		
1861			145.029		
1862			144.009		
1863			143.810		
1864			148.023		
1865			146.738		
1866			151.255		
1867			165.602		
1868			174.720		
1869			163.500		
1870					
1871					
1872					

VACHES

ANNÉES	TARIF	UNITÉ sur laquelle portent les droits	QUANTITÉS en kilog.	PRODUITS des droits d'octroi en fr.	DATES des lois, décrets et ordonnances établissant la perception
	fr. 9.00	Par tête			
1801	9.00	»	10.810	97.290	Loi du 19 frimaire an VIII (10 décembre 1799).
1802	»	»	12.311	110.799	
1803	»	»	7.096	77.810	
1804	»	»	6.051	54.459	
1805	»	»	6.104	54.936	
1806	»	»	6.302	56.718	
1807	»	»	6.101	54.942	
1808	»	»	5.661	30.950	
1809	»	»	5.925	53.330	
1810	»	»	6.275	56.480	
1811	»	»	6.424	57.815	
1812	»	»	6.929	62.358	
1813	»	»	6.975	62.776	
1814	»	» (¹)	14.629	120.088	(¹) Il y a eu à la fin de l'exercice un remboursement du droit sur 1286 vaches. La déduction est faite dans les produits.
1815	»	»	11.910	107.194	
1816	12.00	»	9.176	110.121	Ordonnance du 29 décembre 1815.
1817	12.00 et 15.00	»	8.979	134.001	Ordonnances des 8 janvier 1817
1818	15.00	»	9.064	135.963	et 26 décembre suivant.
1819	»	»	6.481	97.215	
1820	»	»	6.853	102.795	
1821	»	»	7.727	115.905	
1822	»	»	8.823	132.345	
1823	»	»	10.402	156.030	
1824	»	»	10.945	164.175	
1825	»	»	12.807	192.105	
1826	»	»	13.244	198.660	
1827	»	»	14.150	212.250	
1828	»	»	13.895	208.425	
1829	»	»	13.796	206.940	
1830	»	»	15.641	234.615	
1831	»	»	14.389	237.418	
1832	15.00 et 18.00	»	15.290	273.104	Décime compris.
1833	18.00	»	15.681	310.470	» (Ordonnance du 17 août
1834	»	»	14.175	280.665	1832.)
1835	»	»	16.439	325.492	»
1836	»	»	17.442	345.351	»

ANNÉES	TARIF	UNITÉ sur laquelle portent les droits	QUANTITÉS en kilog.	PRODUITS des droits d'octroi en fr.	DATES des lois, décrets et ordonnances établissant la perception
1837	fr. 18.00	Par tête	»	19.239	380.932	Décime compris.
1838	»	»	»	20.112	398.218	»
1839	»	»	19.263	381.407	»
1840	»	»	20.684	409.543	»
1841	»	»	22.355	442.629	»
1842	»	»	19.004	376.279	»
1843	»	»	17.553	347.549	»
1844	»	»	16.450	325.710	» Au droit de 18 fr. en principal avec décime :9 fr. 80.
1845	»	»	20.902	413.860	» Il faut a outer .
1846	»	»	21.980	435.204	» 1. Caisse de Poissy . 6 00

2. Droit d'abatage. . 4 00
Droit d'octroi . . 19 80

Total. . 29 80

VACHES ENTRÉES SUR PIED DANS LES ABATTOIRS

ANNÉES	QUANTITÉS	DATES
1847	(¹) 24.994	En consignation 35 fr.
1848	19.139	(¹) Au 1er janvier 1847, le droit fixe
1849	15.802	par tête a été converti en une
1850	16.023	taxe sur la viande provenant des-
1851	17.740	dits animaux. (Voir pour les pro-
1852	23.103	duits de l'exercice 1847 et les
1853	26.002	suivants au chapitre des viandes
1854	24.859	sorties des abattoirs.
1855	18.894	
1856	6.009	
1857	5 049	
1858	7.186	
1859	1ゝ.639	
1860	41.202	
1861	47.046	
1862	43.604	
1863	45.869	
1864	53.472	
1865	61.007	
1866	63.418	
1867	54.400	
1868	47.133	
1869	61.794	
1870		
1871		
1872		

VEAUX

ANNÉES	TARIF	UNITÉ sur laquelle portent les droits	QUANTITÉS en kilog.	PRODUITS des droits d'octroi en fr.	DATES des lois, décrets et ordonnances établissant la perception
1801	fr. 3.60	Par tête »	99.374	357.746	Loi du 19 frimaire an VIII (10 décembre 1799).
1802	»	»	99.711	358.959	
1803	»	»	81.950	295.020	
1804	»	»	72.414	267.690	
1805	»	»	75.816	272.937	
1806	·	»	76.347	274.851	
1807	»	»	76.256	274.522	
1808	»	»	79 080	284.688	
1809	»	»	74.304	263.496	
1810	»	»	81.184	292.262	
1811	»	»	78.235	281.618	
1812	»	»	76.154	274.175	
1813	»	»	72.376	260.554	
1814	»	» (¹)	76.706	276.095	(¹) Il a été fait déduction dans les produits du droit perçu sur 13 veaux, lequel droit a été remboursé.
1815	»	»	77.466	278.878	
1816	5.00	»	74.515	372.575	Ordonnance du 29 décembre 1815
1817	5.00 et 6.00	»	77.057	459.793	Ordonnances des 8 janvier 1817 et 26 décembre suivant.
1818	6.00	»	77.767	466.605	
1819	»	»	67.723	406.338	
1820	»	»	67.649	405.894	
1821	»	»	70.021	420.126	
1822	»	»	77.754	466.524	
1823	»	»	74.096	444.576	
1824	»	»	76.811	460.866	
1825	»	»	79.548	477.288	
1826	»	»	74.430	446.580	
1827	»	»	67.190	403.110	
1828	»	»	63.665	381.990	
1829	»	»	63.411	380.466	
1830	»	»	69.844	419.064	
1831	»	»	62.867	414.922	Décime compris.
1832	»	»	60.237	397.564	»
1833	»	»	66 949	441.863	»
1834	»	»	70.739	466.877	»
1835	»	»	73.947	488.050	»
1836	»	»	77 583	512.047	»

ANNÉES	TARIF	UNITÉ sur laquelle portent les droits	QUANTITÉS en kilog.	PRODUITS des droits d'octroi en fr.	DATES des lois, décrets et ordonnances établissant la perception
	fr.	Par tête			
1837	6.00	»	78.711	519.493	Décime compris.
1838	»	»	80.428	530.825	»
1839	»	»	77.254	509.876	»
1840	»	»	73.113	482.546	»
1841	»	»	77.869	447.935	»
1842	»	»	72.276	477.022	»
1843	»	»	72.187	476.434	»
1844	»	»	78.744	519.710	» Avec droit de 6 fr. en principal avec décime, 6 fr. 60
1845	»	»	83.327	549.958	» Il faut ajouter :
1846	»	»	81.444	557.330	» 1. Caisse de Poissy. 2 40 2. Droit d'abatage. . 2 00 Droit d'octroi. . . 6 60 Total. . . 11 00

VEAUX ENTRÉS SUR PIED DANS LES ABATTOIRS

ANNÉES	TARIF	UNITÉ sur laquelle portent les droits	QUANTITÉS en kilog.	PRODUITS des droits d'octroi en fr.	DATES des lois, décrets et ordonnances établissant la perception
					En consignation 11 fr.
1847		(¹)	83.580		(¹) Au 1ᵉʳ janvier 1847, le droit fixé
1848			74.497		par tête a été converti en une
1849			70.718		taxe sur la viande provenant
1850			75.244		desdits animaux. (Voir pour les
1851			75.362		produits de l'exercice 1847 et
1852			74.429		suivants au chapitre des viandes
1853			68.705		sorties des abattoirs.)
1854			68.828		
1855			76.709		
1856			76.380		
1857			79.274		
1858			85.815		
1859			91.764		
1860			182.678		
1861			181.323		
1862			188.091		
1863			197.240		
1864			205.380		
1865			207.663		
1866			200.668		
1867			199.009		
1868			201.562		
1869			212.776		
1870					
1871					
1872					

ANNÉES	TARIF	UNITÉ sur laquelle portent les droits	QUANTITÉS en kilog.	PRODUITS des droits d'octroi en fr.	DATES des lois, décrets et ordonnances établissant la perception
1801	fr. 0.60	Par tête »	380.788	228.472	Loi du 19 frimaire an VIII (10 décembre 1799).
1802	»	»	372.121	223.272	
1803	»	»	321.968	193.180	
1804	»	»	339.046	198.027	
1805	»	»	317.407	190.411	
1806	»	»	304.238	182.542	
1807	»	»	323.031	193.802	
1808	»	»	353.471	212.083	
1809	»	»	347.561	208.536	
1810	»	»	366.819	220.091	
1811	»	»	332.033	199.219	
1812	»	»	347.568	208.540	
1813	»	»	314.237	188.542	
1814	»	»	330.335	198.201	
1815	»	»	358.502	215.101	
1816	1 fr. 20	»	328.084	393.701	Ordonnance du 29 décembre 1815.
1817	1.20 et 1.50	»	335.934	500.723	Ordonnances des 8 janvier 1817 et 26 décembre suivant.
1818	1.50	»	335.616	503.424	
1819	»	»	329.070	493.605	
1820	»	»	319.242	478.863	
1821	»	»	333.385	500.077	
1822	»	»	370.531	555.796	
1823	»	»	363.055	544.582	
1824	»	»	383.807	575.710	
1825	»	»	425.135	637.702	
1826	»	»	403.583	605.374	
1827	»	»	376.954	565.431	
1828	»	»	366.229	549.344	
1829	»	»	362.600	543.900	
1830	»	»	338.456	507.684	
1831	»	»	288.203	475.535	Décime compris.
1832	»	»	306.327	505.439	»
1833	»	»	331.651	547.224	»
1834	»	»	364.409	601.275	»
1835	»	»	364.875	602.043	»
1836	»	»	378.476	624.485	»
1837	»	»	388.845	641.594	»
1838	»	»	427.610	705.557	»

ANNÉES	TARIF	UNITÉ sur laquelle portent les droits	QUANTITÉS en kilog.	PRODUITS es droits d'octroi en fr.	DATES des lois, décrets et ordonnances établissant la perception
1839	1 fr. 50	Par tête	419.202	691.683	Décime compris.
1840	»	»	437.359	721.642	»
1841	»	»	435.040	717.816	»
1842	»	»	449.928	742.381	»
1843	»	»	447.859	738.967	
1844	»	»	439.950	725.918	» A ce droit de 1 50 en principal, avec décime 1 65
1845	»	»	459.598	758.337	» Il faut ajouter :
1846	»	»	487.644	804.613	» 1. Caisse de Poissy 0 70

2. Droit d'abatage . 0 50
Droit d'octroi. . . . 1 65

Total. . . 2 85

En consignation 4 fr.

MOUTONS, BOUCS ET CHÈVRES ENTRÉS SUR PIED DANS LES ABATTOIRS

ANNÉES	TARIF	UNITÉ	QUANTITÉS en kilog.	PRODUITS droits d'octroi en fr.	DATES
1847		(¹)	503.117	239	(¹) Au 1er janvier 1847, le droit
1848			442.322	129	fixe par tête a été converti
1849			484.090	141	en une taxe sur la viande provenant desdits animaux. Voir
1850			480.065	118	pour les produits de l'exercice 1847 et les suivants au
1851			491.099	75	chapitre des viandes sorties
1852			528.336	114	des abattoirs.
1853			570.233	102	
1854			546.629	83	
1855			543.434	»	
1856			576.750	»	
1857			549.243	69	
1858			582.190	»	
1859			629.816	178	
1860			900.045	295	
1861			1.300.404	141	
1862			1.031.453	201	
1863			1.084.391	197	
1864			1.144.563	203	
1865			1.200.248	204	
1866			1.268.900	204	
1867			1.311.572	168	
1868			1.308.312	98	
1869			1.380.829	106	
1870					
1871					
1872					

ANNÉES	TARIF	UNITÉ sur laquelle portent les droits	QUANTITÉS en kilog	PRODUITS des droits d'octroi en fr.	DATES des lois, décrets et ordonnances établissant la perception
1801	fr. 3.60	Par tête »	48.683	175.258	Loi du 19 frimaire an VIII (10 décembre 1799)
1802	»	»	56.815	204.534	
1803	»	»	49.80.	179.298	
1804	»	»	47 396	170.625	
1805	»	»	46 993	169.174	
18.6	»	»	54.458	196.049	
1807	»	»	60.286	217.029	
1808	»	»	68.048	244.972	
1809	»	»	66.618	239.826	
1810	»	»	69.855	251.478	
1811	3.60 et 4.50	»	73.765	321.997	Décret du 10 février 1811.
1812	4 50	»	71.800	323.099	
1813	»	»	60.864	273.888	
1814	»	»	74.917	337.126	
1815	»	»	81.397	366.289	
1816	8 00	»	74.490	595.926	Ordonnance du 29 décembre 1815.
1817	8 et 9.00	»	69.682	625.240	Ordonnances des 8 janvier 1817 et 26 décembre suivant.
1818	9.00	»	62.404	561.636	
1819	»	»	64.822	583.400	
1820	»	»	72.814	655.330	
1821	»	»	87.004	783.038	
1822	»	»	88.929	800.361	
1823	»	»	89.562	806.060	
1824	»	»	89.112	802.015	
1825	»	»	92.551	832.961	
1826	»	»	90.830	817.470	
1827	»	»	88.471	796.241	
1828	»	»	83.125	748.130	
1829	»	»	81.119	730.076	
1830	»	»	89.841	808.573	
1831	»	»	76.740	759.729	Décime compris.
1832	9 et 10.00	»	67.241	695.835	» (Ordonnance du 17
1833	10 0 0	»	81.534	896.877	» août 1832).
1834	»	»	85.366	939.029	»
1835	»	»	86.904	955.944	»
1836	»	»	91.929	1.011.227	»

ANNÉES	TARIF	UNITÉ sur laquelle portent les droits	QUANTITÉS en kilog.	PRODUITS des droits d'octroi en fr.	DATES des lois, décrets et ordonnances établissant la perception
1837	fr. 10.80	Par tête »	85.572	941.289	Décime compris.
1838	»	»	83.469	918.156	»
1839	»	»	87.121	957.234	»
1840	»	»	90.190	992.093	»
1841	»	»	90.016	990.393	»
1842	»	»	83.101	914.114	»
1843	»	»	86.950	956.453	»
1844	»	»	87.987	967.860	» En consignation 14 fr.
1845	»	»	96.888	1.065.765	»
1846	»	»	93.502	1.028.519	»

PORCS ENTRÉS SUR PIED DANS LES ABATTOIRS

ANNÉES	TARIF	UNITÉ	QUANTITÉS	PRODUITS	DATES
1847			(¹)	27.996	(¹) Au 1ᵉʳ janvier 1847, le droit fixe par tête a été converti en taxe sur la viande de porc (Voir pour les produits de l'exercice 1847 et les suivants, au chapitre des viandes et graisses de porcs, sorties de l'abattoir).
1848			(²) »		
1849				25.163	
1850				39.504	
1851				37.972	(²) La perception a été supprimée du 25 avril au 23 septembre 1848.
1852				45.810	
1853				44.961	
1854				39.660	
1855				41.889	
1856				49.922	
1857				59.005	
1858				61.905	
1859				68.592	
1860				140.932	
1861				122.498	
1862				101.890	
1863				113.303	
1864				130.676	
1865				131.772	
1866				118.749	
1867				150.181	
1868				153.289	
1869				152.764	
1870					
1871					
1872					

VIANDE

DE BŒUF, VACHE, VEAU, MOUTON, BOUC ET CHÈVRE
(sortant des abattoirs)

ANNÉES	TARIF	UNITÉ sur laquelle portent les droits	QUANTITÉS en kilog.	PRODUITS des droits d'octroi en fr.	DATES des lois, décrets et ordonnances établissant la perception
1847	fr. 9.40	100 kil.	48.879.815	5.054.254	Déc. comp. Ordonnance du 23 décembre 1846.
1848	»	«	26.830.909	2.774.360	» Droits supprimés du 20 avril au 27 septembre 1848, rétablis par décret du 30 août même année.
1849	»	»	45.495.768	4.704.328	»
1850	»	»	46.627.975	4.821.391	»
1851	»	»	48.353.611	4.999.821	»
1852	9.40 et 8.84	»	49.993.398	4.963.852	» (1er mai, nouveau tarif. Décret du 17 mars 1852 et arrêté du préfet de la Seine du 15 avril suivant).
1853	8.84	»	51.366.193	4.994.903	»
1854	»	»	49.115.109	4.776.007	»
1855	8.84 et 8.85	»	50.165.591	4.879.004	» (8 novembre, nouveau tarif, Décret du 3 novembre 1855).
1856	8.85	»	51.765.658	5.039.446	»
1857	»	»	50.782.557	4.943.738	»
1858	»	»	52.707.632	5.131.153	»
1859	»	»	56.049.753	5.456.535	»
1860	»	»	87.308.305	8.499.826	»
1861	»	»	88.049.684	8.571.996	»
1862	»	»	91.022.149	8.861.371	»
1863	»	»	93.988.755	9.150.199	»
1864	»	»	96.213.497	9.366.769	»
1865	»	»	97.677.692	9.509.345	»
1866	»	»	101.612.875	9.892.571	
1867	»	»	104.125.249	10.136.930	
1868	»	»	104.478.281	10.171.290	
1869	»	»	105.947.726	10.314.339	
1870					
1871					
1872					

VIANDE DE BŒUF, VACHE, VEAU, MOUTON, BOUC ET CHÈVRE
(provenant de l'extérieur)

ANNÉES	TARIF	UNITÉ sur laquelle portent les droits	QUANTITÉS en kilog.	PRODUITS des droits d'octroi en fr.	DATES des lois, décrets et ordonnances établissant la perception
1801	fr. 0.06	le kil.	325.000	fr. 19.500	Loi du 19 frimaire, an VIII (10 décembre 1799).
1802	»	»	404.000	24.240	
1803	»	»	532.000	31.920	
1804	»	»	582.000	34.920	
1805	»	»	715.000	42.900	
1806	»	»	869.027	52.141	
1807	»	»	865.174	51.910	
1808	»	»	919.135	55.148	
1809	»	»	789.143	47.348	
1810	»	»	897.403	53.844	
1811	0.06 et 0.10	»	744.893	65.628	Décret du 10 février 1811.
1812	0 15	»	570.800	57.080	
1813	»	»	559.115	55.911	
1814	»	»	496.508	49.650	
1815	»	»	630.008	63.000	
1816	0 15	»	539.462	80.919	Ordonnance du 29 décemb. 1815.
1817	0.15 et 0.20	»	401.643	79.270	Ordonnances des 8 janvier 1817 et 26 décembre suivant.
1818	0.20	»	366.354	73.270	
1819	»	»	944.487	188.897	
1820	»	»	1.272.914	254.582	
1821	»	»	1.581.288	316.257	
1822	»	»	1.678.239	335.648	
1823	»	»	2.009.788	401.958	
1824	0.20 0.15	»	1.397.452 901.138	279.490 135.171	Du 1er janv. au 16 juill. } Ordonnance du 23 Du 17 juill. au 31 déc. } juin 1824.
1825	0.15 0.13 (¹)	»	1.606.540 1.061.391	240.981 137.980	1er semestre { 8074. Depuis le 1er janvier 2e semestre { 1825, la charcuterie est portée séparément. (¹) Ordonnance du 4 mai 1825.
1826	»	»	2.210.059	287.307	
1827	»	»	2.381.419	309.584	
1828	»	»	2.674.535	347.690	
1829	»	»	3.199.673	415.958	
1830	»	»	2.620.210	340.627	
1831	»	»	2.928.870	418.911	Décime compris.
1832	0.13	»	3.417.759	504.652	» Ordonnance du 17 août 1832.
1833	0.18	»	2.630.672	520.962	»

VIANDE A LA MAIN (SUITE)

VIANDE DE BŒUF, VACHE, VEAU, MOUTON, BOUC ET CHÈVRE
(provenant de l'extérieur)

ANNÉES	TARIF	UNITÉ sur laquelle portent les droits	QUANTITÉS en kilog.	PRODUITS des droits d'octroi en fr.	DATES des lois, décrets et ordonnances établissant la perception
	fr	le kil.			
1834	0.18	»	2.555.417	5^6.036	Déc. comp.
1835	»	»	2.351 190	463.625	»
1836	»	»	2.295 777	454.656	»
1837	»	»	2.368.178	468.998	»
1838	»	»	2.474.605	490.079	»
1839	»	»	2 546.150	504.237	»
1840	»	»	2.944.597	583 146	»
1841	»	»	2.811.638	550.817	»
1842	»	»	2.908 370	575.971	»
1843	»	»	3.019.716	598.020	»
1844	»	»	3.309.408	635.376	»
1845	»	»	3.668.063	726.397	»
1846	»	»	3.805.382	753.396	»
1847	11.20	100 kil.	4.653.281	573.445	» Ordonnance du 23 décembre 1846.
1848	»	»	3 503.425	431 798	» Droits supprimés du 20 avril au 2
1849	»	»	6.669.638	821.972	» septembre 1848. rétablis par le
1850	»	»	9.057.391	1.116.175	» décret du 30 août même année.
1851	»	»	11.249.714	1.386.358	»
1852	11 20 et 10 53	»	12.139.995	1.437 167	» 1er mai. Nouveau tarif. Décret du
1853	10 53	»	13.876.501	1.607 753	» 17 mars 1852 et arrêté du pré-
1854	»	»	13.964.028	1 617.862	» fet de la Seine du 15 avril suiv.
1855	10.53 et 10.55	»	15.730.050	1.822.942	» 8 novembre. Nouveau tarif. Décret
1856	10.55	»	17.147.243	1.990 409	» du 3 novembre 1855.
1857	»	»	18.997.895	2.205.221	»
1858	»	»	20.485.569	2.377.889	«
1859	»	»	18.785.187	2.180 523	»
1860	»	»	14.020.046	1.627.247	»
1861	»	»	14.740.545	1.710.806	»
1862	»	»	14.521.679	1.685.40?	»
1863	»	»	15.359.271	1.782.640	»
1864	»	»	17.268.014	2.004.213	»
1865	»	»	18.195.657	2.111.864	»
1866	»	»	18.526.882½	2.150.318	»
1867	»	»	20.861.458½	2.421.334	»
1868	»	»	19.261.587	2.235.647	»
1869	»	»	21.490.288	2.494.301	»
1870					
1871					
1872					

(sortis des abattoirs)

ANNÉES	TARIF	UNITÉ sur laquelle portent les droits	QUANTITÉS en kilog.	PRODUITS des droits d'octroi en fr.	DATES des lois, décrets et ordonnances établissant la perception
	fr. 8 00	100 kil.			
1847	8 00	»	1.006.044	88.564	Déc. comp. Ordonnance du 23 décembre 1846.
1848	»	»	507.516	44.678	» Droits supprimés du 20 avril au 2 septembre 1848 et rétablis par décret du 30 août même année.
1849	»	»	848.604	74.699	»
1850	»	»	902.688	79.456	»
1851	»	»	904.524	79.617	»
1852	8 et 7 52	»	892.956	75.422	» 1er mai Nouveau tarif. Décret du 17 mars 1852 et arrêté du préfet de la Seine du 15 avril suivant.
1853	7.52	»	824.424	68.219	»
1854	»	»	825.564	68.318	»
1855	7.52 et 7.35	»	920.281	76.197	» 8 novembre. Nouveau tarif. Décret du 3 nov. 1855.
1856	7.35	»	916.140	76.108	»
1857	»	»	950.988	79.003	»
1858	»	»	1.029.204	85.500	»
1859	»	»	1.099.992	91.378	»
1860	»	»	2.189.012	181.879	»
1861	»	»	2.171.988	180.464	»
1862	»	»	2.253.221	187.211	»
1863	»	»	2.363.472	196.357	»
1864	»	»	2.457.036	204.122	»
1865	»	»	2.481.496	206.152	»
1866	»	»	2.397.989	199.216	»
1867	»	»	2.379.048	197.644	»
1868	»	»	2.415.012	200.628	»
1869	»	»	2.549.184	211.772	»
1870					
1871					
1872					

ABATS ET ISSUES DE VEAU
(provenant de l'extérieur)

ANNÉES	TARIF	UNITÉ sur laquelle portent les droits	QUANTITÉS en kilog.	PRODUITS des droits d'octroi en fr.	DATES des lois, décrets et ordonnances établissant la perception
1847	fr. 8.00	100 kil. »	925.549	81.505	Déc. comp. Ordonnance du 23 décembre 1846.
1848	»	»	470.138	41.409	» Droits supprimés du 20 avril au 2 septembre 1848 et rétablis par décret du 30 août même année.
1849	»	»	824.757	72 631	»
1850	»	»	924.689	81.427	»
1851	»	»	960.784	84.606	»
1852	8 et 7.52	»	977.469	82.554	» 1er mai. Nouveau tarif Décret du 17 mars 1852 et arrêté du préfet de la Seine du 15 avril suivant.
1853	7.52	»	1.022.151	84.627	»
1854	»	»	942.520	78.036	»
1855	7.52 et 7.55	»	891.901	73.880	» 8 novembre. Nouveau tarif. Décret du 3 nov. 1855.
1856	7.55	»	913.356	75.908	»
1857	»	»	936.805	77.857	»
1858	»	»	902.787	75.036	»
1859	»	»	812.021	67.492	»
1860	»	»	337.394	28.049	»
1861	»	»	253.889	21.111	»
1862	»	»	282.716	23.504	»
1863	»	»	293.428	24.392	»
1864	»	»	288.209	23.960	»
1865	»	»	304.853	25.341	»
1866	»	»	297 298	24.711	»
1867	»	»	341.964	28.429	»
1868	»	»	302.444	25.144	»
1869	»	»	354.724	29.490	»
1870					
1871					
1872					

ABATS ET ISSUES

(1812 à 1847)

ANNÉES	TARIF	UNITÉ sur laquelle portent les droits	QUANTITÉS en kilog.	PRODUITS des droits d'octroi en fr.	DATES des lois, décrets et ordonnances établissant la perception
1812	fr. 0.04	le kil.	63.536	2.541	Jusqu'au décret du 10 février
1813	»	»	103.473	4.138	1811, les abats et issues avaient
1814	»	»	100.867	4.034	été taxés comme viande de bou-
1815	»	»	135.403	5.416	cherie. Le décret du 10 février
1816	»	»	140.505	5 620	1811 a fixé le droit sur les abats
1817	0 04 et 0 05	»	131.751	6.561	et issues à 0,04 cent. le kilog.
1818	0 05	»	180.901	9.045	Ordonnances des 8 janvier 1817
1819	»	»	291.727	14.586	et 26 décembre suivant.
1820	»	»	367.065	18.353	
1821	»	»	401.227	20.061	
1822	»	»	479.170	23.958	
1823	»	»	609.474	30.474	
1824	»	»	714.069	35.703	
1825	»	»	791.651	39.582	
1826	»	»	805.079	40.253	
1827	»	»	831.137	41.557	
1828	»	»	887.041	44.352	
1829	»	»	991.140	49.557	
1830	»	»	913.670	45.683	
1831	»	»	867.703	47.750	Décime compris.
1832	»	»	944.595	51.981	»
1833	»	»	1.010.219	55.593	»
1834	»	»	1.062.873	58.492	»
1835	»	»	1.107.942	60.971	»
1836	»	»	1.233.779	67.892	»
1837	»	»	1.313.108	72.256	»
1838	»	»	1.392.770	76.641	»
1839	»	»	1.411.487	77.666	»
1840	»	»	1.559.704	85.829	»
1841	»	»	1.586.397	87.282	»
1842	»	»	1.644.250	90.461	»
1843	»	»	1 701.156	93.596	»
1844	»	»	1.647.905	90.667	»
1845	»	»	1.685.186	92.718	»
1846	»	»	1.700.060	93.538	»
1847	»	»	»	»	A partir du 1er janvier 1847, il n'y a plus d'imposé que les abats et issues de veau. Voir à la page précédente pour les exercices suivants.

VIANDES ET GRAISSES DE PORC

(sorties des abattoirs)

ANNÉES	TARIF	UNITÉ sur laquelle portent les droits	QUANTITÉS en kilog.	PRODUITS des droits d'octroi en fr.	DATES des lois, décrets et ordonnances établissant la perception
1847	9.40	100 kil.	2.488.090	257.269	Déc. comp. Ordonnance du 23 décembre 1846.
1848	»	»	1.706.676	176.471	» Droits supprimés du 20 avril au 2 septembre 1848, rétablis par décret du 30 août même année.
1849	»	»	2.505.555	259.075	»
1850	»	»	3.783.205	391.183	»
1851	»	»	3.631.228	375.469	»
1852	9 40 et 8 84	»	4.153.799	411.865	» 1er mai. Nouveau tarif. Décret du 17 mars 1852, et arrêté du préfet de la Seine du 15 avril suivant.
1853	8 84	»	4.001.134	389.070	»
1854	»	»	3.378.965	328.571	»
					»
1855	8 84 et 8 85	»	3.581.488	348.337	» 8 nov. Nouveau tarif. Décret du 3 nov. 1855.
1856	8 85	»	4.220.558	410.871	
1857	»	»	4.933.787	480.304	
1858	»	»	5.469.187	532.426	»
1859	»	»	6.091.379	593.001	»
1860	»	»	11.657.155	1.134.895	»
1861	»	»	10.153.888	988.549	»
1862	»	»	8.504.678	827.994	»
1863	»	»	9.734.989	947.768	»
1864	»	»	10.894.418	1.060.648	»
1865	»	»	10.968.365	1.067.855	»
1866	»	»	9.930.363	966.792	»
1867	»	»	11.938.408	1.162.305	»
1868	»	»	11.804.254	1.149.264	»
1869	»	»	12.358.251	1.203.200	»
1870					
1871					
1872					

(venant de l'extérieur)

ANNÉES	TARIF	UNITÉ sur laquelle portent les droits	QUANTITÉS en kilog.	PRODUITS des droits d'octroi en fr.	DATES des lois, décrets et ordonnances établissant la perception
1847	fr. 9.40	100 kil.	4.488.877	364.194	Déc. comp. Par ordonnance du 23 décembre 1846, le droit a été porté à 11 f. 20; mais on a perçu que 9 f. 40 jusqu'à l'ouverture des abattoirs à porcs, qui a eu lieu le 31 octobre 1848.
1848	9 40 et 11 20	»	(¹) 3.994.572	372.178	Droits supprimés du 20 avril au 8 septembre 1848. (¹) Perçues à raison de 11 fr. 20 à partir du 31 oct. 1848, attendu l'ouverture des abattoirs à porcs.
1849	11 20	»	5.131.072	632.184	
1850	»	»	5.344.506	658.476	
1851	»	»	5.219.253	643.043	
1852	11 20 et 10 53	»	5.340.387	632.787	1ᵉʳ mai. Nouveau tarif. Décret du 17 mars 1852 et arrêté du préfet de la Seine du 15 avril suivant.
1853	10 53	»	5.521.235	639.564	
1854	»	»	5.169.801	598.855	
1855	10 53 et 10 55	»	5.423.212	628.423	8 novembre. Nouveau tarif. Décret du 3 nov. 1855.
1856	10 55	»	5.156.567	598.461	
1857	»	»	5.098.829	591.762	
1858	»	»	4.931.040	572.296	
1859	»	»	4.993.047	579.492	
1860	»	»	4.952.920	574.839	
1861	»	»	6.540.460	759.075	
1862	»	»	7.844.362	910.396	
1863	»	»	7.640.390	886.723	
1864	»	»	7.092.486	823.144	
1865	»	»	6.923.514	803.518	
1866	»	»	7.187.366	834.146	
1867	»	»	7.142.960	828.996	
1868	»	»	5.557.383	644.989	
1869	»	»	4.966.320	576.399	

ANNÉES	TARIF	UNITÉ sur laquelle portent les droits	QUANTITÉS en kilog.	PRODUITS des droits d'octroi en fr.	DATES des lois, décrets et ordonnances établissant la perception
1825	fr. 0.20	le kil.	123 444	24.688	A partir du 1er juillet 1825, la charcuterie est taxée séparément. Antérieurement elle payait comme viande de boucherie. (Ordonnance du 4 mai 1825.)
1826	»	»	707.297	141.459	
1827	»	»	666.649	133.329	
1828	»	»	609.191	121.838	
1829	»	»	653.963	130.792	
1830	»	»	620.196	124.039	
1831	»	»	526.836	115.904	Déc. comp.
1832	0 20 et 0 22	»	492.820	110.657	» Ordonnance du 17 août 1832.
1833	0 22	»	559.780	135.520	»
1834	»	»	643.491	155.785	»
1835	»	»	783.023	189.563	»
1836	»	»	825.663	199.890	»
1837	»	»	796.874	192.924	»
1838	»	»	818.770	198.222	»
1839	»	»	945.310	228.846	»
1840	»	»	992.839	240.351	»
1841	»	»	1.102.750	266.953	»
1842	»	»	1.120.220	271.184	»
1843	»	»	1.169.821	283.182	»
1844	»	»	1.256.284	304.118	»
1845	»	»	1.337.911	323.889	»
1846	»	»	1.229.763	297.693	»
1847	»	»	1.007.355	243.848	»
1848	»	»	713.704	172.757	» Droits supprimés du 20 avril au 2 septembre 1848, et rétablis par décret du 30 août 1848.
1849	»	»	814.735	197.215	»
1850	»	»	1.204.857	291.620	»
1851	»	»	1.234.054	298.688	»
1852	22 00 et 20 68	100 kil.	1.036.689	246.082	» 1er mai. Nouveau tarif. Décret du 17 mars 1852 et arrêté du préfet de la Seine du 15 avril suivant.

ANNÉES	TARIF	UNITÉ sur laquelle portent les droits	QUANTITÉS en kilog.	PRODUITS des droits d'octroi en fr.	DATES des lois, décrets et ordonnances établissant la perception
1853	fr. 20.68	100 kil.	925.817	210.639	Déc. comp. 8 novembre. Nouveau tarif. Décret du 3 novembre 1855.
1854	»	»	810.945	184.504	»
1855	20 68 et 20 70	»	1.029.197	234.176	»
1856	20 70	»	994.517	226.499	»
1857	»	»	1.042.219	237.355	»
1858	»	»	1.090.394	248.327	»
1859	»	»	1.232.605	280.711	»
1860	»	»	1.723.862 ½	392.571	»
1861	»	»	1.701.950	388.036	»
1862	»	»	1.590.531	362.206	»
1863	»	»	1.784.098	406.283	»
1864	»	»	1.800.274	409.976	»
1865	»	»	1.798.796	409.641	»
1866	»	»	1.537.005	350.025	»
1867	»	»	1.870.944	426.065	»
1868	»	»	1.674.517	381.362	»
1869	»	»	1.721.023	391.931	»
1870					
1871					
1872					

(sortis des abattoirs)

ANNÉES	TARIF	UNITÉ sur laquelle portent les droits	QUANTITÉS en kilog.	PRODUITS des droits d'octroi en fr.	DATES des lois, décrets et ordonnances établissant la perception
	fr.				
1847	4 00	100 kil.	369.436	16.256	Déc. comp. Ordonnance du 23 décembre 1846.
1848	»	»	218.387	9.609	Droits supprimés du 20 avril au 2 septembre 1848, et rétablis par décret du 30 août même année.
1849	»	»	327.119	14.393	
1850	»	»	513.510	22.594	
1851	»	»	494.266	21.747	
1852	4 et 3 76	»	591.968	24.941	1er mai. Nouveau tarif. Décret du 17 mars 1852 arrêté du préfet de la Seine du 15 avril suivant.
1853	3 76	»	587.161	24.285	
1854	»	»	515.762	21.332	
1855	3 76 et 3 80	»	541.658	22.444	8 novembre. Nouveau tarif. Décret du 3 nov. 1855.
1856	3 80	»	650.793	27.203	
1857	»	»	757.835	31.677	
1858	»	»	806.273	33.703	
1859	»	»	889.603	37.192	
1860	»	»	1.819.814	76.124	
1861	»	»	1.587.612	66.410	
1862	»	»	1.312.124	54.891	
1863	»	»	1.435.707	60.064	
1864	»	»	1.687.634	70.605	
1865	»	»	1.698.242	71.073	
1866	»	»	1.516.307	63.468	
1867	»	»	1.918.877	80.326	
1868	»	»	1.932.545	80.915	
1869	»	»	1.948.349	81.587	
1870					
1871					
1872					

(venant de l'extérieur)

ANNÉES	TARIF	UNITÉ sur laquelle portent les droits	QUANTITÉS en kilog.	PRODUITS des droits d'octroi en fr.	DATES des lois, décrets et ordonnances établissant la perception
1847	fr. 4 00	100 kil.	664.477	29.257	Déc. comp. Ordonnance du 23 décembre 1846.
1848	»	»	454.630	20.017	»
1849	»	»	685.569	30.179	»
1850	»	»	745.433	32.810	»
1851	»	»	767.866	33.798	»
1852	4 00 et 3 76	»	794.829	33.634	» 1er mai. Tarif réduit. Décret du 17 mars 1852 et arrêté du préfet de la Seine du 15 avril suivant.
1853	3 76	»	759.396	31.423	»
1854	»	»	692.054	28.637	»
1855	3 76 et 3 80	»	686.838	28.471	» 8 novembre. Nouveau tarif. Décret du 3 novembre 1855.
1856	3 80	»	637.593	26.664	»
1857	»	»	630.242	26.359	»
1858	»	»	610.123	25.520	»
1859	»	»	610.232	25.524	»
1860	»	»	587.719	24.582	»
1861	»	»	694.431	29.044	»
1862	»	»	758.349	31.718	»
1863	»	»	772.388	32.300	»
1864	»	»	861.723	36.039	»
1865	»	»	854.915	35.749	»
1866	»	»	880.132	36.803	»
1867	»	»	795.240	33.260	»
1868	»	»	608.456	25.451	»
1869	»	»	578.031	24.178	»
1870					
1871					
1872					

APPENDICE

Art. 1ᵉʳ. Tous propriétaires de bêtes à cornes habitant dans les villes ou paroisses de la campagne, dont les bestiaux seront malades ou soupçonnés de maladie, seront tenus d'en avertir, dans le moment, le principal officier de police de la ville, ou le syndic de la paroisse dans laquelle ils habitent, sous peine de 100 livres d'amende ; à l'effet par le dit officier de police, ou ledit syndic, de faire marquer en sa présence lesdits bestiaux malades ou soupçonnés, avec un fer chaud d'une marque portant la lettre *M*, et de constater que lesdites bêtes malades ou soupçonnées de maladie ont été séparées des bestiaux sains et renfermées dans des endroits d'où elles ne peuvent communiquer avec lesdits bestiaux sains de la même ville ou paroisse.

Art. 2. Ne pourront lesdits propriétaires, sous quelque prétexte que ce soit, faire conduire dans les pâturages ni aux abreuvoirs, lesdits bestiaux attaqués ou soupçonnés de maladie, et seront tenus de les nourrir dans les lieux où ils auront été renfermés, sous la même peine de 100 livres d'amende.

Art. 3. Les syndics des paroisses dans lesquelles

il y aura des bestiaux malades ou soupçonnés de maladie seront tenus, sous peine de 50 livres d'amende, d'en avertir, dans le jour, le subdélégué du département et de lui déclarer le nombre de bestiaux qui seront malades ou soupçonnés et qu'ils auront fait marquer ; les noms des propriétaires auxquels ils appartiennent et s'ils en ont été avertis par lesdits propriétaires ou par d'autres particuliers de ladite paroisse. Voulant Sa Majesté, qu'au dernier cas, le tiers des amendes qui seront prononcées contre lesdits propriétaires, faute de déclaration, appartienne à ceux qui auront donné le premier avis, soit au principal officier de police dans les villes, soit aux syndics des paroisses de la campagne.

Art. 4. Le subdélégué, conformément aux ordres et instructions qu'il aura reçus du sous-intendant de la province, et les officiers de police dans les villes, tiendront la main, non-seulement pour empêcher que les bestiaux malades ou soupçonnés n'aient aucune communication avec les bestiaux sains de la même ville ou paroisse, mais encore pour empêcher que tous les bestiaux, soit malades, soit soupçonnés, soit sains, du lieu où la maladie se serait manifestée, n'aient aucune communication avec ceux des villes ou paroisses voisines.

Art. 5. Fait, Sa Majesté, très-expresses inhibitions et défenses aux habitants des villes ou des paroisses de la¹ campagne dans lesquelles la maladie se sera manifestée, de vendre aucun bœuf, vache ou veau, et à tous particuliers des autres paroisses ou étrangers, d'en acheter, sous peine de 100 livres d'amende, tant contre le vendeur que contre l'a-

cheteur, par chaque tête de bétail vendu ou acheté
en contravention de la présente disposition, sans
préjudice néanmoins de ce qui sera réglé par l'article 8 ci-après.

Art. 6. Fait pareillement, Sa Majesté, défense à tous
particuliers, soit propriétaires de bêtes à cornes, ou
autres, de conduire aucuns des bestiaux sains ou
malades, des villes ou paroisses de la campagne,
où la maladie se sera manifestée, dans aucunes
foires ou marchés, et ce sous peine de 500 livres
d'amende par chaque contravention ; de laquelle
amende, les propriétaires desdits bestiaux qui
pourront se servir d'étrangers pour les conduire
auxdites foires et marchés, seront responsables en
leur propre et privé nom.

Art. 7. Permet, Sa Majesté, à tous particuliers qui
rencontreront, soit dans les pâturages publics, soit
aux abreuvoirs, soit sur les grands chemins, soit aux
foires ou marchés, des bêtes à cornes marquées de
la lettre M, de les conduire devant le plus prochain
juge royal ou seigneurial, lequel les fera tuer sur-
le-champ en sa présence.

Art. 8. Pourront, néanmoins, les propriétaires
des bêtes à cornes qui auront des bestiaux sains et
non soupçonnés de maladie, dans un lieu où quelques-uns des bestiaux auront été attaqués, vendre
lesdits bestiaux sains, et non soupçonnés de maladie,
aux bouchers qui voudront les acheter, mais à la
charge qu'ils seront tués dans les 24 heures de la
vente, sans que les dits bouchers, puissent, sous
aucun prétexte, les garder plus longtemps ; à peine
tant contre lesdits bouchers de 200 livres d'amende
pour chaque contravention pour raison de laquelle

amende lesdits propriétaires et lesdits bouchers
seront solidaires.

Art. 9. Seront, en outre, tenus lesdits bouchers,
qui, dans les lieux où il y aura des bestiaux malades ou soupçonnés, achèteront des bestiaux sains,
de prendre un certificat des propriétaires desquels
ils feront les dits achats, lequel sera visé de l'officier de police de la ville ou du syndic de la
paroisse dans lesquelles les achats auront été faits
et contiendra le nombre et la désignation des bestiaux qu'ils auront achetés et qu'ils n'auront eu aucun symptôme de maladie ; comme aussi de représenter les dits certificats à l'officier de police de la
ville ou au syndic de la paroisse dans laquelle ils
conduiront lesdits bestiaux, à l'effet de constater
que les dits bestiaux seront tués dans les 24 heures
du jour de l'achat; le tout, sous la même peine contre lesdits bouchers de 200 livres d'amende par
chaque contravention et par chaque tête de bétail
qui n'aura pas été tué dans lesdites 24 heures de
l'achat.

Art. 10. Si aucuns desdits bouchers, abusant de
la faculté qui leur est accordée par les deux articles
précédents, revendent aucun desdits bestiaux à
telle personne que ce puisse être, veut, Sa Majesté,
qu'ils soient condamnés en 500 livres d'amende par
chaque tête de bétail, même qu'il soit procédé extraordinairement contre eux, pour, après l'instruction faite, être prononcée telle peine afflictive ou
infamante qu'il appartiendra.

Art. 14. Les bouchers qui, pour s'approvisionner
des bestiaux dont ils auront besoin, en achèteront
dans les lieux où la maladie n'aura pas encore pé-

nétré, seront tenus de prendre un certificat de l'officier de police de la ville ou du syndic de la paroisse dans laquelle ils feront leurs achats, lequel certificat fera mention de l'état de la paroisse sur le fait de ladite maladie et du nombre et désignation des bestiaux qu'ils y auront achetés; comme aussi de représenter ledit certificat à l'officier de police de la ville ou au syndic de la paroisse de leur domicile, toutes fois et quantes ils en seront requis, pour justifier que lesdits bestiaux ont été achetés dans les lieux sains, et peuvent être conservés sans danger, sous peine de confiscation desdits bestiaux, et de 200 livres d'amende par chaque tête de bêtes à cornes.

Art. 12. Veut et entend pareillement, Sa Majesté, que tous les particuliers et habitants des villes ou des paroisses de la campagne où la maladie n'aura pas pénétré qui voudront conduire ou envoyer des bestiaux aux foires et marchés, pour y être vendus, soient tenus, sous peine de confiscation de leurs bestiaux et de 200 livres d'amende par chaque tête de bêtes à cornes, de se munir d'un certificat de l'officier de police de ladite ville ou du syndic de la paroisse, visé par le curé ou par un officier de justice, lequel certificat fera mention de l'état de ladite ville ou paroisse, sur le fait de la maladie, et contiendra le nombre et la désignation desdits bestiaux et sera ledit certificat représenté aux officiers de police, si aucun y a, ou aux syndics des paroisses des lieux où se tiendront les foires et marchés, avant l'exposition desdits bestiaux en vente.

Art. 13. Fait, Sa Majesté, très-expresses inhibitions et défenses aux officiers de police et syndics des lieux et communautés où lesdites foires et marchés se tiendront, de permettre l'exposition d'aucuns desdits bestiaux, sans préalablement s'être assurés par la représentation desdits certificats, du lieu d'où ils viennent, et que la maladie n'y a point pénétré ; à peine, contre les syndics des paroisses, de 100 livres d'amende; et contre lesdits officiers de police, de destitution de leurs offices.

Art. 14. Si aucuns des officiers de police des villes et des syndics des paroisses de la campagne, dans les cas où il leur est enjoint, par le présent arrêté, de donner des certificats, en donnent de contraires à la vérité, veut, Sa Majesté, qu'ils soient condamnés à 1000 livres d'amende, même poursuivis extraordinairement pour, après l'instruction faite, être prononcé contre eux, telle peine afflictive ou infamante qu'il appartiendra.

Art. 15. Veut, Sa Majesté, que, dans tous les cas où les amendes prononcées par le présent arrêt seront encourues, les délinquants soient contraignables par corps, au payement desdites amendes, et qu'ils tiennent prison jusqu'au parfait payement d'icelles.

Art. 16. Lesdites amendes seront remises au greffier de police pour les villes, et au greffier des subdélégations dans chaque département pour les paroisses de la campagne, pour être distribuées, savoir : un tiers en conformité et dans le cas porté dans l'article 3 du présent arrêt, et le surplus, ainsi qu'il sera ordonné par Sa Majesté, sur l'avis du sieur lieutenant général de police de la ville de Paris et des sieurs-intendants dans les provinces.

Enjoint, Sa Majesté, au sieur lieutenant général de police à Paris et aux sieurs intendants et commissaires départis dans les provinces, de tenir la main à l'exécution du présent arrêt, qui sera lu, publié et affiché partout où besoin sera, à ce que personne n'en ignore et exécuté nonobstant oppositions ou autres empêchements quelconques, pour lesquels serait différé, et dont si aucuns interviennent, sa Majesté, se réservant et à son conseil, la connaissance, icelle interdisant à toutes ses cours et autres juges.

Nᵒ. 2. — Extrait de l'arrêt du Conseil d'État du Roi du 16 juillet 1784, rendu pour prévenir les dangers des maladies des animaux et particulièrement de la morve.

Art. 1ᵉʳ. Toutes personnes, de quelque qualité et condition qu'elles soient, qui auront des chevaux ou bestiaux atteints ou soupçonnés de la morve ou de toute autre maladie contagieuse, telles que le charbon, la gale, la clavelée, le farcin et la rage, seront tenues, à peine de 500 livres d'amende, d'en faire, sur-le-champ, leur déclaration aux maires, échevins ou syndics des villes, bourgs et paroisses de leur résidence, pour être, lesdits chevaux et bestiaux, vus et visités, sans délai, en la présence desdits officiers, par les experts vétérinaires les plus prochains, lesquels se transporteront à cet effet dans les écuries, étables et bergeries pour reconnaître et constater exactement l'état des chevaux et animaux qui leur auront été déclarés.

Art. 2. Autorise, Sa Majesté, les sieurs intendants et commissaires départis dans les différentes provinces du royaume, à nommer autant d'experts qu'ils le jugeront à propos, pour lesdites visites, choisis, par préférence, parmi les élèves des écoles vétérinaires, à leur défaut, parmi les maréchaux ou autres qui auront les certificats d'étude et de capacité du directeur de l'école vétérinaire, ou qui auront subi à un examen sur les demandes qui leur seront faites, en présence dudit sieur commissaire, par deux artistes vétérinaires du département.

Art. 3. Seront tenus lesdits experts de prêter leur ministère, toutes fois et quantes ils en seront requis par les officiers de la maréchaussée, subdélégués, officiers municipaux et syndics, pour examiner les chevaux et bestiaux suspects ; comme aussi de se transporter à cet effet dans les marchés publics et dans les écuries des maîtres de postes, des entrepreneurs de messageries ou roulage et loueurs de chevaux, même aussi dans les écuries, bergeries et étables des particuliers, sur les déclarations et dénonciations du mal contagieux qui auront été faites, à leur égard, en se faisant toutefois, audit cas, autoriser par le juge du lieu, accompagner d'un officier municipal ou du syndic de la paroisse. Fait défense, Sa Majesté, à toutes personnes de refuser l'entrée de leurs écuries, étables et bergeries auxdits experts, ainsi assistés, et d'apporter obstacle à ce qu'il soit procédé, conformément à ce que dessus, auxdites visites, dont il sera dressé procès-verbal, lors duquel, en cas de difficultés, les parties intéressées pourront faire tels dires et réquisitions qu'elles aviseront, et il y sera statué provisoirement et sans aucun délai, par le juge qui aura autorisé la visite.

Art. 4. Défenses sont faites à tous maréchaux, bergers et autres, de traiter aucun animal attaqué de la maladie contagieuse et pestilentielle, sans en avoir fait la déclaration aux officiers municipaux ou syndic de leur résidence, lesquels en rendront compte sur-le-champ au subdélégué, qui appliquera sans délai sur le front de la bête malade, un cachet en cire verte portant ces mots : *animal suspect;* pour dès cet instant être, les chevaux ou autres animaux qui auront été ainsi marqués, conduits et enfermés dans des lieux séparés et isolés ; fait pareillement défense, Sa Majesté, à toutes personnes de les laisser communiquer avec d'autres animaux, ni de les laisser vaguer dans des pâturages communs, le tout sous la même peine d'amende.

Art. 5. Les chevaux qui auront été attaqués de la morve et les autres bestiaux dont la maladie contagieuse aura été reconnue incurable par les experts, seront abattus sans délai, ensuite ouverts par lesdits experts, lesquels appelleront à l'abatage et ouverture desdits animaux, un officier municipal ou syndic, qui en dressera procès-verbal pour être envoyé audit sieur commissaire départi ou à son subdélégué ; et ce procès-verbal contiendra en détail le genre et le caractère de la maladie de l'animal, et les précautions pour éviter la contagion.

Art. 6. Les chevaux et bestiaux morts et abattus pour cause de morve ou de toute autre maladie contagieuse pestilentielle, seront enterrés (chairs et ossements) dans des fosses de dix pieds de profon-

deur, qui ne pourront être ouvertes plus près de
cent toises de toute habitation, et les peaux en seront tailladées; les écuries dans lesquelles auront
séjourné des chevaux ‚morveux, ainsi que les étables et bergeries qui auront servi aux animaux attaqués de maladies contagieuses, seront à la diligence des officiers municipaux et experts, aérées
et purifiées ; lesdits lieux ne pourront être occupés
par aucuns autres animaux que lorsqu'ils auront
été purifiés et qu'il se sera écoulé un temps suffisant pour en ôter l'infection ; les équipages, harnais, colliers, seront brûlés ou échaudés conformément à ce qui sera prescrit par le procès-verbal
d'abatage qui aura été dressé, et dont il sera laissé
copie, pour, par les propriétaires ou autres, s'y
conformer, ainsi qu'à toutes les précautions qui
auront été indiquées par les experts, à l'effet d'éviter la contagion, le tout sous la même peine de
500 livres d'amende.

Art. 7. Fait, Sa Majesté, défenses sous les mêmes
peines, à tous marchands de chevaux et autres, de
détourner, sous quelque prétexte que ce fût, vendre ou exposer en vente dans les foires et marchés
ou partout ailleurs, des chevaux et bestiaux atteints
ou suspectés de morve ou de maladies contagieuses et aux hôteliers, cabaretiers, laboureurs et autres, de recevoir dans leurs écuries ou étables ordinaires, aucuns chevaux ou animaux soupçonnés
de semblables maladies, auquel cas, ils seront tenus d'en faire aussitôt la déclaration ci-dessus
prescrite.

Art. 8. Autorise, Sa Majesté, lesdits sieurs commissaires départis à leurs subdélégués, à commet-

tre dans les villes, bourgs et villages de leurs géné-
ralités, tel nombre d'équarrisseurs qui sera jugé nécessaire, lesquels seuls pourront faire l'enlèvement
et équarrissage des animaux morts dans les arrondissements qui leur seront prescrits, auxquels il
sera délivré sans frais, une commission par lesdits
sieurs intendants et subdélégués, sans qu'aucuns
autres puissent s'immiscer dans l'équarrissage des
chevaux et bestiaux, à peine de prison.

Art. 9. Les équarrisseurs ne pourront, sous peine
d'être déchus de leur commission, d'amende ou de
telle autre punition qu'il appartiendra, vendre et
débiter aucune viande qui proviendra des chevaux
ou animaux qui, suivant l'article 2, auront été abattus pour être enterrés.

Art. 10. Autorise, Sa Majesté, toutes personnes à
dénoncer les contraventions qui pourront être faites aux dispositions du présent arrêté ; et lorsqu'elles auront été bien et dûment constatées, le
tiers des amendes qui auront été prononcées et qui
seront payables sans déport, appartiendra au dé-
nonciateur, auquel il sera, en outre, accordé une ré-
compense proportionnée au mérite de la dénonciation.

Art. 11. Seront tenus, les maires et échevins dans
les villes et les syndics dans les campagnes, d'informer, au premier avis qu'ils en auront, les intendants
et leurs subdélégués, des maladies contagieuses
ou épizootiques qui se manifesteront dans l'étendue de leur arrondissement, à peine d'être rendus
personnellement responsables de tous dommages
qui pourront résulter de leur négligence.

Art. 12. Toutes les amendes encourues, aux ter-

mes des articles ci-dessus, seront payées sans déport, et les contrevenants y seront contraints par
toutes voies dues et raisonnables, même par emprisonnement de leurs personnes.

Art. 13. Et seront, les ordonnances rendues pour
la police du marché aux chevaux, et notamment
celle du 8 juillet 1763, exécutées en leur contenu.

Art. 14. Ordonne, sa Majesté, que, conformément
aux attributions ci-devant données tant au sieur
lieutenant général de police de la ville de Paris,
qu'aux sieurs commissaires départis dans les provinces du royaume, chacun en droit foi, ils continueront d'avoir exclusivement à tous autres juges,
la connaissance des contestations qui pourront survenir sur l'exécution du présent arrêt, ainsi que
des précédents règlements et ordonnances interve-
nus au même sujet, sauf l'appel au conseil; leur
enjoignant, ainsi qu'aux maires, échevins et syndics,
de tenir la main à l'exécution du présent arrêt, et
aux officiers et cavaliers de la maréchaussée et tous
autres, de prêter la main-forte et l'assistance nécessaires à cet effet.

N° 3. — Extrait du décret du 18 Juin 1811.

CHAPITRE IV.

Art. 39. Les animaux et tous les objets périssables pour quelque cause qu'ils aient été saisis ne

pourront rester en fourrière ou sous le séquestre plus de huit jours.

Après ce délai, la main-levée provisoire pourra en être accordée.

S'ils ne doivent ou ne peuvent être restitués, ils seront mis en vente, et les frais de fourrière seront prélevés sur le produit de la vente par privilége, de préférence à tout autre.

Art. 40. La main levée provisoire des animaux saisis et des objets périssables mis en séquestre sera ordonnée par le juge de paix ou par le juge d'instruction moyennant caution et le payement des frais de fourrière et de séquestre.

Si lesdits objets doivent être vendus, la vente en sera ordonnée par les mêmes magistrats.

Cette vente sera faite aux enchères, au marché le plus voisin, à la diligence de l'administration ou de l'enregistrement.

Le jour de la vente sera indiqué par affiches vingt-quatre heures à l'avance, à moins que la modicité de l'objet ne détermine le magistrat à en ordonner la vente sans formalités, ce qu'il exprimera dans son ordonnance.

Le produit de la vente sera versé dans la caisse de l'administration de l'enregistrement pour en être disposé ainsi qu'il sera ordonné par le jugement définitif.

De la perception.

Art. 27. Il ne pourra être introduit d'objets assujettis à l'octroi que par les barrières ou bureaux
désignés à cet effet. Les tarifs et règlements seront
affichés dans l'intérieur et à l'extérieur de chaque
bureau, lequel sera indiqué par un tableau portant
ces mots : *Bureau de l'octroi.*

Art. 28. Tout porteur ou conducteur d'objets
assujettis à l'octroi sera tenu, avant de les introduire, d'en faire la déclaration au bureau, d'exhiber
aux préposés de l'octroi les lettres de voiture, connaissements, chartes-parties, acquits-à-caution,
congés, passavants et toutes autres expéditions délivrées par la régie des impositions indirectes, et
d'acquitter les droits, sous peine d'une amende
égale à la valeur de l'objet soumis au droit (1).

A cet effet, les préposés pourront, après interpellation, faire sous les bateaux, voitures et autres
moyens de transport, toutes les visites, recherches
et perquisitions nécessaires, soit pour s'assurer

_____

(1) Cette amende étant égale à la valeur de l'objet saisi, doit
être évaluée d'après le prix des objets de fraude, dans le lieu
où la contravention est commise et non dans le lieu où les
marchandises ont été achetées. (Arrêt de cassation du 22 ger-
minal an XIII.)

La loi du 27 vendémiaire an VII, avait fixé l'amende au
double droit.

qu'il n'y existe rien qui soit sujet aux droits, soit
pour reconnaître l'exactitude des déclarations.

Les conducteurs seront tenus de faciliter toutes
les opérations nécessaires auxdites vérifications.

La déclaration relative aux objets arrivant par
eau contiendra la désignation du lieu de déchargement, lequel ne pourra s'effectuer que les droits
n'aient été acquittés, ou au moins valablement sou-
missionnés.

Art. 29. Tout objet sujet à l'octroi qui, nonobstant
l'interpellation faite par les préposés, serait introduit sans avoir été déclaré ou sur une déclaration
fausse ou inexacte, sera saisi.

Art. 32. Les diligences, fourgons, fiacres, cabriolets et autres voitures de louage, sont soumis
aux visites des préposés de l'octroi.

Art. 33. Les courriers ne pourront être arrêtés à
leur passage, sous prétexte de la perception, mais
ils seront obligés d'acquitter les droits sur les objets
soumis à l'octroi qu'ils introduisent dans un lieu
sujet. A cet effet, des préposés de l'octroi seront
autorisés à assister au déchargement des malles.

Tout courrier, tout employé des postes ou de
toute autre administration publique, qui serait convaincu d'avoir fait ou favorisé la fraude, outre les
peines résultant de la contravention, sera destitué
par l'autorité compétente.

Art. 36. Toute personne qui récolte, prépare ou
fabrique dans l'intérieur d'un lieu sujet, des objets
compris au tarif, est tenu, sous peine de l'amende
prononcée par l'article 28, d'en faire la déclaration
et d'acquitter immédiatement le droit, si elle ne
réclame la faculté de l'entrepôt.

Les préposés de l'octroi peuvent reconnaître à domicile les quantités récoltées, préparées ou fabriquées, et faire toutes les vérifications nécessaires pour prévenir la fraude. A défaut de payement du droit, il est decerné contre les redevables des contraintes, qui sont exécutoires nonobstant opposition et sans y préjudicier.

TITRE V

Du passe-debout et du transit.

Art. 37. Le conducteur d'objets soumis à l'octroi qui voudra traverser seulement un lieu sujet et y séjourner moins de vingt-quatre heures, sera tenu d'en faire la déclaration au bureau d'entrée, conformément à ce qui est prescrit par l'article 28, et de se munir d'un permis de passe-debout, qui sera délivré sur le cautionnement ou la consignation des droits. La restitution des sommes consignées, ainsi que la libération de la caution, s'opéreront au bureau de la sortie.

Lorsqu'il sera possible de faire escorter les chargements, le conducteur sera dispensé de consigner ou de faire consigner les droits (1).

---

(1) Le Ministre des finances a décidé par un arrêté du 10 janvier 1809, qu'il serait établi pour chaque octroi, un tarif des droits d'escorte en forme de réglement.

Un arrêté du préfet de la Seine du 10 mars 1819, approuvé par le Ministre des finances le 9 avril suivant, porte:

Art. 1er. — Des escortes spéciales et extraordinaires continueront d'être accordées pour les chargements qui doivent traverser Paris en passe-debout.

Art. 2. — L'indemnité de frais d'escorte extraordinaire est

Art. 38. En cas de séjour au delà de vingt-quatre heures dans un lieu sujet à l'octroi, d'objets introduits sur une déclaration de passe-debout, le conducteur sera tenu de faire, dans ce délai et avant le déchargement, une déclaration de transit, avec indication du lieu où lesdits objets seront déposés, lesquels devront être représentés aux employés à toute réquisition. La consignation ou le cautionnement du droit subsisteront pendant toute la durée du séjour.

Art. 39. Les règlements locaux d'octroi pourront désigner des lieux où les conducteurs d'objets en passe-debout ou en transit seront tenus de les déposer pendant la durée du séjour, ainsi que des ports ou quais où les navires, bateaux, coches, barques et diligences devront stationner.

TITRE VI

De l'Entrepôt.

Art. 41. L'entrepôt est la faculté donnée à un propriétaire ou à un commerçant de recevoir ou d'emmaganiser dans un lieu sujet à l'octroi, sans

---

fixée à un franc par chaque voiture par terre et à deux francs par chaque voiture par eau.

Un autre arrêté du préfet de la Seine en date du 9 juin 1819, supprimant les formalités prescrites par les articles 8 et 10 de son arrêté du 30 septembre 1818, pour la circulation des suifs en branche dans Paris, porte :

Art. 1er. — A partir du 1er juillet prochain (1819), l'introduction et la circulation des suifs en branche dans la ville de Paris et leur sortie des abattoirs seront libres et affranchies des formalités prescrites par les articles 8, 9 et 10 de notre arrêté du 30 septembre dernier.

acquittement du droit, des marchandises qui y sont assujetties et auxquelles il réserve une destination extérieure.

L'entrepôt peut être réel ou fictif, c'est-à-dire à domicile : il est toujours illimité. Les règlements locaux doivent déterminer les objets pour lesquels l'entrepôt est accordé, ainsi que les quantités au-dessous desquelles on ne peut l'obtenir.

Art. 42. Toute personne qui fait conduire dans un lieu sujet à l'octroi des marchandises comprises au tarif, pour y être entreposées, soit réellement, soit fictivement, est tenue, sous peine de l'amende prononcée par l'article 28, d'en faire la déclaration préalable au bureau de l'octroi, de s'engager à acquitter le droit sur les quantités qu'elle ne justifierait pas avoir fait sortir de la commune, de se munir d'un bulletin d'entrepôt, et, en outre, si l'entrepôt est fictif, de désigner les magasins, chantiers, caves, celliers ou autres emplacements où elle veut déposer lesdites marchandises.

Art. 43. L'entrepositaire est tenu de faire une déclaration, au bureau de l'octroi, des objets entreposés qu'il veut expédier au dehors et de les représenter aux préposés des portes ou barrières, lesquels, après vérification des quantités et espèces, délivrent un certificat de sortie.

Art. 44. Les préposés de l'octroi tiennent un compte d'entrée et de sortie des marchandises entreposées; à cet effet, ils peuvent faire à domicile, dans les magasins, chantiers, caves, celliers des entrepositaires, toutes les vérifications nécessaires pour reconnaître les objets entreposés, constater les quantités restantes, et établir le décompte des droits

dus sur celles pour lesquelles il n'est pas représenté
de certificat de sortie. Ces droits doivent être acquittés immédiatement par les entrepositaires ; et,
à défaut, il est décerné contre eux des contraintes,
qui sont exécutoires, nonobstant opposition et sans
y préjudicier.

Art. 45. Lors du règlement de compte des entrepositaires, il leur est accordé une déduction sur les
marchandises entreposées dont le poids ou la quantité est susceptible de diminuer.

Art. 47. Dans le cas d'entrepôt réel, les marchandises pour lesquelles il est réclamé, sont placées
dans un magasin public, sous la garde d'un conservateur et sous la garantie de l'administration de
l'octroi, laquelle est responsable des altérations ou
avaries qui proviennent du fait de ses préposés.

Art. 48. Les objets reçus dans un entrepôt réel,
sont, après vérification, marqués ou rouannés et
inscrits par le conservateur sur un registre à souche, et avec indication de l'espèce, la quantité et la
qualité de l'objet entreposé des marques et numéros
des futailles ou colis, et des noms et demeure du
propriétaire, un récépissé détaché de la souche,
contenant les mêmes indications, et signé par le
conservateur, est remis à l'entrepositaire.

Art. 49. Pour retirer de l'entrepôt les marchandises qui y ont été admises, l'entrepositaire est tenu
de représenter le récépissé d'admission, de déclarer
les objets qu'il veut enlever, et de signer sa déclaration pour opérer la décharge du conservateur ; il
est tenu, en outre, d'acquitter les droits pour les
objets qu'il fait entrer dans la consommation de la
commune, de se munir d'une expédition pour ceux

destinés à l'extérieur, et de rapporter au dos un certificat de sortie, delivré par les préposés aux portes.

Art. 50. Les cessions de marchandises pourront avoir lieu dans l'entrepôt, moyennant une déclaration de la part du vendeur et la remise du récépissé d'admission. Il en sera délivré un autre à l'acheteur, dans la forme prescrite par l'article 48.

Art. 51. L'entrepôt réel sera ouvert en tout temps aux entrepositaires, tant pour y soigner leurs marchandises que pour y conduire les acheteurs.

Art. 52. Les rouliers ou conducteurs qui disposeront à l'entrepôt réel des marchandises refusées par les destinataires, pourront obtenir de l'administration de l'octroi le payement des frais de transport et des déboursés dûment justifiés.

Art. 54. Les propriétaires d'objets entreposés sont tenus d'acquitter tous les mois les frais de magasinage, lesquels doivent être déterminés par le règlement général de l'octroi, ou par un règlement particulier, approuvé de notre ministre des finances.

Art. 55. Si, par suite de dépérissement d'objets entreposés ou par toute autre cause, leur valeur, au dire d'experts appelés d'office par l'administration de l'octroi, n'excède pas moitié en sus des sommes qui peuvent être dues pour frais d'entretien, frais de transport ou magasinage, il sera fait sommation au propriétaire ou à son représentant, de retirer lesdits objets, et, à défaut, ils seront vendus publiquement par ministère d'huissier. Le produit net de la vente, déduction des sommes dues, avec intérêt à raison de cinq pour cent par an, sera déposé dans la caisse municipale, et tenu à la disposition du propriétaire.

Nº 3. — Extrait de l'ordonnance de police du 3 décembre 1829 concernant les personnes qui élèvent des porcs dans Paris.

Art. 1ᵉʳ. Il est défendu d'élever et nourrir, sous quelque prétexte que ce soit, des porcs dans la ville et les faubourgs de Paris, sans une autorisation délivrée dans les formes prescrites par le décret du 15 octobre 1810 et l'ordonnance royale du 14 janvier 1815.

Art. 2. Les porcs élevés et nourris en contravention à l'article précédent, seront saisis à la diligence des commissaires de police, des inspecteurs généraux et des inspecteurs généraux-adjoints de la salubrité et des halles et marchés.

Les porcs saisis seront conduits, soit au marché des halles centrales, s'ils sont âgés de moins de six semaines, soit au marché de la Maison-Blanche, commune de Gentilly (1) pour y être vendus, marché tenant, par les soins de l'inspecteur général des halles et marchés.

Les fonds provenant de la vente, déduction faite des frais, seront déposés à la caisse de la préfecture

---

(1) Le marché de la Maison-Blanche est supprimé depuis le 21 octobre 1867.

de police, pour y rester jusqu'a ce qu'il ait été statué sur la contravention.

————

N° 6. — Extrait de l'ordonnance de police du 25 mars 1830 concernant les abattoirs et la fonte des suifs.

Tous les bestiaux, sans exception, destinés à la boucherie de Paris ne peuvent être abattus et habillés que dans les abattoirs à ce affectés.

Les abattoirs sont répartis entre les bouchers suivant la localité de chacun d'eux.

Les bouchers doivent être pourvus de tinets, étaux, baquets, seaux, brouettes, et de tous les instruments et ustensiles nécessaires à leur travail, et les entretenir en bon état de service et de propreté.

Ils sont également tenus de donner à leurs bestiaux la nourriture et tous les soins nécessaires. Les surveillants font connaître aux préposés de police ceux qui négligent d'y pourvoir.

CONDUITE DES BESTIAUX.

Les conducteurs de veaux sont tenus de laisser sous les veaux aux abattoirs *les deux tiers au moins*, de la paille sur la quelle ils ont été amenés.

Il est défendu aux conducteurs, charretiers et garçons bouchers de les conduire, détourner et en-

treposer partout ailleurs, sous quelque prétexte que
ce soit, sous les peines de droit (1).

Les bouchers sont tenus d'avoir dans les abattoirs
des garçons pour recevoir et soigner les bestiaux à
leur arrivée.

Tous les nourrisseurs peuvent envoyer des vaches
aux abattoirs et après les avoir abattues, si les viandes sont jugées en état d'entrer dans la consommation le nourrisseur peut les vendre dans l'abattoir.

Dans le cas contraire, il est dressé contradictoi-
rement un procès-verbal constatant l'état insalubre
des viandes, et elles sont envoyées, à la diligence de
l'inspecteur de police, à la ménagerie du jardin des
Plantes, pour le compte et aux frais du propriétaire;
les cuirs et suifs lui sont remis sur récépissé.

DE LA SURETÉ ET DE LA SALUBRITÉ
DANS LES ABATTOIRS.

Il est défendu d'entrer la nuit dans les bouveries
avec des lumières, si elles ne sont pas renfermées
dans des lanternes closes et à réseau métallique.

Il est défendu d'appliquer des chandelles allumées
aux murs et portes intérieurement ou extérieurement, et en quelque lieu que ce soit.

Il est expressément défendu de laisser ouvertes
les portes des échaudoirs au moment de l'abatage
des bœufs.

Il est enjoint aux bouchers de laver ou faire laver

---

(1) Procès-verbal et saisie.

exactement les échaudoirs après l'abatage et l'habillage.

Il est défendu de laisser séjourner dans les échaudoirs aucun suif, graisse, dégrais, ratis, panses et
boyaux, cuirs et peaux au vert, en manchons, salés
ou non salés.

Les bouchers font enlever exactement les fumiers
des bouveries toutes les fois qu'ils en sont requis
par les employés de la police *(ou par les préposés de
la préfecture de la Seine)* et les vidanges tous les
jours.

Tout amas de bourres et de caboches est défendu (1).

Les jours d'arrivages, les garçons bouchers ne
peuvent conduire à l'échaudoir aucun bœuf ou vache qu'après le triage et l'entrée dans les bouveries
de tous les bestiaux arrivés.

Les bœufs et vaches, avant d'être abattus, doivent
être fortement attachés à l'anneau scellé dans chaque échaudoir.

Les bouchers sont responsables des effets de toute
négligence à cet égard.

Les taureaux et les bœufs dont l'espèce est connue
pour dangereuse, ne peuvent être conduits des
bouveries aux échaudoirs qu'avec des entraves ou
accouplés.

Les veaux et moutons sont saignés dans des baquets, de manière que le sang ne puisse couler dans
les ruisseaux qui conduisent aux égouts.

---

(1) On appelle bourres, les ràclures du poil des têtes de
veaux, et caboches, les têtes de moutons, après qu'on en a
extrait la cervel le et la langue.

Les bouchers doivent fréquemment et quand ils en sont requis par les préposés, faire gratter et laver les murs intérieurs et extérieurs des échaudoirs ainsi que les portes.

Il leur est défendu de déposer dans les rues et cours pavées, les peaux et cuirs de leurs bestiaux.

POLICE DES GARÇONS.

Il n'est admis dans les abattoirs que des garçons pourvus de livrets.

Les livrets sont déposés au bureau du préposé à la police de chaque abattoir.

Les apprentis doivent justifier de leur enregistrement au bureau d'inscription des ouvriers.

Aucun boucher ne peut prendre à son service un garçon, s'il ne lui justifie de son livret revêtu de congé d'acquit de son dernier maître.

Il est défendu aux garçons bouchers de se coaliser pour faire cesser d'une manière quelconque tout ou partie des travaux et du service des abattoirs.

Il leur est défendu de détruire ou de dégrader aucun objet dépendant des abattoirs ou des échaudoirs, et spécialement les pompes, tuyaux, robinets, tampons, comme aussi de laisser ouverts aucun robinet sans nécessité.

Les maîtres bouchers sont responsables des dégâts faits par leurs ouvriers ou agents.

Toute espèce de jeu de hasard et autres sont expressément interdits dans les abattoirs.

Il est expressément défendu de rien écrire, tracer ou crayonner sur les murs et sur les portes, soit en lettres, soit en figures, portraits ou images quelconques.

Tout garçon boucher trouvé fumant dans les bouveries et greniers à fourrages, est sur-le-champ averti de cesser et procès-verbal est dressé de cette contravention, s'il refuse de satisfaire à cette défense.

Il est expressément défendu aux garçons bouchers de coucher dans les échaudoirs, séchoirs, bouveries et greniers.

Les surveillants retirent tous les soirs les clés des greniers et séchoirs et les déposent entre les mains des préposés de police pour les y reprendre le lendemain matin.

Les conducteurs de viandes sont responsables des faits des personnes qu'ils emploient comme aides dans les abattoirs.

Il leur est expressément défendu de loger leurs chevaux et voitures dans les abattoirs.

Les hommes de peine employés à l'enlèvement du sang, doivent se tenir constamment dans les cours de travail pendant l'abatage des bestiaux.

Il leur est défendu d'embarrasser les passages et les préaux avec des futailles vides ou pleines.

Ils doivent les placer dans les lieux qui leur sont indiqués par les préposés de police.

Tous les jours, après le travail, ils doivent rouler aux places à ce affectées les futailles pleines, qui ne peuvent séjourner plus de vingt-quatre heures dans l'abattoir.

Les adjudicataires des vidanges en font l'enlèvement complet tous les jours.

Ils doivent enlever indistinctement et sans triage

toutes les matières déposées avec les vidanges quelle qu'en soit la nature.

FONTE DES SUIFS.

Il est défendu de fondre des suifs dans l'intérieur de Paris, néanmoins les bouchers peuvent livrer aux parfumeurs et pharmaciens les suifs de rognons et dégrais de mouton.

Les bouchers qui ne veulent pas fondre leurs suifs en branche, peuvent les confier ou les vendre soit à d'autres bouchers, soit à des fondeurs.

Les bouchers ont le droit d'exploiter, de préférence aux fondeurs, les fondoirs établis dans les abattoirs généraux.

Les bouchers ou fondeurs ne peuvent fondre que dans l'abattoir où se trouve leur échaudoir.

Les bouchers fondeurs, ou les fondeurs auxquels sont livrés les fondoirs dans lesquels il a été établi, par la ville de Paris, des poêles, presses, instruments et moyens de fonte sont tenus de les prendre et conserver dans l'état où ils sont suivant l'inventaire qui en est fait, et aux conditions déterminées par le code de commerce.

Les bouchers fondeurs et les fondeurs sont tenus de se conformer au règlement fait pour la perception du droit établi au profit de la ville pour la fonte des suifs.

La fonte des suifs peut avoir lieu de nuit comme de jour.

Il est défendu de mêler dans la fonte des suifs aucune matière étrangère.

En conséquence l'introduction de toute matière

propre à être mélangée avec le suif est interdite dans les abattoirs et fondoirs.

Il est expressément défendu aux fondeurs de faire usage de lumière autrement qu'avec des lanternes parfaitement closes et à réseau métallique.

L'usage des chandeliers, bougeoirs, martinets, lampes à la main est absolument interdit dans les fondoirs. Partout où il en est trouvé, saisie en est faite et procès-verbal dressé par le préposé de la police.

Le bois amené pour le service des fondoirs est rentré aussitôt son arrivée.

Les cheminées dans les fondoirs doivent être ramonées tous les quinze jours.

Les fondeurs sont tenus de faire ratisser et nettoyer, une fois au moins par semaine, le carreau des fondoirs et les rampes et marches des escaliers qui y conduisent.

Aucune voiture chargée de suif ne peut rester dans l'intérieur des abattoirs, elle doit, aussitôt son chargé terminé, être conduite à sa destination.

Les dispositions relatives à l'admission dans les abattoirs des garçons bouchers et au dépôt de leur livret entre les mains du préposé de police, sont communes aux garçons fondeurs.

Les fondeurs et leurs garçons ne peuvent, sous aucun prétexte, laisser du bois au-devant de l'ouverture du foyer des chaudières.

Quand une fonte est commencée, les garçons ne peuvent quitter le fondoir.

Après la fonte, ils doivent s'assurer de l'extinction complète du feu et de la clôture de l'étouffoir.

Il leur est défendu de sortir du fondoir le bois en partie consumé, pour l'éteindre au dehors.

Les pains de creton (1), sont rangés et empilés de manière à ne point gêner les passages.

Il est défendu aux garçons fondeurs de laisser des fumiers aux portes des écuries. Ils doivent tous les matins, avant 9 heures, les transporter au lieu à ce destiné.

DES ISSUES DES BESTIAUX.

Les issues des bestiaux recueillies dans chaque abattoir, sont cuites et préparées dans l'établissement de triperie disposé à cet effet, avant de pouvoir être enlevées dudit abattoir, à moins d'une autorisation spéciale du préfet de Police (2).

Il est fait exception pour les issues destinées à l'extérieur; mais, dans ce cas, il en est donné avis à l'administration de l'octroi, qui prend les mesures nécessaires pour s'assurer de la sortie.

DISPOSITIONS GÉNÉRALES.

Il est défendu d'amener dans les abattoirs des chiens autres que ceux des conducteurs de bestiaux, et ces chiens doivent être muselés pendant le temps qu'ils restent dans les abattoirs.

Il est défendu d'y traire les vaches sans la permission des bouchers auxquels elles appartiennent.

Aucune voiture ne peut être introduite dans les

---

(1) Les pains de creton sont formés des résidus provenant de la fonte des suifs.

(2) Les tripées lavées acquittent à l'octroi à leur sortie de l'abattoir un droit de 0 fr. 15 chacune; les tripées cuites, paient 0 fr. 30.

bouveries, si ce n'est pour charger des animaux
morts naturellement.

Il est défendu d'élever et d'entretenir dans les
abattoirs, aucuns porcs, pigeons, lapins, volaille,
chèvres et moutons, sous quelque prétexte que ce
soit.

Il est défendu : 1° de faire paître des moutons sur
les parties gazonnées ; 2° de faire stationner des
voitures sur ces parties et entre les arbres ; 3° d'atta-
cher les chevaux partout ailleurs qu'aux anneaux à
ce destinés ; 4° et de placer les chevaux et vaches,
même momentanément, dans les parquets à veaux
et moutons.

Les bouchers et fondeurs ne peuvent, sous aucun
prétexte, laisser en dépôt dans l'intérieur des abattoirs, des cabriolets, charrettes ou autres voitures,
des étoux, brouettes et ustensiles hors de service.

Les bouchers fondeurs et tripiers ne peuvent employer ou faire employer pour le transport de leurs
marchandises, que des voitures couvertes.

Les conducteurs doivent se tenir à pied à la tête
de leurs chevaux, et ne peuvent conduire qu'au
pas.

Il est défendu à toutes personnes logées dans les
abattoirs de jeter ou déposer au-devant de leur habitation des fumiers, immondices et eaux ménagères ;
ils sont transportés dans les lieux destinés à cet
usage.

Les préposés à la police des abattoirs dressent
les procès-verbaux de toutes les contraventions aux
dispositions qui précèdent, et les adressent au préfet de police qui y donne telles suites que de droit.

N° 7. — Extrait de l'ordonnance du Roi Charles X du 23 mai 1830

1° Vu l'article 3 de la loi du 1er décembre 1790, et les articles 539 et 713 du code civil. (1)

2° Vu l'arrêté du gouvernement du 23 nivôse an VI, et l'article 3 de l'ordonnance royale du 14 septembre 1822.

3° Considérant qu'aux termes et règlements précités, tous les objets vacants et sans maître appartiennent à l'État, que la vente ne peut en être faite qu'avec le concours de l'administration des domaines et que le produit des ventes de cette espèce doit être versé au trésor royal.

4° Sur le rapport du ministre des finances.

Ordonne :

Article 1er. La Préfecture de police, remettra à l'administration des domaines, pour être vendus au profit de l'Etat.

5° Tous les objets délaissés dans les ports, berges et arrivages, ainsi que sur les eaux de la Seine et les places et voies publiques, tels que sacs de charbon, cotterets, fagots saisis ou abandonnés sur la voie publique et qui se déposent à l'île Louviers, les

---

(1) Art. 539 du code civil. — Tous les biens vacants et sans maître, et ceux des personnes qui décèdent sans héritier, et dont les successions sont abandonnées, appartiennent au domaine public.

Art. 713. — Les biens qui n'ont pas de maître appartiennent à l'État.

menues denrées, mannes, paniers, tréteaux et autres effets abandonnés sur les marchés ou rues, et
enfin les objets repêchés en rivière et non réclamés ou abandonnés sur la berge et qui nuisent à la
navigation ; néanmoins la remise à faire à l'administration des domaines par la préfecture de Police
de ces derniers objets ne comprendra pas les bateaux qui ayant coulé à fond devront être déchargés
et relevés comme gênant la navigation. La vente
des marchandises et des débris de bateaux sera
faite, s'il y a lieu, par la préfecture de Police, pour
recouvrer les frais par elle avancés sur le prix de
vente, sauf à verser l'excédant de ce prix dans la
caisse du domaine s'il n'est pas réclamé par le propriétaire.

6° Les comestibles de toute nature, les fruits,
légumes, denrées, les foins, les pailles et autres fourrages dont le dépôt se fait dans les greniers de la
halle aux veaux (1), les chevaux et autres animaux,
ainsi que les voitures et tous autres objets périssables ou non, saisis pour contravention aux règlements de police, soit que ces saisies aient été ou non
suivies des poursuites judiciaires si les objets saisis
sont restés à la disposition de la préfecture de Police, s'ils ne se rattachent pas à des affaires non
terminées et n'ont pas été réclamés par les contrevenants.

Seront cependant exceptés de la remise à faire
de ces objets à l'administration des domaines par
la préfecture de Police :

1° Les chevaux, voitures et marchandises saisis

_____

(1) Cette halle n'existe plus aujourd'hui.

en fraude des droits des octrois, les saisies de l'espèce appartenant aux préposés qui les ont faites et le prix de la vente devant être remis à l'administration des octrois.

Dans ce cas l'administration des domaines n'a pas à s'occuper de la vente ni du recouvrement du prix des chevaux, voitures et marchandises saisis en fraude des droits d'octroi.

7° Les consignations faites à la préfecture de Police soit pour obtenir la remise des objets saisis, soit pour la garantie du payement des condamnations à intervenir : lorsque ces consignations n'ont pas été restituées, qu'elles n'ont pas été employées au payement des condamnations qu'elles ont eu pour objet et ne sont plus susceptibles de l'être ou qu'elles forment après l'acquittement de ces condamnations, des résidus qui ne sont réclamés par personne.

Art. 2. Cette remise s'effectuera de six mois en six mois, de manière à ce qu'il se soit fait deux ventes par chaque année, indépendamment des remises et ventes extraordinaires qui pourront avoir lieu toutes les fois que les circonstances l'exigeront; il ne sera compris dans les remises et ventes ordinaires aucun effet déposé à la préfecture de Police depuis moins de six mois : excepté ceux qui seraient de nature à ne pouvoir être conservés jusqu'à l'expiration de ce délai sans dépérissement.

Art. 3. La remise dont il s'agit sera faite par l'agent que le préfet de Police aura délégué au préposé de l'administration des domaines chargé de la vente, sur un inventaire double qui fera connaître la

nature, la quantité et la qualité des effets, le nom de
l'ancien propriétaire, s'il est connu, le nom du déposant et tous les enseignements qui pourront être
utiles.

Cet inventaire sera signé tant par l'agent de la
préfecture de Police, qui aura fait la remise que par
le préposé du domaine chargé de la vente.

Art. 4. Conformément au deuxième alinéa de l'article 18 de l'arrêté du gouvernement du 23 nivôse
an VI, le jour où la vente devra avoir lieu sera fixé
par le préfet de la Seine.

Art. 5. De six mois en six mois, la préfecture de
Police, remettra au préposé de l'administration des
domaines, qui sera désigné par le directeur des domaines à Paris : 1° le produit des ventes ou le
résumé d'icelles après les prélèvements autorisés
auxquels elle aura fait procéder dans le cas prévu
par l'article 1er (n° 6 ci-dessus); 2° le montant des
consignations. Cette remise aura lieu sur un inventaire double, fait et signé ainsi qu'il est prescrit
plus haut dans l'article 3.

Art. 6. Nos ministres secrétaires d'État des finances et de l'intérieur sont chargés, chacun en
ce qui le concerne, de l'exécution de la présente
ordonnance.

Donné en notre château des Tuileries le 23 mai de
l'an de grâce 1830 et de notre règne le sixième.

Signé : CHARLES.

Par le Roi,
Le Ministre secrétaire d'État des finances,
Signé : MONTEL.

N° 8. — Extrait de l'arrêté de M. le Préfet de la Seine portant fixation du tarif pour le lavage des issues de bestiaux dans les abattoirs de la ville de Paris, du 27 mai 1830.

Art. 1er Il sera perçu sur les issues de bestiaux enlevées des abattoirs pour l'extérieur, après avoir subi un commencement de préparation dans ces établissements, un droit de quinze centimes par tripée de bœuf ou de vache et de deux centimes et demi par tripée de mouton, à titre d'indemnité du local et de l'eau que la ville fournit, pour la préparation que les tripiers forains font subir aux issues avant l'enlèvement.

N° 9. — Extrait de l'ordonnance royale du 4 juillet 1830, portant que les droits d'octroi sur les bestiaux peuvent être établis par tête ou a raison du poids.

Art. 1er. L'article 18 de l'ordonnance réglementaire du 9 décembre 1814, sur les octrois, portant que les bêtes vivantes doivent être taxées par têtes, et que les bestiaux abattus au dehors, et introduits par quartier payeront au prorata de la taxe par tête, est modifié comme il suit. Désormais les droits d'octroi sur les bestiaux vivants et sur ceux abattus au dehors et introduits par quartier, pourront être établis au poids ou par tête.

Nº 10. — Extrait de l'ordonnance de police du 1ᵉʳ avril 1832 concernant les mesures de salubrité à observer dans les halles et marchés de la ville de Paris.

Art. 8. Il est enjoint aux tripiers et marchands d'abats de renouveler l'eau des baquets dans lesquels ils font tremper les têtes, pieds et fressures de veau, les pieds de mouton etc., assez fréquemment pour qu'elle ne contracte aucune mauvaise odeur, *sans jamais laisser la même eau plus de six heures.*

Art. 9. Avant d'opérer ce renouvellement, ils doivent faire écouler entièrement l'eau de trempage, rincer et nettoyer les baquets.

Art. 10. Il leur est expressément défendu de jeter dans les passages ou sur le sol de leurs places les marchandises avariées ou des débris quelconques; ils devront les conserver dans des seaux ou baquets qu'ils auront soin de faire enlever tous les jours, ou de vider dans les voitures du nettoiement à leur passage.

Art. 11. Après la vidange des baquets de trempage, il leur est enjoint de laver à grande eau la partie du sol par laquelle sera fait l'écoulement.

Art. 12. Les tables et généralement toutes les parties des étalages et ustensiles qui sont en contact avec les marchandises de triperie seront fréquemment grattées et lavées, et au moins tous les soirs avant la fermeture du marché.

Art. 13. Une fois au moins par semaine, les tables, seaux et baquets devront être lavés sur tous les points

avec une solution de chlorure d'oxyde, de sodium
ou de chlorure de chaux (1).

**N° 11. — Extrait du règlement intérieur pour la con-
servation des abattoirs généraux de la ville de
Paris, du 13 octobre 1832.**

Art. 1er. Il est interdit aux bouchers et fondeurs,
de laisser stationner dans les cours et remises des
abattoirs, toute voiture ou charrette inutile au transport des viandes et des suifs.

Art. 2. Les bouchers, en entrant dans les abattoirs, devront, autant que possible, faire remiser
leurs cabriolets dans les localités à ce destinées.

Art. 3. Il est interdit aux voitures de traverser
les allées d'arbres, les quinconces et les gazons qui
existent dans la plupart des abattoirs ; elles devront
suivre les routes ainsi que les rues pavées.

---

(1)   PRÉPARATION DU CHLORURE DE CHAUX LIQUIDE

On prend un demi kilogramme de chaux sec. On met le
chlorure dans un pot de grès dit : pot à beurre ; on verse dessus une voie d'eau que l'on agite à plusieurs reprises ; la liqueur
claire qui surnage au dépôt blanc est le chlorure de chaux
liquide avec lequel on doit laver les objets désignés dans l'ordonnance. On se sert pour opérer ce lavage, d'une éponge,
d'un linge ou d'une brosse. Lorsqu'on a enlevé tout le liquide clair, le résidu jeté dans le ruisseau ssnt encore à l'as-
sainissement.

Le chlorure de chaux liquide peut être conservé dans le pot
même en le bouchant bien, ou bien tiré à clair dans des fla-
cons bouchés avec du liége.

Art. 4. Il est interdit aux personnes qui occupent un logement dans les abattoirs, à quelque titre que ce soit, d'étendre et de faire sécher leur linge dans les rues, cours, quinconces et allées de ces établissements.

Il leur est également interdit de placer des baquets ou autres instruments de blanchissage sous les robinets disposés dans les cours ou dans les rues des abattoirs, pour le service général et d'y faire aucun savonnage ou préparation de lavage quelconque.

Il leur est interdit enfin de placer des caisses ou des pots de fleurs sur les fenêtres de leur logement.

Art. 5. A dater du 15 octobre prochain, les portiers ne laisseront plus entrer aucun chien dans les abattoirs, sous quelque prétexte que ce soit, sauf les chiens des conducteurs de bestiaux, dont l'entrée est spécialement autorisée par les règlements de ce service.

Art. 6. Il est défendu d'entrer la nuit dans les bouveries avec des lumières, si elles ne sont renfermées dans des lanternes closes et à réseau métallique.

Art. 7. Toutes contraventions aux dispositions des articles précédents seront immédiatement signalées, par les portiers-concierges ou tous autres employés de l'administration intérieure des abattoirs à messieurs les préposés de police.

Services des hommes de peine

Art. 8. Les cantons resteront divisés dans chaque abattoir ainsi qu'ils le sont aujourd'hui.

Art. 9. Les premiers de chaque mois, les hommes de peine changeront de canton, afin que, s'il en est de plus pénibles à entretenir dans un constant état de propreté, chacun en ait la charge à son tour.

Art. 10. Les rues, les cours intérieures et les entrées extérieures des abattoirs seront balayées tous les soirs après le fort du travail de la boucherie et les pailles déposées dans les bouveries; toutes les ordures ménagères et autres seront portées dans les lieux qui leur sont destinés.

Il est expressément défendu aux hommes de peine de les déposer ou de les laisser séjourner dans quelque lieu que ce soit des abattoirs.

Art 11. Les fumiers des écuries communes seront transportés tous les matins dans les bouveries, attendu que ces fumiers sont la propriété de la boucherie.

Art. 12. Les coches, les cours dans lesquelles ils sont construits et les lieux d'aisance qui se trouvent dans ces cours, seront balayés et lavés tous les matins.

Art. 13. Les auges seront également grattées et lavées tous les matins.

Art. 14. Les têtes de bœufs sanguinolentes *(dites canards)*, qui seront trouvées hors des échaudoirs, et gisantes dans les rues, cours, allées ou quinconces des abattoirs, seront enlevées par les hommes de peines, et portées dans les coches.

Art. 15. Chaque jour, à deux heures après midi (1), un homme de peine parcourra les préaux afin de désobstruer les grilles des égouts, et de faciliter

---

1) Aujourd'hui cette heure n'est pas de rigueur.

l'écoulement du sang et des eaux. Ce service se fera par tour que les hommes de peine désigneront entre eux.

Art. 16. Indépendamment de ces travaux journaliers, les hommes de peine seront tenus :

1° Le lundi, le mercredi et le samedi de chaque semaine, de balayer les bouveries, les couloirs des greniers à fourrages et leurs escaliers (1).

2° Les mardi et vendredi matin de chaque semaine, de balayer les séchoirs et les escaliers de ces séchoirs ;

3° Le lundi et le jeudi, de balayer les parcs destinés à recevoir les bœufs arrivant du marché.

4° Ils seront tenus, les 1ᵉʳ et 15 de chaque mois, de visiter les couloirs des greniers à fourrages et leurs escaliers ; les séchoirs et leurs escaliers ; les bouveries, les bergeries et les écuries communes ; enfin les remises ainsi que les lieux d'aisance, afin d'enlever les toiles d'araignées, la poussière ou les autres ordures qui pourraient se trouver sur les murs ou les plafonds de ces localités ;

5° Il devront arracher deux fois, par mois, en été, et une fois par mois en hiver, les herbes qui croissent dans les cours et les rues des abattoirs, ainsi que celles qui croissent sur les pourtours pavés à l'extérieur.

6° Ces mêmes pourtours extérieurs seront balayés par les hommes de peine, tous les dimanches matin.

---

(1) Ce balayage n'a plus lieu que les samedis.

N° 12. — Extrait de l'arrêté du Préfet de police du 28 février 1839 relatif à la mise en fourrière des animaux, voitures et autres objets, saisis ou abandonnés sur la voie publique.

TITRE 1er

De la fourrière et de son règlement intérieur

1° Tous les animaux, voitures et autres objets saisis ou abandonnés sur la voie publique, dans le ressort de la préfecture de police, seront conduits et déposés à la fourrière établie à cet effet à Paris.

2° La fourrière de la préfecture de police est spécialement et exclusivement destinée aux animaux et objets saisis ou abandonnés.

N° 13. — Extrait de l'ordonnance de police concernant les chevaux et autres animaux vicieux ou atteints de maladies contagieuses du 31 août 1842.

Art 1er. Il est défendu de vendre et d'exporter en vente dans les marchés et partout ailleurs des chevaux ou d'autres animaux atteints ou présentant des symptômes de maladies contagieuses.

Il est également défendu d'employer à un service public quelconque, et même de conduire sur la voie publique des animaux atteints ou présentant des symptômes de maladies contagieuses, vicieuses ou hors d'état de service.

Art. 2. Toute personne qui aurait en sa possession des chevaux ou d'autres animaux atteints ou présentant des symptômes de maladies contagieuses, est tenue d'en faire sur-le-champ sa déclaration, savoir : dans les communes rurales de la préfecture de Police, devant le maire, et à Paris, devant un commissaire de police.

Art. 3. Il sera fait de fréquentes visites par un artiste vétérinaire de notre préfecture ou par tout autre préposé que nous désignerons à cet effet, soit dans les marchés, soit sur les places affectées au stationnement des voitures de place ou sur tout autre point de la voie publique, à l'effet de rechercher les animaux atteints de maladies contagieuses, vicieuses, ou hors d'état de faire le services public auquel ils sont employés.

Art. 4. Les animaux dont il est question dans l'article précédent seront, à Paris, conduits dans une fourrière destinée à les recevoir, et dans les communes rurales, ils seront conduits dans une fourrière semblable, s'il y en a une, ou consignés dans tel endroit que le maire jugera convenable.

Le propriétaire sera requis de se présenter pour être présent à la visite qui sera faite de l'animal, dans le plus court délai, par un artiste vétérinaire que l'autorité désignera.

Si l'animal est reconnu sain par le vétérinaire, il sera rendu au propriétaire.

Si la maladie est reconnue incurable et si le propriétaire consent à ce qu'il soit abattu, il sera marqué d'une M faite au ciseau et d'une manière très-apparente, dans le poil de la croupe et conduit sans délai à l'abattoir. Il sera dressé de la visite un procès-verbal qui contiendra le consentement de l'abatage.

L'abatage devra avoir lieu en présence du vétérinaire ou de tout autre préposé de l'administration qui nous en rendra compte.

Toutefois, le propriétaire, pourra, à ses frais, faire conduire l'animal à l'école d'Alfort pour y être traité, si l'école juge devoir essayer un traitement.

Si le propriétaire ne consent pas à l'abatage, il nommera un expert breveté des écoles, pour visiter l'animal d'une manière contradictoire. En cas de dissidence, il sera nommé par nous un tiers expert pour, sur son rapport, être statué ce qu'il appartiendra.

Art. 5. Après l'accomplissement des formalités prescrites par l'article précédent, s'il est décidé que la maladie n'est pas incurable, ou si l'animal est seulement reconnu vicieux ou impropre au service public auquel il est employé, il sera loisible au propriétaire de le faire traiter, soit à l'école d'Alfort, soit dans sa propre écurie, mais dans ce dernier cas, aux conditions suivantes :

L'animal sera marqué d'un signe représentant une équerre tracée au ciseau d'une manière très apparente dans le poil, au défaut de l'épaule gauche.

L'écurie où devra être placé l'animal en traitement, non-seulement sera isolée de manière qu'elle ne puisse présenter de danger de contagion pour les animaux bien portants, mais encore elle devra être très-saine et suffisamment large pour que le traite-

ment et le pansement soient faciles ; elle ne devra
même contenir aucun autre cheval ou animal quelconque.

Cette écurie sera désignée au vétérinaire de l'administration et d'après la permission de l'autorité ;
jusqu'à ce moment l'animal restera dans la fourrière destinée aux animaux atteints de maladies
contagieuses.

L'animal en traitement ne pourra plus ni travailler ni même être promené sur la voie publique,
ou dans tout autre lieu où il pourrait se trouver en
contact avec des animaux sains, il devra toujours
être soumis aux visites des préposés de l'administration.

Lorsqu'il paraîtra guéri, le propriétaire en fera la
déclaration à l'autorité, qui, sur une nouvelle visite
du vétérinaire commis par elle, donnera ou refu-
sera l'autorisation de l'employer aux travaux ordinaires.

Art. 6. Les visites ordonnées par l'article 3 de la
présente ordonnance, seront faites également dans
les écuries des entrepreneurs de diligences et des
messageries, des aubergistes, des voituriers, des
rouliers, maîtres de poste, loueurs de voitures, marchands de chevaux et autres établissements renfermant des animaux.

L'expert vétérinaire sera accompagné dans ces
visites par le maire de la commune ou par le commissaire de police, toutes les fois qu'il sera nécessaire.

Il sera procédé dans ces établissements à l'égard
des animaux malades ou vicieux comme il est dit
dans les articles 4 et 5.

Toutefois, faute par les propriétaires de se rendre

gardiens des animaux ou de présenter un gardien, les animaux seront conduits à la fourrière, ainsi qu'il est dit en l'article 4 de la présente ordonnance.

Art. 7. Les propriétaires d'animaux conduits à la fourrière, dans les cas prévus par les articles qui précèdent, seront tenus de consigner le montant des frais de nourriture pour huit jours, sauf la restitution d'une partie de ces frais, si l'animal était abattu ou rendu avant l'expiration de la huitaine.

Si le propriétaire se refuse à faire cette consignation ou à faire procéder à la visite contradictoire, après en avoir été requis, conformément aux dispositions qui précèdent, l'animal sera abattu.

Art. 8. Les écuries ou autres localités dans lesquelles auront séjourné les animaux atteints de maladies contagieuses ou les chevaux seulement suspectés de morve, seront aérées et purifiées à la diligence des maires ou des commissaires de police par les soins des hommes de l'art.

Ces écuries ne pourront être occupées par d'autres animaux qu'après qu'il aura été constaté, en présence d'un expert vétérinaire, que les causes de l'infection n'existent plus.

Ces dispositions sont applicables aux équipages, harnais, colliers et autres objets à l'usage habituel des animaux malades.

Art. 9. Toute personne qui sera appelée à traiter les animaux atteints de maladie contagieuse, devra en faire la déclaration, savoir : dans les communes rurales, au maire, et à Paris à un commissaire de police; ces fonctionnaires nous en rendront compte immédiatement.

Art. 10. Il est expressément défendu aux personnes qui exercent l'art vétérinaire de prendre d'autre titre que celui qui leur est conféré par les brevet, diplôme ou certificat de capacité délivrés suivant les formes prescrites par le règlement.

Art. 11. Dans un mois, à compter de la publication de la présente ordonnance, les personnes qui exercent l'art vétérinaire dans le département de la Seine et dans les communes de Sèvres, St-Cloud et Meudon seront tenues de faire enregistrer à notre préfecture le titre en vertu duquel elles se livrent à cette profession.

Art. 12. Il est défendu de coucher ou de faire coucher qui que ce soit dans les écuries où il se trouverait des animaux atteints de maladies contagieuses, ou des chevaux seulement suspectés de morve ; la même défense est faite en ce qui concerne les écuries servant d'infirmerie ou tout local servant à loger des animaux malades de quelque espèce qu'ils soient.

Art. 13. Les personnes qui seraient exceptionnellement autorisées à traiter les animaux atteints de maladies contagieuses ou qui auraient des infirmeries vétérinaires et qui voudraient faire surveiller les animaux pendant la nuit devront faire établir la chambre du gardien, de manière qu'elle ne soit pas en communication avec l'écurie et que la surveillance s'exerce au moyen du châssis vitré.

Art. 14. Les contraventions aux dispositions de la présente ordonnance seront constatées par des procès-verbaux ou rapports qui nous seront adressés pour être remis aux tribunaux compétents.

Le Conseiller d'État, Préfet de police,
Signé : G. Delessert.

TITRE VI

Halles, marchés, abattoirs, etc.

Art. 27. Il est défendu d'allumer des feux dans les
halles et marchés et d'y apporter aucuns chaudrons
à feu, réchauds ou fourneaux.

Il n'y sera admis que des pots à feu d'une petite
dimension et couverts d'un grillage métallique.

Il est défendu de laisser ces pots dans les halles
et marchés, après leur clôture, quand même le feu
serait éteint.

Il est également défendu de se servir de lumière
dans les halles et marchés et dans les magasins en
dépendant, dans les fournils ainsi que dans les bouveries, porcheries, écuries, caves, séchoirs et fondoirs des abattoirs généraux, à moins qu'elles ne
soient renfermées dans des lanternes closes et à réseau métallique.

Dans les abattoirs et autres établissements où il
existe des greniers à fourrage, l'entrée de ces locaux
est absolument interdite avant le lever et après le
coucher du soleil, et il ne sera admis dans lesdits
établissements aucune voiture de bois, de fourrage
et autres matières combustibles, si son chargement
ne peut être resserré avant la nuit.

Art. 29. Il est expressément défendu de brûler de
la paille sur aucune partie de la voie publique, dans
l'intérieur des abattoirs, dans les cours, jardins et
terrains particuliers, et d'y mettre en feu aucun
amas de matières combustibles.

Art. 30. Il est interdit de fumer dans les salles de spectacle, sous les abris des halles, dans les marchés, les bouveries, porcheries, fondoirs et séchoirs des abattoirs, et en général dans l'intérieur de tous les monuments et édifices publics placés sous notre surveillance.

Il est également défendu de fumer dans les écuries, dans les magasins et autres endroits renfermant des essences, des spiritueux, ainsi que des matières combustibles, inflammables ou fulminantes.

———

N° 15. — Ordonnance royale approbative du réglement pour la perception des droits d'octroi et d'abattoir au poids sur la viande de boucherie et de charcuterie à Paris, en remplacement des droits par tête établis sur les bestiaux, 23 décembre 1846.

Art. 1er. A partir du 1er janvier 1847, la perception des droits d'octroi sur la viande de boucherie et la viande de charcuterie, à Paris, aura lieu conformément aux tarifs et règlements ci-annexés.

RÈGLEMENT

Droit d'octroi

Art. 1er. A partir du 1er janvier 1847, les droits d'octroi établis par tête, au profit de la ville de Paris, sur les bœufs, vaches, veaux, moutons, porcs et sangliers ainsi que les droits de la caisse de Poissy perçus sur les quatre premières espèces de ces bestiaux seront remplacés par des droits au poids, auxquels seront soumis également les boucs et chèvres (1).

Ces droits, ainsi que ceux dus pour la viande dite à la main, apportée de l'extérieur, pour la charcuterie, les abats et issues, les suifs et autres provenances des bestiaux ci-dessus désignés, seront perçus conformément au tarif ci-annexé et aux dispositions réglementaires qu'il renferme.

Art. 2. Les bestiaux ci-dessus désignés seront déclarés aux barrières, et l'entrée en sera permise sous l'engagement de les conduire soit aux abattoirs publics, soit au marché de l'intérieur, ou, à défaut, d'acquitter par tête un droit fixe représentant ceux d'octroi et d'abattoir que les diverses autres parties des animaux auraient pu produire, savoir :

Par bœuf de. . . . . 53 fr.
Par vache de. 35
Par veau de. 11
Par mouton, bouc ou chèvre de. . 4
Par porc de. 14

Toutefois le cautionnement ou la consignation de ce droit ne seront point exigés pour les bestiaux destinés aux abattoirs et déclarés par les bouchers eux-mêmes, par les charcutiers ou par les agents des uns et des autres accrédités par eux auprès de l'octroi, et dont ils se reconnaîtront responsables ; mais la consignation devra toujours être effectuée quand il s'agira de bestiaux destinés au marché public.

Art. 3. A leur arrivée dans les abattoirs, les bestiaux seront reconnus et comptés, et décharge sera donnée de l'engagement pris à la barrière d'intro-

(1) La caisse de Poissy a été supprimée par l'article 8 du décret du 24 février-4 mars 1858.

duction pour tous ceux qui auront été représentés.

Le droit fixé par l'article qui précède sera exigé immédiatement pour les bestiaux manquants sans préjudice des procès-verbaux de saisie, qui pourront toujours être rapportés en cas de soustraction frauduleuse.

Art. 4. Les consignations effectuées pour des bestiaux conduits au marché, seront remboursées par le receveur dépositaire sur la remise de la quittance et la représentation d'un certificat délivré par les employés de l'octroi près du marché, constatant l'engagement pris par l'acquéreur de faire arriver les bestiaux à l'abattoir, ou, sinon d'acquitter le droit fixe déterminé par l'article 2 ci-dessus.

En cas de non-vente ou d'enlèvement pour l'extérieur, le remboursement aura lieu sur un certificat constatant le départ du marché, suivi de la constatation de la sortie des bestiaux de Paris.

Art. 5. Les abattoirs publics affectés au service de la boucherie de Paris sont déclarés entrepôts pour les viandes, suifs et pieds de bœufs ou de vaches. Les bouchers pourront faire des envois à l'extérieur en franchise du droit d'octroi, à la charge de justifier de la sortie de Paris des quantités par eux déclarées.

Art. 6. Le préfet de la Seine, sur la proposition de l'administration, déterminera les bureaux de sortie, ainsi que le minimum des quantités qui pourront être enlevées à destination de l'extérieur. En cas d'escorte, à défaut d'autre garantie, l'indemnité à payer par l'expéditeur sera d'un franc par conduite ou voiture, comme il est réglé par le passe-debout.

Art. 7. Les portes et grilles des abattoirs sont assimilées aux barrières. Les employés en ont la garde
et peuvent opérer sur les chargements toutes vérifications et recherches que les lois et règlements
autorisent à faire aux entrées de Paris. Ils ont accès
dans toutes les parties des abattoirs pour s'assurer
qu'il ne s'y prépare aucune tentative frauduleuse.
Ils en gardent et surveillent l'enceinte, peuvent
constater dans ces établissements toutes les contraventions qui s'y commettraient et y sont placés
également sous la protection de la loi.

Art. 8. Les porteurs ou conducteurs de viandes
ou autres objets soumis aux droits, à leur enlèvement des abattoirs, sont tenus de faire au bureau
de l'octroi la déclaration prescrite par les articles
10 de la loi du 27 vendémiaire an VII (1) et 28 de
l'ordonnance royale du 9 décembre 1814 (2) de représenter les notes du pesage at autres pièces contenant l'indication des objets et quantités dont se composent les chargements, et, s'ils sont destinés pour
Paris, d'en acquitter les droits *avant de les pouvoir
faire sortir des abattoirs*, sous les peines portées par
la loi du 29 mars 1832 (3), en raison des quantités

(1) Loi du 27 vendémiaire an VII, art. 10. — Tout porteur
ou conducteur d'objets de consommation compris dans le
tarif annexé à la présente loi sera tenu d'en faire la déclaration au bureau de la recette, et d'en acquitter le droit avant
de les pouvoirs faire entrer dans la commune de Paris : toute
contravention à cet égard sera punie d'une amende du double droit.

(2) Voyez Appendice n° 4.

(3) Loi du 29 mars 1832, art. 7. — Les voitures particulières
suspendus seront, à l'avenir, soumises aux entrées de Paris,
aux mêmes visites que les voitures publiques.

non déclarées. Ils sont tenus aussi, comme le prescrit l'article 28 précité, de faciliter toutes les opéra-

---

Art. 8. — Les dispositions des articles 27 et 46 de la loi du
28 avril 1816 seront applicables à la fraude sur toutes les denrées sujettes aux droits d'octroi à l'entrée de Paris ; toutefois,
l'amende ne sera plus que de cent à deux cents francs pour la
fraude dans les voitures particulières suspendues.

Art. 9. — L'introduction ou la tentative d'introduction dans
Paris d'objets soumis aux droits d'octroi à l'aide d'ustensiles
préparés ou de moyens disposés pour la fraude donnera lieu
à l'application des articles 223, 224 et 225 de la même loi. Loi
sur les contributions du 28 avril 1816, art. 223. — Les employés des contributions indirectes, des douanes ou des octrois,
les gendarmes, les préposés forestiers, les gardes champêtres
et généralement tout employé assermenté, pourront constater
la vente des tabacs en contravention à l'article 172, le colportage, les circulations illégales et généralement les fraudes
sur les tabacs ; procéder à la saisie des tabacs, ustensiles et
mécaniques prohibés par la présente loi, à celle des chevaux,
voitures, bateaux et autres objets, servant au transport, et
constituer prisonniers les fraudeurs et colporteurs, dans le cas
prévu par l'article précédent.

Art. 224. — Lorsque conformément aux articles 222 et 223,
les employés auront arrêté un colporteur ou fraudeur de tabac, ils seront tenus de le conduire sur-le-champ devant un
officier de police judiciaire, ou de le remettre à la force armée,
qui le conduira devant le juge qui statuera sur son emprisonnement ou sa mise en liberté.

Néanmoins, si le prévenu offre bonne et suffisante caution
de se présenter en justice et d'acquitter l'amende encourue,
où s'il consigne lui même le montant de la dite amende, il
sera mis en liberté, s'il n'existe aucune autre charge contre
lui.

Art. 225. — Tout individu condamné pour fait de contre-
bande en tabac sera détenu jusqu'à ce qu'il ait acquitté le
montant des condamnations prononcées contre lui ; cependant le temps de la détention ne pourra excéder six mois,
sauf le cas de récidive, ou le terme pourra être d'un an.

tions nécessaires aux vérifications des employés.

Art. 9. Afin de rendre plus rapide l'enlèvement de la viande destinée aux étaux des bouchers et charcutiers, on pourra, exceptionnellement à la règle posée dans l'article 8 ci-dessus, admettre ceux de ces redevables qui fourniront un cautionnement ou une caution agréée par l'administration de l'octroi, à n'acquitter les droits qu'à des jours désignés.

Les conditions de ce délai seront déterminées par le préfet de la Seine sur la proposition de l'administration de l'octroi.

Art. 10. Si l'administration de l'octroi le reconnaît praticable, elle pourra faire vérifier les déclarations de sortie par le pesage des voitures et de leur chargement, mais sous la condition, que préalablement, les voitures seront pesées à vide, que les diverses parties en seront poinçonnées, et qu'elles porteront les numéros et autres indications nécessaires pour les faire reconnaître. Tout changement apporté dans la construction des voitures ou des pièces qui les composent sans en avoir fait la déclaration aux employés et demandé un nouveau pesage, toute altération des marques précédemment apposées, feront perdre aux contrevenants les avantages de ce mode de vérification, lequel d'ailleurs n'exclut ni n'atténue en rien le droit qu'ont toujours les employés de l'octroi de faire peser les viandes isolément à la sortie des abattoirs, ainsi que les autres objets imposés au poids.

Art. 11. Un arrêté du préfet de la Seine, concerté avec le préfet de Police, déterminera, sur la proposition de l'administration de l'octroi, les heures de sortie des abattoirs des viandes et autres produits soumis aux droits, ainsi que de toute autre voiture chargée.

Art. 12. Les taureaux, vaches laitières et autres bestiaux dénommés dans l'article premier du présent règlement, entretenus dans Paris ou admis au transit momentané ou en passe-debout, seront soumis à la consignation fixée par l'article 2.

Ces consignations seront remboursées, soit sur la justification de la sortie des bestiaux de Paris, soit après la vente qui en aurait eu lieu sur le marché de l'intérieur, et en produisant les justifications mentionnées par l'article 4.

Droits d'abattoir.

Art. 13. Les droits d'abattoir par espèce et par tête de bétail, établis par l'ordonnance royale du 16 août 1815, sont remplacés par une taxe unique de deux centimes par kilogramme de viande, laquelle sera perçue à la sortie des abattoirs, comme le droit d'octroi, sur la viande provenant de tous les animaux compris au tarif ci-annexé.

Le droit de fonte des suifs est réduit à un franc par cent kilogrammes de suif fondu, et sera payé également à la sortie de l'abattoir, quelle que soit sa destination.

Il n'est rien changé à la quotité ni au mode de perception des droits de cuisson ou de préparation des tripées de bœuf, vache ou mouton.

Il continuera à être tenu un compte distinct des produits de ces divers droits, qui, n'étant pas passibles du dixième revenant au trésor sur les recettes nettes de l'octroi, ne doivent pas être confondus avec ces dernières.

————

TARIF des droits d'octroi, à percevoir au poids par la ville de Paris, sur les viandes et les autres provenances des bestiaux en remplacement des droits imposés actuellement par tête.

DÉSIGNATION des objets assujettis aux droits	MESURE, nombre et poids	DROITS d'octroi, décime compris	DISPOSITIONS réglementaires
		fr. c.	
Viande de bœuf, vache, veau, mouton, bouc et chèvre. — sortant des abattoirs de Paris.	kil. 100	9 74	Les agneaux et chevreaux vivants non conduits aux abattoirs, acquittent à l'entrée comme viande à la main à raison de 60 0/0 de leur poids brut.
— venant de l'extérieur, dite viande à la main.	Id.	11 61	Aucune déduction n'est faite sur le poids des animaux abattus de toute espèce pour la peau qui y serait encore adhérente, ni pour les abats et issues qui n'en auraient point été séparés.
Abats et issues de veau sortant des abattoirs ou venant de l'extérieur.	Id.	8 31	Les langues de bœuf ou de vache payent comme viande. On en évalue le poids lorsqu'elles tiennent encore à la tête. Les cervelles et rognons des mêmes animaux, les foies, ris et cervelles de veau et les rognons de moutons, détachés des issues, payent également comme viande.
Porcs abattus et sangliers, viande dépecée fraîche provenant de ces animaux, cochons de lait et marcassins morts ou vivants. Gras de porc et raltis, fondus ou non. — sortant des abattoirs de Paris	Id.	9 74	Le droit de la viande de boucherie à la main et celui des porcs abattus est dû conformément à l'article 36 de l'ordonnance du 9 décembre 1814, sur les animaux nés dans l'intérieur, ainsi que sur ceux entrés vivants sous consignation et abattus exceptionnellement hors des abattoirs publics.
— venant de l'extérieur.	Id.	11 61	Il sera fait une déduction de 20 0/0 sur le poids brut des porcs qui seraient présentés vivants.
Saucissons, jambons, viandes fumées ou salées de toute espèce et toute charcuterie.	Id.	22 78	
Abats et issues de porcs sortant des abattoirs ou venant de l'extérieur.	Id.	4 18	
Suifs de toute espèce, bruts ou fondus; en pain, chandelles ou sons toute autre forme; flambarts ou vieux oing et graisses de toute espèce non employées comme comestibles; sortant des abattoirs ou venant de l'extérieur.	Id.	7 20	Les suifs mélangés de graisse ou de toute autre substance, les chandelles, torches ou lampions composés des mêmes mélanges, acquittent comme suif et pour leur poids intégral.
Pieds de bœuf ou de vache sortant des abattoirs ou venant de l'extérieur pour l'huile qu'ils contiennent et à raison de 12 pieds pour un litre.	12 pieds ou dans la proportion	0 30	

N° 16. — Ordonnance du Roi qui autorise la ville de Paris à établir deux abattoirs publics pour les porcs.

Au palais de Neuilly, le 21 mai 1847.

Louis-Philippe, roi des Français, à tous présent et à venir, salut.

Sur le rapport de notre ministre secrétaire d'État au département de l'agriculture et du commerce ;

Vu la demande de la ville de Paris, tendant à obtenir l'autorisation :

1° D'établir deux abattoirs publics pour les porcs, l'un sur l'ancienne voirie de Château-Landon, et plusieurs terrains particuliers (rive droite de la Seine) ; l'autre sur l'ancienne voirie des Fourneaux et plusieurs terrains particuliers (rive gauche) ; 2° d'acquérir à cet effet, soit à l'amiable, soit, s'il y a lieu, pur application de la loi du 3 mai 1841, la portion des dits emplacemets donl elle n'est pas propriétaire ; 3° de traiter, avec les sieurs *Heullant et Goulet*, pour la construction desdits abattoirs ;

Les certificats d'apposition d'affiches dans un rayon de cinq kilomètres ;

Le procès-verbal d'enquête *de commodo et incommodo*, les oppositions y portées et celles y annexées ;

Les rapports de l'architecte commissaire de la petite voirie ;

Les rapports du conseil de salubrité ;

Le cahier des charges pour la construction et l'exploitation desdits abattoirs ;

L'avis, en forme d'arrêté, du conseil de préfecture ;

L'avis du préfet de Police ;

Les plans figuratifs des lieux ;

Vu le décret du 15 octobre 1810, l'ordonnance réglementaire du 14 janvier 1815, et notre ordonnance du 15 avril 1838, concernant les abattoirs publics ;

Vu les délibérations du conseil municipal de la ville de Paris en date du 7 mars, 12 août, 5 décembre 1845 et 12 février 1847 ;

Les procès-verbaux des enquêtes auxquelles il a été procédé à la mairie du onzième arrondissement pendant les 7, 8 et 9 octobre 1845, et, à la mairie du 5° arrondissement pendant les 20, 21 et 22 du même mois.

L'avis du préfet du département de la Seine et ceux des commissaires enquêteurs ; ensemble toutes les pièces de l'affaire ;

L'ordonnance du 23 août 1835 ;

La loi du 3 mai 1841 ;

Vu l'article 7 de l'ordonnance royale du 14 novembre 1837 ;

La lettre de notre ministre secrétaire d'État au département de l'intérieur, en date du 27 mars 1847 ;

Notre conseil d'État entendu,

Nous avons ordonné et ordonnons ce qui suit :

Art. 1ᵉʳ. La ville de Paris est autorisée à établir deux abattoirs publics pour les porcs, le premier, sur la rive droite de la Seine, sur un emplacement formé de l'ancienne voirie de Château-Landon et de plusieurs terrains particuliers ; le second, sur la rive gauche, sur un emplacement formé de l'ancienne voirie des Fourneaux, à laquelle seront également réunis des terrains privés.

La construction de ces abattoirs est déclarée d'utilité publique.

Art. 2. Ladite ville est en outre autorisée : 1° à acquérir, soit à l'amiable, au prix qui sera fixé d'après une expertise contradictoire, soit, s'il y a lieu, par application de la loi du 3 mai 1841, la portion desdits emplacements dont elle n'est pas propriétaire ; 2° à traiter avec les sieurs *Heullant et Goulet*, pour la construction desdits abattoirs, conformément aux plans et devis qui seront approuvés par notre ministre secrétaire d'État de l'intérieur, et aux clauses et conditions exprimées au cahier des charges acceptées par eux, les 10 janvier, 2 août 1845 et 18 décembre 1846.

Art. 3. Aussitôt que lesdits abattoirs pourront être livrés à leur destination, l'abatage des porcs y aura lieu exclusivement et toutes les tueries particulières qui existent dans les limites du rayon de l'octroi de la ville de Paris seront interdites et fermées.

Toutefois, les propriétaires et habitants qui élèvent des porcs pour la consommation de leur maison, conserveront la faculté de les abattre chez eux, pourvu que ce soit dans un lieu clos et séparé de la voie publique, et en se conformant aux règlements en vigueur.

Art. 4. Nos ministres secrétaires d'État au département de l'agriculture et du commerce, et au département de l'intérieur, sont chargés, chacun en ce qui le concerne, de l'exécution de la présente ordonnance, qui sera insérée au bulletin des lois.

Fait au palais de Neuilly, le 21 mai 1847.

Signé : Louis-PHILIPPE.

Par le Roi :

Le Ministre secrétaire d'État, au département de l'agriculture et du commerce,

Signé : L. Cunin-GRIDAINE.

N° 17. — Loi relative aux mauvais traitements exercés envers les animaux domestiques.

Paris, le 2 juillet 1850,

Au nom du peuple français,

L'assemblée nationale a adopté la loi dont la teneur suit :

Seront punis d'une amende de 5 à 15 fr., et pourront l'être d'un à cinq jours de prison, ceux qui auront exercé publiquement et abusivement de mauvais traitements, envers les animaux domestiques.

La peine de prison sera toujours appliquée en cas de récidive.

L'article 483 du code pénal sera toujours applicable (1).

---

(1) Art. 483 du code pénal. — Il y a récidive dans tous les cas prévus par le présent livre, lorsqu'il a été rendu contre le

Délibéré en séance publique, à Paris, les 15 mars, 13 juin et 2 juillet 1850.

La présente loi sera promulguée et scellée du sceau de l'État.

Le Président de la République,

Signé : Louis NAPOLÉON BONAPARTE.

N° 18. — Ordonnance concernant la police des abattoirs à porcs de Paris.

Paris, le 23 octobre 1854.

Nous préfet de Police,

Vu : 1° Le règlement pour la perception des droits d'octroi et d'abattoir, annexé à l'ordonnance royale du 23 décembre 1846 ;

2° L'ordonnance royale du 21 mai 1847, qui a autorisé la ville de Paris à établir deux abattoirs publics pour les porcs ;

3° Le rapport du conseil d'hygiène publique et de salubrité du 19 septembre dernier ;

Vu les lois des 24 août 1790 et 22 juillet 1791, et l'arrêté du Gouvernement du 12 messidor an VIII (1er juillet 1800) ;

Les ordonnances de Police des 4 floréal an XII

---

contrevenant dans les douze mois précédents, un premier jugement pour contravention de police commise dans le ressort du même tribunal. L'article 463 du présent code sera applicable à toutes les contraventions ci-dessus indiquées.

(24 avril 1804), 30 avril 1806 et 25 septembre 1815;

Vu l'ordonnance de police du 27 octobre 1848;

Considérant qu'il y a lieu de reviser cette dernière ordonnance, par suite de l'expiration, au 31 courant, de la concession consentie aux sieurs HEULLANT et GOULET, pour l'exploitation des abattoirs à Porcs dont il s'agit;

Ordonnons ce qui suit :

Art. 1. Les abattoirs publics pour les porcs, établis à Paris, l'un rue des Fourneaux, l'autre, rue Château-Landon, continueront d'être affectés exclusivement à l'abatage et à l'habillage des Porcs dans Paris.

2. Il est formellement interdit d'ouvrir dans Paris des tueries particulières de porcs et d'en faire usage,

Toutefois, les propriétaires et habitants qui sont autorisés à élever des porcs pour la consommation de leur maison, conserveront la faculté de les abattre chez eux, pourvu que ce soit dans un lieu clos et séparé de la voie publique.

3. Les marchands de porcs et marchands charcutiers en gros et en détail, autorisés par nous, seront seuls admis à abattre et à vendre des porcs abattus dans les abattoirs de Paris.

Toute vente de porcs sur pied y est interdite.

Nota. — *Par ordonnance de M. le préfet de Police, du 18 février 1859 les hayons ont été supprimés, et l'art. 4 de la présente ordonnance rapporté.*

5. En arrivant aux abattoirs, les conducteurs de porcs porteront les plaques indicatives de leur profession, et déposeront les porcs dans les porcheries spécialement affectées au triage de ces animaux.

Après le triage, les porcs seront conduits dans leurs porcheries respectives. Aucun abatage ne pourra être fait avant que le triage ne soit terminé.

6. jusqu'à décision contraire, les marchands conservent la faculté d'abattre dans celui des deux abattoirs qui sera le plus à leur convenance.

Il n'est rien changé à la répartition actuelle des porcheries, les marchands qui tuent en commun pourront, sur leur demande, être autorisés à occuper une même porcherie. En cas de vacance d'une porcherie, la concession en sera faite de préférence au plus ancien marchand abattant dans l'abattoir, qui demanderait cette porcherie en échange de la sienne.

Les clefs des porcheries resteront en dépôt chez les concierges, pendant le temps qu'il n'en sera pas fait usage.

7. Les marchands continueront de faire, comme ils l'entendront, leurs abats et transports de marchandises dans les abattoirs, par eux-mêmes ou par leurs agents munis de livrets.

8. Les marchands sont tenus d'avoir dans les abattoirs, des garçons pour recevoir les porcs à leur arrivée. ils se pourvoiront, en outre, de tous les instruments et ustensiles nécessaires à leur travail, les entretiendront en bon état de service et de propreté, et fourniront la paille pour la litière des porcs, auxquels ils devront donner la nourriture et les soins nécessaires. Les surveillants feront connaître aux préposés de police ceux des marchands qui négligeraient ces prescriptions.

9. Il ne sera admis dans les abattoirs que des garçons pourvus de livrets. Les livrets seront déposés

entre les mains de l'inspecteur de police, et y resteront aussi longtemps que les titulaires seront employés dans les abattoirs.

10. Les porcs pourront être abattus, brûlés et
habillés à toute heure du jour et de la nuit, dans
les brûloirs, *pendoirs*, et autres lieux affectés ou
qui pourraient l'être, par la suite, à ces travaux.
Les porcs ne pourront se *faire* ailleurs sous aucun
prétexte.

11. Les porcs devront être conduits au brûloir
avec toutes les précautions nécessaires pour qu'ils
ne puissent s'échapper et vaguer dans l'établissement.

12. Le sang des porcs sera recueilli dans des
poêles, vases ou baquets, en bon état de propreté, et
de manière à ce qu'il ne puisse se répandre et couler
dans les ruisseaux. Le sang qui ne sera pas emporté
immédiatement devra être renfermé dans des futailles parfaitement closes, lesquelles seront ensuite déposées dans des lieux désignés à cet effet.
Ces futailles ne pourront séjourner plus de deux
jours dans l'abattoir.

13. Les portes des brûloirs seront fermées au
moment de l'abatage des porcs. Dans tous les cas,
les grilles des abattoirs devront être habituellement
closes, et ne s'ouvrir que pour les besoins du service.

14. L'occupation des pendoirs sera réglée, selon
les besoins du service, par les inspecteurs des abattoirs. Il est défendu aux marchands et aux personnes qu'ils emploient, de s'écarter des prescriptions faites à cet égard.

15. Les surveillants de service visiteront au

moins trois fois par nuit les porcheries. Dans le cas où des porcs devraient être abattus, les surveillants seront tenus d'y pourvoir immédiatement.

16. Les viandes seront inspectées, après l'abatage et l'habillage. Celles qu'on reconnaîtra impropre à la consommation, seront saisies et envoyées à la ménagerie du Jardin des Plantes, par les soins de l'inspecteur de police, qui dressera procès-verbal de la saisie. Les porcs morts naturellement, seront également saisis, s'il y a lieu. En tous cas les graisses de l'animal saisi seront laissées aux propriétaires.

17. Il est défendu de laisser séjourner, dans les pendoirs et ateliers de dégraissage, aucuns suifs, graisses, dégrais, ratis, panses et boyaux. Les résidus provenant du nettoyage des intestins, devront être transportés aux coches dans le plus bref délai.

18. Les lavages et grattages des intestins de porcs sont interdits dans les établissements de charcuterie. Le travail de préparation des boyaux de porcs devra se faire exclusivement dans les abattoirs.

19. On ne pourra sous aucun prétexte, fabriquer ni engrais, ni compost dans les abattoirs.

20. Après l'abatage et l'habillage des porcs, les charcutiers devront, chaque jour, faire balayer et laver avec soin les pendoirs et ateliers de travail. Ils pourvoiront aussi au nettoiement des coches, des brûloirs et des porcheries dont ils feront enlever les fumiers et les immondices. Ils seront tenus également de faire laver et gratter, toutes les fois qu'ils en seront requis par les préposés de police, les murs intérieurs et extérieurs, ainsi que les portes des locaux dont ils auront la jouissance.

Les fumiers, vidanges et voiries déposés dans les coches, seront enlevés des abattoirs tous les jours.

21. Il est défendu d'embarrasser sans nécessité les cours, rues, passages et autres voies de circulation, par des voitures, futailles, matériaux, ustensiles, etc.

Les conducteurs des voitures, dont la présence dans l'abattoir sera justifiée par une nécessité de service, devront les ranger sur l'emplacement désigné à cet effet. Les chevaux ne pourront être attachés qu'aux anneaux à ce destinés. Lesdits conducteurs seront responsables des faits des personnes à leur service, ou qu'ils emploieront comme aides. Il leur est expressément défendu de loger leurs chevaux et de remiser leurs voitures dans les abattoirs.

22. Il est également défendu de détruire ou de dégrader aucune partie des abattoirs ou des objets qui en dépendent; de laisser ouvert aucun robinet sans nécessité ; d'écrire, tracer ou crayonner sur les murs ou sur les portes. Les maîtres sont responsables des dégâts commis à cet égard par les garçons à leur service.

23. Les concierges et portiers des abattoirs doivent exercer constamment et personellement leur surveillance aux grilles.

24. Ils ne laisseront entrer ni sortir aucune voiture ou paquet sans les visiter. Ils signaleront particulièrement aux inspecteurs, les porcs morts naturellelement ou saignés, introduits dans les abattoirs.

25. Il ne sera admis dans les abattoirs aucune personne étrangère au service ou au commerce,

à moins d'une permission spéciale. Ces permissions seront ensuite remises aux inspecteurs de police.

26. Il est défendu d'amener et de conserver des chiens dans les abattoirs, ainsi que d'y élever et entretenir des porcs, pigeons', lapins, volailles, chèvres et moutons, sous quelque prétexte que ce soit.

27. Il est défendu à tous marchands et à toutes personnes logées dans les abattoirs, de jeter et déposer en dehors des lieux disposés pour les recevoir, aucuns fumiers, immondices et eaux ménagères,

28. Les marchands ne pourront, sous aucun prétexte, laisser en dépôt dans l'intérieur des abattoirs, des voitures et charrettes, ainsi que des ustensiles sans utilité actuelle.

29. Les porcs saignés et les viandes ne pourront êtres transportés que dans des voitures closes et couvertes, de manière à soustraire complétement leur chargement à la vue du public.

30. Les conducteurs de voitures ne pourront les conduire qu'au pas en entrant dans les abattoirs, et, en sortant, ils devront les arrêter aux passages des grilles, pour les visites prescrites.

31. Il est défendu de fumer dans les abattoirs, d'entrer la nuit dans les bâtiments, écuries et greniers avec des lumières, si elles ne sont renfermées dans des lanternes closes et à réseaux métalliques; d'appliquer des chandelles allumées aux murs, aux portes et en quelque lieu que ce soit, intérieurement et extérieurement.

32. Aucune voiture de fourrages, de bois ou au-

tres matières combustibles, ne sera reçue dans les abattoirs, si son chargement ne peut être resserré avant la nuit.

33. Il est défendu de coucher dans les écuries, greniers et autres dépendances des abattoirs.

34. Les personnes employées aux travaux des abattoirs ne pourront se déshabiller ni changer de vêtements, que dans les locaux affectés à ce service.

35. Tous jeux de hasard et autres sont interdits dans les abattoirs, ainsi que tous débits de boissons et comestibles.

36. Conformément au règlement d'octroi annexé à l'ordonnance royale du 23 décembre 1846, il sera perçu, au profit de la Ville de Paris, un droit d'abat de deux centimes par kilogramme de viande, panne, graisse, gras de porc et ratis, fondus ou non, sortant de chaque abattoir.

37. Les concierges portiers et surveillants des abattoirs à porcs, sont tenus à l'exécution de toutes les dispositions de la présente ordonnance, qui n'incombent pas personnellement aux marchands et à leurs agents. Ils devront, en général, leur concours aux préposés de police chargés de surveiller cette exécution, et seront également astreints à toutes les consignes qui leur seront données en notre nom et avec notre approbation.

38. L'administration de l'octroi est requise de prêter son concours à l'exécution de la présente ordonnance, en ce qui peut la concerner.

39. Les contraventions seront constatées par des procès-verbaux ou rapports qui nous seront sur-le-champs adressés, pour y être donné telle suite qu'il appartiendra.

40. Les ordonnances de police des 27 octobre 1848 et 23 mars 1849 seront abrogées le 1ᵉʳ novembre prochain, époque à partir de laquelle la présente ordonnance sera exécutoire.

41. Cette ordonnance sera imprimée, publiée et affichée. Ampliation en sera adressée à M. le préfet du département de la Seine.

Le chef de la police municipale et les officiers de paix, les commissaires de police, et notamment ceux des sections du Luxembourg et Saint-Laurent, l'inspecteur général des halles et marchés, l'inspecteur général de la salubrité, l'inspecteur des établissements insalubres, et les autres préposés de la préfecture de police, sont chargés, chacun en ce qui le concerne, d'en assurer l'exécution.

Le *Préfet de police*,
Signé : PIETRI.

Nº 19. — Extrait du décret impérial du 3 novembre 1853, concernant le tarif de l'octroi de Paris.

Sur le rapport de notre ministre secrétaire d'état au département des finances.

Vu l'ordonnance du 9 décembre 1814 et les dispositions des lois des 28 avril 1816 et 24 juin 1824, relatives aux octrois.

Vu la loi du 12 décembre 1830 et le tarif y annexé, pour la perception du droit d'entrée sur les boissons ; la loi du 24 mai 1834 ; la loi du 11 juin 1842 ;

la loi du 10 mai 1846; le décret du 17 mars 1852 ; l'article 18 de la loi de finances du 22 juin 1854.

Vu l'avis du préfet du département de la Seine, en date du 13 du même mois ; vu les observations de notre ministre secrétaire d'état au département de l'intérieur; notre conseil d'état entendu.

Avons décrété et décrétons ce qui suit :

Art. 1er. A partir de la publication du présent décret, la perception sera opérée à l'octoi de Paris, département de la Seine, conformément au tarif ci-annexé.

Art. 2. Toutes les taxes du tarif seront passibles : 1° Du décime par franc applicable à toutes les taxes autres que celles qui frappent les vins en cercles, les cidres et poirées, les bières fabriquées dans Paris et les viandes, lequel a été établi par l'arrêté précité du 17 juin 1848, et maintenu, jusqu'au 1er janvier 1871, par décret en date du 2 octobre 1851.

Art. 3. Notre ministre secrétaire d'état au département des finances est chargé de l'exécution du présent décret, qui sera inséré au bulletin des lois.

—————

N° 20. — Décret impérial du 24 février-4 mars 1888, sur l'exercice de la profession de boucher dans la ville de Paris.

Napoléon, etc.

Sur le rapport de notre ministre secrétaire d'état au département de l'agriculture, [du commerce et des travaux publics ; vu les lois des 2-17 mars, 14-17

juin 1791 et 1ᵉʳ brumaire an VII; vu les lois des 14
décembre 1789 et 16-24 août 1790 ; vu le décret du
6 février 1811 et celui du 15 mai 1813; vu l'ordonnance du 18 octobre 1829; vu les délibérations du
conseil municipal de Paris, en date des 19 octobre
1855 et décembre 1857, notre conseil d'état entendu,
avons décrété :

Art. 1ᵉʳ. L'ordonnance du 18 octobre 1829, relative à l'exercice de la profession de boucher dans
Paris, est abrogée.

Art. 2. Tout individu qui veut exercer à Paris la
profession de boucher doit préalablement faire à la
préfecture de police une déclaration où il fait connaître la rue ou la place et le numéro de la maison
ou des maisons où la boucherie et ses dépendances
doivent être établies, cette déclaration doit être renouvelée chaque fois que la boucherie change de
propriétaire ou de locaux.

Art. 3. La viande est inspectée à l'abattoir et à
l'entrée dans Paris conformément aux règlements
de police, sans préjudice de tous autres droits appartenant à l'administration pour assurer la fidélité du
débit et la salubrité des viandes vendues dans les
étaux ou sur les marchés.

Art. 4. Le colportage en quête d'acheteurs des
viandes de boucherie est interdit dans Paris (1).

Art. 5. Il sera institué sur les marchés à bestiaux
autorisés pour l'approvisionnement de Paris, des
facteurs dont la gestion sera garantie par un cau-

---

(1) Cet article a été abrogé par décret du 5 septembre 1870,
du gouvernement de la défense nationale.
Voyez ci-après n° 41.

tionnement, et dont les fonctions consisteront à recevoir en consignation les animaux sur pied et à vendre, soit à l'amiable, soit à la criée, et aux conditions indiquées par le propriétaire. L'emploi de ces facteurs sera facultatif.

Art. 6. Tout propriétaire d'animaux jouit, comme les bouchers, du droit de faire abattre son bétail dans les abattoirs généraux, d'y faire vendre à l'amiable la viande provenant de ces animaux, en franchise du droit d'octroi, ou de l'envoyer sur les marchés intérieurs de la ville affectés à la criée des viandes abattues.

Art. 7. Les bouchers forains sont admis, concurremment avec les bouchers établis à Paris, à vendre ou faire vendre en détail, sur les marchés publics, en se conformant aux règlements de police.

Art. 8. La caisse de Poissy est supprimée. Les cautionnements des bouchers actuellement versés dans la caisse de Poissy, leur seront restitués dans le délai de deux mois, à partir du jour où cette caisse aura cessé de fonctionner.

Art. 9. Les dépenses relatives à l'inspection de la boucherie et au service des abattoirs généraux seront supportées par la ville de Paris.

Art. 10. Les dispositions des décrets, ordonnances et règlements sur la boucherie de Paris, non contraires au présent décret, continueront à recevoir leur exécution.

Art. 11. Le présent décret sera exécutoire à dater du 31 mars prochain.

Art. 12. Notre ministre de l'agriculture, du commerce et des travaux publics est chargé, etc.

Nº 21. — Ordonnance relative de la suppression des hayons pour l'introduction des porcs dans Paris.

Paris, le 18 février 1859.

Nous Préfet de police,

Vu 1º l'arrêté des consuls du 12 Messidor an VIII, 2º l'art. 16 de l'ordonnance de police du 1er avril 1821, l'art. 10 de celle du 17 juin 1821 et les articles 3 et 4 de celle du 23 octobre 1854 ;

Ordonnons ce qui suit :

1. A l'avenir les éleveurs et propriétaires de porcs auront la faculté d'envoyer directement leurs animaux aux abattoirs spéciaux de Paris, sans être tenus de les faire accompaguer de certificat d'achat (dits hayons), attestant qu'ils proviennent des marchés autorisés.

2. Les règlements antérieurs, et notamment les dispositions des ordonnances sus-visées du 1er avril 1821, 17 juin 1851, et 23 octobre 1854 sont et demeurent rapportés, en ce qu'ils ont de contraire à la présente ordonnance, qui recevra son exécution à partir du lundi, 21 de ce mois.

3. Le directeur de l'approvisionnement et les préposés sous ses ordres sont chargés, chacun en ce qui les concerne, d'assurer l'exécution de la présente ordonnance, qui sera publiée et affichée.

Le Préfet de police,
BOITTELLE.

N° 22. — Décret du 6 avril 1859 qui déclare d'utilité publique l'acquisition des terrains nécessaires pour l'établissement d'un marché à bestiaux et d'abattoirs.

Napoléon par la grâce de Dieu et la volonté nationale, Empereur des Français, à tous présents et à venir, salut :

Sur le rapport de notre ministre secrétaire d'état au département de l'agriculture, du commerce et des travaux publics ;

Vu les délibérations du conseil municipal de Paris, en date des 19 novembre 1858, 14 janvier et 25 février 1859.

Les pièces des enquêtes :

Le plan des lieux ;

Les lois des 16 septembre 1807, 3 mai 1841, le sénatus-consulte du 25 décembre 1852, les ordonnances règlementaires des 18 février 1834 et 23 août 1835 ;

Notre conseil d'état entendu :

Avons décrété et décrétons ce qui suit :

Art. 1er. Est déclaré d'utilité publique l'acquisition par la ville de Paris, soit à l'amiable, soit par voie d'expropriation, de tous les terrains et immeubles compris entre la rue militaire intérieure, la rue de Flandres à la villette (route impériale n° 2), le canal de St-Denis, le dépotoir et la route d'Allemagne (route impériale n° 3) et désignés par une teinte jaune sur les plans ci-joints, ces terrains étant destinés à l'établissement d'un marché à bestiaux et d'abattoirs publics.

Art. 2. Notre ministre secrétaire d'état au département de l'agriculture, du commerce et des travaux publics, est chargé de l'exécution du présent décret.

Signé : NAPOLÉON :

Par l'Empereur,
Le Ministre secrétaire d'État, au département de l'agriculture et du commerce,

Signé : E. ROUHER.

—————

No 25. — Extrait du décret du 15 décembre 1859, portant réglement d'administration publique pour l'exécution des articles 4, 5, 6 et 7 de la loi du 16 juin 1859, en ce qui concerne l'application de l'octroi de Paris, aux nouvelles limites de cette ville.

Bestiaux arrivant à destination des abattoirs ou des marchés publics.

Art. 37. Le règlement du 23 décembre 1846, relatif à la perception du droit d'octroi sur la viande de boucherie et la viande de charcuterie de Paris, devenant applicable aux territoires annexés à la ville de Paris, toutes ses dispositions y seront obligatoires à partir du 1er janvier 1860:

En conséquence, les obligations imposées par l'art. 2 (1), seront remplies aux nouveaux bureaux de l'octroi. La consignation du droit fixe par tête sera exigée pour les bestiaux destinés aux abattoirs

_____

(1) Voyez ci-dessus Appendice n° 15.

publics, à moins que les bouchers et charcutiers ne
se reconnaissent responsables des agents chargés
d'effectuer la déclaration et la conduite de ces animaux. Des soumissions dans ce sens seront fournies
à l'administration par les bouchers occupant des
places dans les abattoirs et recevant des bestiaux
sous leur nom.

Les personnes autres que les bouchers admis au
crédit autorisé par l'article 9 du règlement pour
l'acquittement du droit sur les viandes qui feraient
conduire des bestiaux dans les abattoirs, ne pourront être dispensées de la consignation du droit fixe
qu'en vertu d'autorisations données par l'administration de l'octroi, d'après les garanties offertes par
les intéressés.

Art. 38. La consignation devra toujours être effectuée sur les bestiaux arrivant à destination des
marchés publics de l'intérieur de Paris. (*Art. 2 du
règlement précité*), ainsi que pour ceux qui seraient
conduits à domicile pour y être entretenus jusqu'à
leur entrée aux abattoirs ou à leur réexpédition hors
de la ville. Des bulletins de consignation seront délivrés par chaque tête de bétail, ainsi que cela se
pratique pour l'ancien territoire et les sommes
déposées seront remboursées sur la justification de
l'entrée des animaux dans les abattoirs ou de leur
sortie de Paris.

Bestiaux entretenus à domicile

Art. 41. Les bestiaux nés dans l'intérieur du rayon
de l'octroi seront également passibles des droits;
déclaration en sera faite à l'octroi trois jours après
la naissance, et le droit fixe par tête devra être con-

signé dès que l'octroi en reclamera le dépôt. Les employés tiendront les animaux en compte et en suivront la destination jusqu'à leur entrée dans les abattoirs ou leur envoi hors de Paris.

Art. 42. Toute personne qui entretiendra des bestiaux à domicile sera tenue de subir les visites et exercices des employés de l'octroi. En cas de refus ou opposition, procès-verbal sera rapporté, et le contrevenant encourra l'amende de 50 francs prononcé par la loi.

Objets traversant Paris en passe-debout ou destinés aux halles, marchés et entrepôts réels.

Art. 43. Les chargements d'objets soumis à l'octroi, traversant Paris avec escorte, à destination des halles, marchés ou entrepôts réels, devront se rendre du bureau d'entrée au bureau de sortie assigné à l'expédition où à leur destination à l'intérieur, sans s'arrêter pendant le trajet et en suivant les itinéraires qui auront été réglés par l'autorité municipale.

Le délai fixé par le décret du 29 nivôse an VII (1), pour le transport s'exécutant par terre sera prolongé

_____

(1) Décret du 29 nivôse an VII, art. 5. — Le transit ou passe-debout ne pourra avoir son effet que pendant le jour, depuis le lever jusqu'au coucher du soleil ; le passe-debout contiendra l'heure à laquelle il sera délivré. La traversée par terre se fera sans qu'on puisse s'arrêter, sous quelque prétexte que ce soit, et sa durée ne pourra être plus de deux heures; passé l'expiration de ce délai, les employés du bureau de la sortie ne pourront viser le passe-debout.

en raison des distances à parcourir après l'agrandissement de Paris (1).

Toute substitution et toute altération faite dans la nature ou l'espèce des objets en passe-debout, pendant la durée du parcours, fera encourir au contrevenant une amende de 100 à 200 francs, et entraînera, en outre, la confiscation des objets représentés et le paiement d'une somme égale à la différence de leur valeur avec celle des objets reconnus à l'entrée, laquelle sera déterminée d'après le prix moyen dans le lieu sujet.

Sauf le cas de force majeure ou de circonstances imprévues justifiées, les peines ci-dessus seront également applicables, hors du parcours, à tout fait de déchargement ou de livraison en ville qui n'aurait pas été immédiatement déclaré au plus prochain bureau d'octroi.

Les dispositions ci-dessus seront communes aux chargements d'objets soumis aux droits conduits hors de Paris et sortant des entrepôts réels.

Art. 44. Lorsqu'il sera possible de faire escorter les chargements, le conducteur sera dispensé de consigner ou de faire cautionner les droits.

Les frais de l'escorte, en cas de passe debout ou de transports exécutés hors des heures fixées pour les convois gratuits se rendant aux halles et marchés (2), aux entrepôts réels, ou sortant de ces éta-

---

(1) Les communes de Passy, Auteuil, Batignolles-Monceaux, Montmartre, la Chapelle, la Villette, Belleville, Charonne, Bercy, Vaugirard et Grenelle ont été annexées à Paris le 1er janvier 1860.

(2) Voyez notre *Manuel des Halles*, pages 22 et 23.

blissements pour l'extérieur, seront, comme aujour-
d'hui, payés à l'octroi par les conducteurs.

A partir du 1er janvier 1860, l'indemnité due pour
ce service sera de 2 francs par voiture pour les
transports par terre, et de 4 francs par bateau ou
train flottant.

Droit d'abattoir

Art. 45. L'art. 12 du règlement du 23 décembre
1846, sera appliqué dans les abattoirs publics existants ou à établir sur le territoire annexé à la ville
de Paris au 1er janvier 1860 (1).

Dispositions générales

Art. 46. Les dispositions de l'ordonnance du 9 décembre 1814, rendues applicables à l'octroi de Paris
par l'art. 18 de l'ordonnance du 22 juillet 1831, continueront d'être observées en ce qui n'est pas contraire au présent règlement.

**N° 24. — Ordonnance concernant la suppression des
tueries particulières, dans la partie de la banlieue
annexée à la ville de Paris.**

Paris 27 décembre 1859.

Nous Préfet de police,

Vu 1° la loi du 26 juin dernier sur l'extension des
limites de Paris ;

2° L'article 2 de l'ordonnance royale du 15 avril

----

(1) Voyez plus haut, Appendice n° 15.

1838, relative aux abattoirs publics et communs :

3° L'arrêté du 12 Messidor an VIII ;

Attendu que l'annexion à la ville de Paris de plu=sieurs communes ou parties de communes de la ban=lieue, entraîne de plein droit la suppression des tueries particulières existant dans ces localités ;

Considérant que les mesures sont prises pour que toutes les personnes faisant usage de ces tueries puissent faire leurs abatages et autres préparations dans les abattoirs généraux de la capitale, dès le 1er janvier prochain ;

Ordonnons ce qui suit :

1. Les tueries particulières établies dans la zone comprise entre l'ancien mur d'octroi et les fortifica-tions, sont supprimées à dater du 1er janvier 1860.

2. A partir du même jour, les animaux de bou-cherie et de charcuterie, entrant dans Paris, ne pourront être conduits ni abattus ailleurs que dans les abattoirs généraux du Roule, Montmartre, Po-pincourt, Villejuif, Grenelle, Château-Landon, de la barrière des Fourneaux et dans les abattoirs publics des anciennes conmunes des Batignolles, la Villette et Belleville.

3. Ampliation de la présente ordonnance sera adressée à M. le Sénateur, Préfet de la Seine, et à M. le Directeur de l'octroi.

Le chef de la police municipale, les commissaires de police de Paris, notamment ceux des quartiers compris dans les localités annexées, et les officiers de paix, le directeur de l'approvisionnement et les préposés de la préfecture de police, sont chargés d'en assurer l'exécution, chacun en ce qui le con-cerne.

M. le colonel de la garde de Paris et M. le commandant de la gendarmerie impériale, dans le département de la Seine, sont requis d'y prêter, au besoin, leur concours.

Le préfet ds police,
BOITTELLE.

N⁰ 25. — Décret impérial qui autorise les préfets à statuer sur les propositions d'établir des abattoirs.

Du 1ᵉʳ août 1864.

Napoléon par la grâce de Dieu, etc., etc.

Sur le rapport de notre ministre secrétaire d'état au département de l'agriculture, du commerce et des travaux publics ;

Vu l'ordonnance du 15 avril 1838 (1),

Vu le décret du 25 mars 1852 (2),

Vu l'avis de notre conseil d'État, en date du 2 avril 1853,

Notre conseil d'État entendu,

Avons décrété et décrétons ce qui suit :

Art. 1ᵉʳ. Les préfets statueront sur les propositions d'établir des abattoirs.

2. Les taxes d'abatage seront calculées de manière à ne pas dépasser les sommes nécessaires pour couvrir les frais annuels d'entretien et de gestion des abattoirs, et pour tenir compte à la commune de

---

(1) B. 570, n° 7,382.
(2) B. 508, n° 3,855.

l'intérêt du capital dépensé pour leur construction et de la somme qui serait affectée à l'amortissement de ce capital.

3. Ces taxes ne pourront dépasser le maximum de un centime cinq millièmes ($0^f \cdot 01^c \cdot 5$) par kilogramme de toute espèce.

4. Toutefois, lorsque les communes seront forcées de recourir à un emprunt ou à une concession temporaire pour couvrir les frais de construction des abattoirs, les taxes pourront être portées à deux centimes, ($0^{fr.},02$) par kilogramme de viande nette, si ce taux est nécessaire pour pourvoir à l'amortissement de l'emprunt ou indemniser le concessionnaire de ses dépenses.

5. Lorsque l'amortissement indiqué dans les articles 2 et 4 sera effectué, les taxes seront ramenées au taux nécessaire pour couvrir seulement les frais d'entretien et de gestion.

6. Si des circonstances exceptionnelles nécessitaient des taxes supérieures à celles qui ont été indiquées, elles ne pourront être autorisées que par décret impérial rendu en conseil d'État.

7. Notre ministre, secrétaire d'État au département de l'agriculture, du commerce et des travaux publics est chargé de l'exécution du présent décret qui sera inséré au bulletin des Lois.

Fait à Vichy, le 1er août 1864.

Signé : NAPOLÉON.

Par l'Empereur,

Le Ministre secrétaire d'État au département de l'agriculture et du commerce,

Signé : ARMAND BÉHIC.

N° 26. — Préfecture du département de la Seine. Adjudication. — Marché aux bestiaux.

Le vendredi 20 janvier 1865, à une heure après midi, il sera procédé publiquement à l'Hôtel de Ville, par le Préfet de la Seine ou son délégué, siégeant en conseil de préfecture, à l'adjudication, sur soumissions cachetées, de l'entreprise de la régie intéressée du marché aux bestiaux à établir dans le 19ᵉ arrondissement de Paris.

Nul ne sera admis à concourir à l'adjudication, si, avant le jour de l'adjudication, il n'a déposé à la Caisse des Travaux de Paris, qui en délivrera récépissé, un cautionnement de deux millions de francs en numéraire.

Les cautionnements versés par les concurrents dont la soumission n'aura pas été acceptée seront restitués immédiatement par cette Caisse.

L'adjudication sera prononcée au profit de celui des soumissionnaires admis à concourir qui aura souscrit la proportion la plus favorable à la Ville, pour la répartition de l'excédant des recettes du Marché sur les dépenses et prélèvements dont l'énumération est contenue au cahier des charges, pourvu que cette proportion soit supérieure au *minimum* indiqué dans un pli cacheté qui sera déposé sur le bureau, par le Préfet ou son délégué.

Les soumissions devront être écrites sur papier timbré et mises sous une enveloppe revêtue du mot: *soumission* ; une seconde enveloppe, revêtue du mot : *cautionnement*, devra contenir le récépissé du cautionnement versé. Ces deux enveloppes seront placées

ensemble sous une troisième, portant pour inscription : *Régie intéressée du Marché aux bestiaux de Paris.*

Les soumissions non accompagnées du récépissé
de cautionnement exigé, ne seront pas ouvertes et
seront rendues aux signataires.

Dans le cas où deux ou plusieurs soumissions
contiendraient également l'offre la plus avanta-
geuse, un second concours sera ouvert, séance te-
nante, mais seulement entre les signataires de ces
soumissions semblables.

Les frais d'impression et de placardage de la présente affiche, ainsi que les frais d'impression du
cahier des charges de timbre et d'enregistrement,
seront payés comptant par l'adjudicataire.

Le cahier des charges de l'adjudication restera
déposé à la Direction des Affaires municipales
(1ʳᵉ section), et sera communiqué tous les jours, depuis midi jusqu'à quatre heures (les jours fériés
exceptés), aux personnes qui voudront en prendre
connaissance.

Paris, le 18 décembre 1864

Le Sénateur, Préfet de Seine,

Signé : G.-E. HAUSSMANN.

Pour copie conforme :

Le Conseiller d'État, secrétaire général de la Préfecture,

G. SÉGAUD.

MODÈLE DE SOUMISSION

Je, soussigné (noms, prénoms, profession et demeure),

*Après avoir pris connaissance du cahier des charges,
clauses et conditions de l'entreprise de la régie intéressée
du Marché aux bestiaux à établir dans le 19ᵉ arrondis-*

*sement de Paris, adopté par le conseil municipal le
19 août 1864, et approuvé par le décret du 11 décembre
dernier.*

*Me soumets et m'engage envers la ville de Paris à toutes
les obligations que cet acte met à la charge de la régie
intéressée, sous la foi de l'entière exécution, par la Ville,
des engagements qu'il lui impose, et à la condition expresse que la répartition de l'excédant annuel des recettes sur les dépenses du Marché, après le prélèvement
fixe de* trois cent vingt mille francs, *stipulé en l'article 13, aura lieu entre la Ville et la régie intéressée, de
la manière suivante :*

Ville de Paris (en toutes lettres) *centièmes.*

Régie intéressée (en toutes lettres) *centièmes.*

*Je joins à la présente soumission le récépissé consta-
tant le versement, à la Caisse des Travaux de Paris, de
le somme de* deux millions de francs, *en numéraire, à
titre de cautionnement.*

A Paris, le 1865.

Préfecture du département de la Seine.

MARCHÉ AUX BESTIAUX

CAHIER DES CHARGES,
CLAUSES ET CONDITIONS DE L'ENTREPRISE

Article 1er L'entreprise qui est mise en adjudication a pour objet la régie intéressée du marché
quotidien aux bestiaux que la Ville de Paris a été
autorisée à créer par le décret du 6 avril 1859.

Cette régie comprendra :

1° L'établissement successif du marché dont il s'agit, au fur et à mesure des besoins du commerce, constatés par les réquisitions du préfet de la Seine, sur les terrains expropriés à cet effet, à Paris dans le 19° arrondissement, entre la route Militaire (boulevard Serrurier) longeant l'enceinte fortifiée au nord, le canal du Dépotoir au sud, le canal de l'Ourcq à l'ouest, et la route d'Allemagne à l'est, suivant les indications générales du plan n° 1 ci-annexé, mais sous toute réserve des modifications ultérieures que l'Administration municipale jugerait à propos d'apporter à ce plan, dans la limite du maximum de dépense fixé en l'art. 14 ci-après ;

2° L'ouverture d'un embranchement du chemin de fer de Ceinture, reliant à ce chemin le marché aux bestiaux et les abattoirs contigus ;

3° L'exploitation du marché pendant une période de cinquante ans, qui commencera du jour de l'ouverture, et, au plus tard, de l'expiration du délai de deux ans, fixé en l'art. 4 pour l'achèvement des premiers travaux.

Art. 2. Le régisseur remboursera, à la décharge de la Ville, dans les trois mois de l'adjudication, à la Caisse des Travaux de Paris, la somme de quatre millions trois cent vingt-un mille cinq cent quarante-neuf francs vingt-quatre centimes (4,321,549 fr. 24 c.) formant le solde des avances faites par la Caisse pour le payement en capital, intérêts et frais, de l'emplacement du marché.

Art. 3. Le régisseur remplira, aux lieu et place de la Ville, les engagements pris par elle vis-à-

vis du syndicat du chemin de fer de Ceinture, pour
l'acquisition, le payement et la livraison à ce syndicat des terrains nécessaires à l'exécution dont
celui-ci est chargé, de l'embranchement projeté,
conformément au traité du 26 juillet 1864.

La Ville remplira les formalités nécessaires pour
arriver à l'expropriation de ces terrains. Le régisseur fera l'avance, au fur et à mesure des besoins,
du montant en capital, intérêts et frais, des indemnités dûment liquidées par le préfet de la Seine.

Art. 4. Les constructions du marché seront d'a-
bord restreintes à celles qui sont comprises dans
le devis partiel ci-annexé sous le n° 2, et qui sont
évaluées à la somme de 10,500,000 francs.

Elles devront être achevées et mises en état de
réception dans le délai de deux ans, au plus tard, à
compter de l'adjudication.

Art. 5. Il sera tenu compte par la Ville au régisseur des sommes par lui payées tant pour le solde
du prix de l'emplacement du marché et du chemin
de fer, que pour les dépenses de construction et des
intérêts de ces sommes, sur le pied de cinq pour
cent, au moyen de cinquante annuités égales, dont
il sera couvert, ainsi qu'il sera expliqué ci-après.

La dépense des constructions que le régisseur
sera mis en demeure d'exécuter, à quelque époque
que ce puisse être, soit pour la continuation, soit
pour l'achèvement du marché, conformément au
plan d'ensemble mentionné en l'article 1er, donnera lieu au règlement de nouvelles annuités égales,
comprenant aussi le capital et les intérêts de cette
dépense, et en nombre pareil au nombre des années
restant à courir de l'entreprise.

Art. 6. Afin d'assurer la liquidation régulière des dépenses d'établissement du marché, les travaux à faire seront l'objet d'adjudications publiques par nature d'ouvrages, passées devant le préfet de la Seine ou son délégué, suivant les formes ordinaires. Ils seront dirigés et surveillés en cours d'exécution et reçus par les architectes de la Ville. Le décompte, y compris les frais de plan et de devis et les frais d'agence, en sera dressé et revisé comme en matière de travaux municipaux.

Art. 7. Le tarif des droits de place à percevoir pour les bestiaux amenés et mis en vente sur le marché est fixé ainsi qu'il suit, savoir :

2 fr. 50 par tête de taureau, bœuf ou vache,
1   »   —   veau,
»   50   —   mouton ou chèvre,
»   50   —   porc.

Ces droits seront perçus autant de fois que les mêmes bestiaux seront mis en vente à des jours différents.

Il sera perçu, en outre, pour les bestiaux vendus ou invendus que leurs possesseurs feront entrer ou laisseront dans le marché après l'heure de la clôture des ventes, pour chaque nuit de séjour, savoir :

0 fr. 50 par tête de taureau, bœuf ou vache,
»   20   —   veau,
»   10   —   mouton ou chèvre,
»   10   —   porc.   (1)

Art. 8. Les conditions de la ferme des auberges,

---

(1) Cet article a été modifié par les articles 1, 2 et 3 de l'arrêté du préfet de la Seine du 15 juin 1872. (Voyez Appendice n° 50.)

s'il en est établi, celles de la vente des fumiers, et, en général, tous les marchés passés pour la réalisation des produits accessoires du marché seront soumis à l'approbation du préfet de la Seine.

Art. 9. Les droits de place et de séjour des bestiaux, les loyers des auberges, s'il en est établi, le montant de la vente des fumiers et tous les autres produits accessoires seront perçus, sous la surveillance d'employés de la Ville institués par le Préfet de la Seine, par des agents dont le choix appartiendra au régisseur, mais devra être approuvé par ce magistrat. Des quittances devront êtres délivrées aux parties versantes. Elles seront détachées de registres à souches, côtés et paraphés par le préfet de la Seine ou son délégué.

Les sommes ainsi reçues seront versées, chaque semaine, à la Caisse municipale, avec un bordereau récapitulatif dûment certifié.

Art. 10. Le régisseur sera tenu de fournir aux possesseurs de bestiaux amenés sur le marché, les fourrages et autres denrées nécesaires à la nourriture des bestiaux, aux prix qui seront déterminés d'avance tous les trois mois par le Préfet de la Seine, d'après le cours des mercuriales. Ces prix seront constamment affichés dans l'intérieur du marché.

Les profits que le régisseur pourra réaliser sur ces fournitures lui appartiendront exclusivement, et il supportera seul les pertes qui pourront en être la conséquence.

Art. 11. Si la Ville juge à propos d'établir un pesage public dans l'enceinte du marché, elle supportera seule les frais d'installation du matériel et les dépenses du personnel de ce service, dont les perceptions seront faites à son profit exclusif.

Art. 12. L'entretien ordinaire, à l'exclusion de l'entretien locatif, et les grosses réparations des bâtiments du marché, seront faits par les architectes de la Ville, sous l'autorité du Préfet de la Seine.

L'assurance des bâtiments contre l'incendie sera faite par les soins de l'Administration municipale.

Cette administration fera opérer le paiement des contributions de toute nature à la charge de l'immeuble.

Elle assurera directement l'approvisionnement d'eau et la fourniture du gaz d'éclairage du marché.

Art. 13. Seront imputées sur les produits du marché et de ses dépendances :

1° Les frais d'entretien et de réparation des bâtiments, l'assurance des bâtiments contre l'incendie, les contributions de l'immeuble, le prix de l'eau e du gaz ;

2° Les frais de régie, qui sont évalués à la somme de cent cinquante mille francs (150,000 fr.) et qui comprennent : 1° les frais d'administration (personnel et matériel); 2° la fourniture, l'entretien et l'assurance des objets mobiliers de toute nature, nécessaires à l'exploitation du marché; 3° l'ameublement et le chauffage des bureaux qui seront affectés aux employés et agents de la Préfecture de la Seine et de la Préfecture de Police; 4° les réparations locatives des bâtiments, l'entretien de propreté de l'ensemble du marché, le curage des égoûts in-

térieurs et des branchements sur les égouts extérieurs, la vidange des fosses et toutes autres dépenses de la régie généralement quelconques,
prévues ou imprévues.

Dans le cas où ces frais n'atteindraient pas le
chiffre de 150,000 fr., comme dans celui où ils le
dépasseraient, le bénéfice ou la perte sera propre au
régisseur ;

3° Le montant des annuités dues au régisseur,
en exécution de l'art. 5 ci-dessus, pour l'amortissement en capital et intérêts de ses avances de toute
nature, pendant la période de 50 ans assignée à la
durée de sa régie.

L'excédant des recettes sur ces diverses dépenses
sera réparti, chaque année, de la manière suivante :

La Ville prélèvera, avant tout, sur cet excédant, une somme de trois cent vingt mille francs
(320,000 fr.) pour se dédommager de la perte du revenu annuel des marchés de Sceaux, de la Chapelle
et aux Veaux, lesquels seront supprimés à partir de
l'ouverture du nouveau marché. Le surplus sera
réparti entre la Ville et le régisseur, dans la proportion indiquée en la soumission de celui-ci, qui
aura déterminé l'adjudication de l'entreprise en
sa faveur, conformément à l'art. 21 ci-après.

Art. 14. Il est de stipulation expresse :

1° Que si les avances à faire par le régisseur, tant
pour le marché que pour l'embranchement du chemin de fer, excédaient 25 millions de francs, la
Ville de Paris pourvoirait, sur son budget, au paiement de cet excédant ;

2° Que, dans le cas où les revenus du marché ne

suffiraient pas pour couvrir, indépendamment des dépenses énumérées aux §§ 1 et 2 de l'art. 13, le montant des annuités dues au régisseur pour l'amortissement en capital et intérêts de ses avances, l'insuffisance serait comblée jusqu'à due concurrence par la Ville.

Art. 15. Le régisseur sera tenu de congédier les agents dont le renvoi lui sera demandé par le Préfet de la Seine ou par le préfet de Police.

Il devra communiquer ses livres et ses comptes, à toute réquisition, aux agents de vérification désignés par le Préfet de la Seine.

Art. 16. La Ville aura la faculté de faire cesser la régie après une durée de quinze ans, à la charge d'en prévenir le régisseur un an au moins à l'avance : mais dans ce cas, elle sera tenue de compter au régisseur ou à ses ayants cause, pour et par chacune des années restant à courir après cette durée de quinze années : 1° le montant des annuités dues en vertu des stipulations de l'art. 5; 2° une somme égale au produit moyen des dividendes touchés par le régisseur, en vertu du dernier paragraphe de l'art. 13, pendant les cinq dernières années écoulées avant la notification de la résolution de la Ville, laquelle notification pourra être donnée à quelque époque que ce soit de la régie, mais toujours au moins un an à l'avance, comme il est dit ci-dessus.

Art. 17. Le régisseur ne pourra transporter ses droits en totalité ou en partie, sans le consentement formel de la Ville.

Il lui est interdit de s'immiscer directement ou indirectement dans la vente, ou l'achat des bestiaux

amenés sur le marché ; toutefois, ne seront pas
considérées comme constituant une immixtion de
ce genre, les avances de capitaux que le régisseur
pourrait faire à ses risques et périls, aux éleveurs,
aux vendeurs et aux acheteurs des bestiaux.

En aucun cas, la ville ne sera garante des opérations financières ou autres que le régisseur aura
faites en dehors des obligations qui lui sont imposées par le présent cahier des charges, ou dont
il aura seul le profit ou la perte,

Art. 18. Dans le cas où, après une mise en demeure restée infructueuse pendant un mois, le régisseur n'aurait pas exécuté tout ou partie des obligations mises à sa charge par le présent acte, et
notamment par les art. 2, 3, 4, et 5, comme aussi
dans le cas où il laisserait péricliter l'exploitation
du marché, par un défaut quelconque d'accomplissement des obligations mises à la charge de la régie par le § 2 de l'art. 13, sa déchéance pourra être
prononcée, et la ville pourra reprendre la libre disposition du marché, sans préjudice du droit de l'administration de prescrire, dans l'intervalle, telles
mesures que de raison, dans l'intérêt de l'ordre public et de l'approvisionnement.

Si la déchéance est prononcée, la ville de Paris
ne sera tenue envers le régisseur qu'au payement,
à l'expiration de chaque année, des annuités à lui
dues en vertu des stipulations de l'art. 5.

Art. 19. Dans le cas de résiliation, comme dans
le cas de l'expiration de la concession, soit par l'é-
chéance de son terme, soit par l'usage de la faculté
réservée à la ville par l'art. 16, le régisseur remettra à la Ville, en bon état, le marché et ses dépen-

dances, ainsi que les objets mobiliers nécessaires à l'exploitation du marché.

Art. 20. Nul ne sera admis à concourir à l'adjudication si, avant le jour auquel elle aura été fixée, il n'a déposé à la caisse des travaux de Paris, qui en délivrera récépissé, un cautionnement de deux millions de francs en numéraire.

Les cautionnements versés par les concurrents dont la soumission n'aura pas été acceptée seront restitués immédiatement par la caisse des travaux.

Le cautionnement versé par le régisseur sera conservé par la caisse des travaux et donnera lieu, à partir du jour de l'adjudication, à un intérêt de trois pour cent (3 %) par an.

Ce cautionnement sera rendu au déposant après l'accomplissement des obligations qui lui sont imposées par les art. 2, 3 et 4 ci-dessus, à l'exception d'une somme de cinq cent mille francs (500,000 fr.,) qui sera déposée à la caisse municipale, en garantie de l'exécution des autres clauses du présent cahier des charges.

Art. 21. L'adjudication sera prononcée au profit de celui des soumissionnaires admis à concourir qui aura souscrit la proportion la plus favorable à la ville pour la répartition de l'excédant des recettes du marché sur les dépenses énumérées en l'art. 13.

L'adjudication n'aura d'effet qu'autant que cette proportion sera supérieure au minimum indiqué dans un pli cacheté qui sera déposé sur le bureau.

Elle devra d'ailleurs être approuvée par le préfet, qui statuera dans un délai de quinze jours.

Art. 22. Le régisseur supportera, sans pouvoir

les répéter de la ville de Paris, les frais de timbre
et d'enregistrement de l'adjudication et des documents qui s'y rattachent.

Dressé le 5 août 1864.

*Le Conseiller de Préfecture chargé, par délégation,
de la Direction des Affaires municipales,*
Signé : NOYON.

Délibéré par le Conseil municipal de la ville de Paris, dans la
séance du 19 août 1864.

Le Conseiller d'État, Secrétaire général
Signé : SÉGAUD.

Nº 27. — Annexes du cahier des charges.

Nº 1. — *Décret qui déclare d'utilité publique l'acquisition des terrains nécessaires pour l'établissement d'un
marché à bestiaux et d'abattoirs.*

NAPOLÉON, par la grâce de Dieu et la volonté
nationale, EMPEREUR DES FRANÇAIS,

A tous présents et à venir, salut.

Sur le rapport de notre Ministre Secrétaire d'État
au département de l'Agriculture, du Commerce et
des Travaux publics ;

Vu les délibérations du Conseil municipal de Paris, en date des 19 novembre 1858, 14 janvier et
25 février 1859 ;

Les pièces des enquêtes ;

Le plan des lieux ;

Les lois des 16 septembre 1807, 3 mai 1841, le

Sénatus-consulte du 25 décembre 1852, les ordonnances réglementaires des 18 février 1834 et
23 août 1835 ;

Notre Conseil d'État entendu ;

AVONS DÉCRÉTÉ ET DÉCRÉTONS CE QUI SUIT :

Art. 1er. Est déclarée d'utilité publique l'acquisition
par la Ville de Paris, soit à l'amiable, soit par voie
d'expropriation, de tous les terrains et autres immeubles compris entre la rue Militaire intérieure, la
rue de Flandre, à La Villette (route impériale n° 2),
le canal Saint-Denis, le Dépotoir et la route d'Allemagne (route impériale n° 3), et désignés par une
teinte jaune sur les plans ci-joints, ces terrains étant
destinés à l'établissement d'un marché à bestiaux et
d'abattoirs publics.

Art. 2. Notre Ministre Secrétaire d'État au Département de l'Agriculture, du Commerce et des
Travaux publics est chargé de l'exécution du présent décret.

Fait au palais des Tuileries, le 6 avril 1859.

Signé : NAPOLÉON.

Par l'Empereur :
*Le Ministre Secrétaire d'État au Département
de l'Agriculture, du Commerce et des Travaux publics,*
Signé : E. ROUHER.

N° 2. — *Convention au sujet de la construction au
chemin de fer spécial.*

Entre les soussignés :

GEORGE-EUGÈNE HAUSSMANN, SÉNATEUR, PRÉFET
DU DÉPARTEMENT DE LA SEINE, Grand-Croix de l'Ordre

impérial de la Légion d'honneur, agissant au nom
de la Ville de Paris, en vertu d'une délibération du
Conseil municipal, en date du 8 juillet 1864.

Et M. Pierre-Sylvain DUMON, Président du Syndicat du chemin de fer de Ceinture de Paris, stipu-
lant en vertu de l'autorisation que le Syndicat lui a
donnée par sa délibération du 21 dudit mois de juillet, et sous la réserve de l'approbation de l'assemblée générale,

Ont été convenues et arrêtées les dispositions suivantes :

Art. 1er L'abattoir et le marché à bestiaux qui seront construits sur les terrains achetés par la Ville,
dans le 19e arrondissement, seront mis en communication avec le chemin de fer de Ceinture par un
chemin de fer spécial qui sera établi conformément
aux plans ci-annexés.

Art. 2. La Ville de Paris fournira tous les terrains
nécessaires pour l'établissement de ce chemin. Elle
expropriera et payera tous ceux dont elle n'est pas
encore propriétaire.

Art. 3. De son côté, le Syndicat s'engage à faire à
ses frais, dans le délai d'un an à partir de la livraison des terrains par la Ville, les travaux de toute
nature que nécessiteront sa construction et son exploitation.

Art. 4. Ce nouveau chemin sera la propriété de la
Ville de Paris; mais le Syndicat en aura la jouissance jusqu'à l'expiration de la concession qui lui a
été faite du chemin de fer de Ceinture.

La Ville en disposera ensuite comme elle l'entendra.

Art. 5. Les prix à percevoir sur le chemin de fer de

Ceinture et sur l'embranchement, pour les frais de transport et de manutention des bestiaux, ne pourront jamais être plus élevés que ceux ci-après, savoir :

Transport par tête et par kilomètre

	fr. c.
Bœufs, vaches, taureaux, chevaux, mulets, ânes, poulains, bêtes de trait........	» 10
Veaux, porcs...	» 04
Moutons, brebis, agneaux, chèvres............... ..	» 02

Manutention pour chargement ou déchargement par tête

Bœufs, vaches, taureaux, chevaux, mulets, ânes, poulains, bêtes de trait....................	» 50
Veaux, porcs..................................	» 20
Moutons, brebis, agneaux, chèvres.................	» 10

Le transport et les frais acccessoires des marchandises sur l'embranchement seront taxés d'après les bases du cahier des charges du chemin de fer de Ceinture de Paris, sauf à profiter des modifications favorables qui ont pu ou qui pourront y être apportées.

Pour l'application des tarifs dans les deux cas, le chemin projeté sera considéré au point de vue des distances de perception, comme la continuation du chemin de Ceinture.

Art. 6. Quand les bestiaux seront transportés par wagon complet, il sera loisible aux expéditeurs et aux destinataires de faire eux-mêmes le chargement ou déchargement de leurs wagons.

Dans ce cas, les prix fixés pour les frais de chargement ou de déchargement seront réduits de moitié.

Les droits de gare seront toujours compris dans les frais de chargement ou de déchargement.

Art. 7. Les fumiers provenant du transport des bestiaux resteront la propriété de la Ville, qui en disposera comme elle l'entendra.

Art. 8. En vue de l'éventualité prévue au cahier des charges de la concession du chemin de fer de Ceinture, du rachat de cette concession par qui de droit, il est stipulé qu'afin d'indemniser le syndicat de la cessation de sa jouissance de l'embranchement, qui serait la conséquence de ce rachat, et qui rendrait à la Ville la libre disposition de sa propriété, celle-ci lui payera pour et par chacune des années restant à courir de la concession, une annuité fixée à forfait dès à présent, pour ce cas, à 110,000 fr.

Art. 9. Les présentes n'auront d'effet que lorsqu'elles auront été approuvées par le Gouvernement.

Art. 10. Les droits auxquels le présent traité pourra donner lieu seront supportés par moitié par la Ville et par le Syndicat.

Fait double à Paris, le 26 juillet 1864.

Le Sénateur, Préfet de la Seine,

Signé : G.-E. HAUSSMANN.

Le Président du Syndicat du chemin de fer de Ceinture,

Signé : S. DUMON.

Par délibération en date du 4 août 1864, l'Assemblée générale du chemin de fer de Ceinture, extraordinairement et régulièrement convoquée, a approuvé à l'unanimité la convention ci-dessus relatée.

Enregistré à Paris, le 19 décembre 1864, folio 59 r°, c. 4.

Reçu pour la Ville, 4,600 fr., pour le Syndicat 4,000 fr. Décime 1,200 fr.

Signé : BADEREAU.

———

Nᵉ 3. — *Décret déclarant d'utilité publique l'établissement d'un chemin de fer d'embranchement reliant le marché à bestiaux avec le chemin de fer de Ceinture et approuvant la convention passée au sujet de la construction de ce chemin.*

Le 19 octobre 1864.

NAPOLÉON, par la grâce de Dieu et la volonté nationale, Empereur des Français,

A tous présents et à venir, salut :

Sur la proposition de notre Ministre Secrétaire d'Etat au département de l'Agriculture, du Commerce et des Travaux publics ;

Vu notre décret, en date du 6 avril 1859, déclarant d'utilité publique l'acquisition de terrains destinés à établir, dans l'intérieur de la Ville de Paris, un marché à bestiaux et des abattoirs publics ;

Vu l'avant-projet d'un chemin de fer d'embranchement destiné à relier le marché susmentionné avec le chemin de fer de Ceinture ;

Vu le dossier de l'enquête à laquelle cet avant-projet a été soumis, et spécialement l'avis du commissaire enquêteur, en date des 10 et 17 décembre 1863 ;

Vu les délibérations du Conseil municipal de la Ville de Paris, des 23 octobre 1863 et 8 juillet 1864 ;

Vu la convention provisoire passée le 26 dudit mois de juillet, entre le Préfet de la Seine, au nom de la Ville de Paris, et le syndicat du chemin de fer de Ceinture, ensemble les plans et profils qui y sont joints ;

Vu la lettre du Préfet de la Seine, en date du 27 du même mois;

Vu l'avis du Conseil général des Ponts et Chaussées, en date du 5 septembre 1864;

Vu la lettre de notre Ministre de l'Intérieur en date du 8 octobre 1864;

Vu la loi du 3 mai 1841 sur l'expropriation pour cause d'utilité publique;

Vu le Sénatus-consulte du 25 décembre 1862, art. 4;

Notre Conseil d'État entendu;

Avons décrété et décrétons ce qui suit :

Art. 1er. Est déclaré d'utilité publique l'établissement d'un chemin de fer d'embranchement reliant le marché à bestiaux autorisé par notre décret du 6 avril 1859, avec le chemin de fer de Ceinture.

Art. 2. La Ville de Paris est autorisée à faire exécuter ledit embranchement, à ses risques et périls, en se conformant aux dispositions des plans et profils joints à la convention ci-dessus mentionnée;

Toutefois, avant le commencement des travaux, des projets spéciaux devront être présentés pour les branches de raccordement et pour les traversées des voies publiques.

Pour l'acquisition des terrains à occuper par l'embranchement présentement autorisé, la Ville de Paris est substituée aux droits comme aux obligations qui dérivent pour l'État de la loi du 3 mai 1841.

Art. 3. Est approuvée la convention provisoire passée le 26 juillet 1864, entre le Préfet de la Seine, au nom de la Ville de Paris, et le Syndicat du che-

min de fer de Ceinture, pour la construction et
l'exploitation dudit embranchement.

Une copie certifiée conforme de cette convention
restera annexée au présent décret.

Art. 4. L'embranchement susmentionné fera partie intégrante du marché à bestiaux et sera, comme
ce marché lui-même, la propriété de la Ville de
Paris.

Art. 5. Les prix à percevoir sur le chemin de fer
de Ceinture et sur l'embranchement pour les frais
de transport et de manutention des bestiaux ne
pourront jamais être plus élevés que ceux ci-après :

Transport par tête et par kilomètre

	fr. c.
Bœufs, vaches, taureaux, chevaux, mulets, ânes, pou- lains, bêtes de trait........	» 10
Veaux, porcs......................................	» 04
Moutons, brebis, agneaux, chèvres.................	» 02

Manutention pour chargement ou déchargement par tête

Bœufs, vaches, taureaux, chevaux, mulets, ânes, pou- lains, bêtes de trait.............................	» 50
Veaux, porcs......................................	» 20
Moutons, brebis agneaux, chèvres.................	» 10

Le transport et les frais accessoires des marchandises sur l'embranchement seront taxés d'après les
bases du cahier des charges du chemin de fer de
Ceinture de Paris, sauf à profiter des modifications
favorables qui ont pu ou pourront y être apportées.

Pour l'application des tarifs dans les deux cas, le
chemin de fer d'embranchement du marché aux
bestiaux sera considéré, au point de vue des distan-

ces de perception, comme la continuation du chemin de fer de Ceinture.

Art. 6. Quand les bestiaux seront transportés par
wagon complet, il sera loisible aux expéditeurs et
aux destinataires de faire eux-mêmes le chargement ou le déchargement de leurs wagons.

Dans ce cas, les frais fixés pour les frais de chargement ou de déchargement seront réduits de
moitié.

Les droits de gare seront toujours compris dans
les frais de chargement ou de déchargement.

Art. 7. Notre Ministre Secrétaire d'État au Département de l'Agriculture, du Commerce et des Travaux publics est chargé de l'exécution du présent
décret, lequel sera inséré au *Bulletin des lois*.

Fait au palais de Saint-Cloud, le 19 octobre 1864.

Signé : NAPOLÉON.

Par l'Empereur :
*Le Ministre, Secrétaire d'État au Département
de l'Agriculture, du Commerce et des Travaux publics,*
Signé : ARMAND BÉHIC.

N° 28. — **Décret du 11 décembre 1864, qui approuve
le cahier des charges de la régie du marché aux
bestiaux.**

Napoléon, par la grâce de Dieu et la volonté nationale, empereur des Français, à tous présents et
à venir, salut.

Sur le rapport de nos ministres secrétaires d'état

aux départements de l'intérieur et de l'agriculture, du commerce et des travaux publics.

Vu la délibération du conseil municipal de Paris, du 19 août 1864.

L'avis du préfet de la Seine du 23 novembre 1864;

Notre décret du 6 avril 1859, qui déclare d'utilité publique l'établissement d'un marché aux bestiaux situé sur des terrains dans le 19ᵉ arrondissement de Paris;

Avons décrété et décrétons ce qui suit :

Art. 1ᵉʳ. La ville de Paris est autorisée à mettre en adjudication, aux clauses et conditions du cahier des charges adopté par le conseil municipal, dans sa délibération du 19 août 1864, une régie intéressée ayant pour objet :

1° L'établissement du marché déclaré d'utilité publique par le décret ci-dessus visé ;

2° L'ouverture d'un embranchement destiné à relier ce marché au chemin de fer de Ceinture ;

3° L'exploitation du dit marché pendant une période de 50 années.

Art. 2. Nos ministres secrétaires d'état aux départements de l'intérieur et de l'agriculture, du commerce et des travaux publics, sont chargés de l'exécution du présent décret.

Fait au palais de Compiègne, le 11 décembre 1864.

Signé : NAPOLÉON.

Par l'empereur,
Le ministre secrétaire d'État au département
de l'agriculture, du commerce et des travaux publics.

Signé : BÉHIC.

Le ministre secrétaire d'État au
département de l'intérieur,
Signé : BOUDET.

Napoléon, par la grâce de Dieu et la volonté nationale, empereur des Français, à tous présents et
à venir, salut.

LOI

Extrait du procès-verbal du Corps législatif.

Le Corps législatif a adopté le projet de loi dont
la teneur suit :

TITRE 1er.

*De l'exercice de la profession de courtier de
marchandises.*

Art. 1er. A partir du 1er janvier 1867, toute personne sera libre d'exercer la profession de courtier
de marchandises, et les dispositions contraires du
code de commerce, des lois, décrets, ordonnances
et arrêtés actuellement en vigueur seront abrogées.

Art. 2. Il pourra être dressé par le tribunal de
commerce une liste des courtiers de marchandises
de la localité qui auront demandé à y être inscrits.

Nul ne pourra être inscrit sur la dite liste, s'il ne
justifie : 1° de sa moralité par un certificat délivré
par le maire ; 2° de sa capacité professionnelle par
l'attestation de cinq commerçants de la place faisant partie des notables chargés d'élire le tribunal
de commerce ; 3° de l'acquittement d'un droit d'inscription une fois payé au trésor. Ce droit d'inscrip-

tion, qui ne pourra excéder trois mille francs, sera fixé, pour chaque place, en raison de son importance commerciale, par un décret rendu en la forme des règlements d'administration publique, et cessera d'être exigé à l'époque où sera amortie l'avance du trésor, dont il sera parlé à l'article 17.

Aucun individu en état de faillite, ayant fait abandon de biens ou atermoiement sans s'être depuis réhabilité, ou ne jouissant pas des droits de citoyen français ne pourra être inscrit sur la liste dont il vient d'être parlé.

Tout courtier inscrit sera tenu de prêter, devant le tribunal de commerce, dans la huitaine de son inscription, le serment de remplir avec honneur **et** probité les devoirs de sa profession.

Il sera également tenu de se soumettre, en tout ce qui se rapporte à la discipline de sa profession, à la juridiction d'une chambre syndicale, qui sera établie comme il est dit à l'article suivant.

Art. 3. Tous les ans, dans le courant d'août, les courtiers inscrits éliront parmi eux les membres qui devront composer, pour l'année, la chambre syndicale.

L'organisation et les pouvoirs disciplinaires de cette chambre seront déterminés dans un règlement dressé pour chaque place par le tribunal de commerce, après avis de la chambre de commerce ou de la chambre consultative des arts et manufactures.

Ce réglement sera soumis à l'approbation du ministre de l'agriculture, du commerce et des travaux publics.

La chambre syndicale pourra prononcer, sauf

appel devant le tribunal de commerce, les peines disciplinaires suivantes :

L'avertissement :

La radiation temporaire ;

La radiation définitive, sans préjudice des actions civiles à intenter par les tiers intéressés, ou même de l'action publique, s'il y a lieu.

Si le nombre des courtiers inscrits n'est pas suffisant pour la constitution d'une chambre syndicale, le tribunal de commerce en remplira les fonctions.

Art. 4. Les ventes publiques de marchandises aux enchères et en gros qui, dans les divers cas prévus par la loi, doivent être faites par un courtier, ne pourront être confiées qu'à un courtier inscrit sur la liste dressée conformément à l'article 2, ou, à défaut de la liste, désigné, sur la requête des parties intéressées, par le président du tribunal de commerce.

Art. 5. A défaut d'experts désignés d'accord entre les parties, les courtiers inscrits pourront être requis pour l'estimation des marchandises déposées dans un magasin général.

Si le courtier requis dans le cas prévu par le paragraphe qui précéde réclame plus d'une vacation, il sera statué par le président du tribunal de commerce sans frais et sans recours.

Art. 6. Le courtier chargé de procéder à une vente publique, ou qui aura été requis pour l'estimation de marchandises déposées dans un magasin général, ne pourra se rendre acquéreur, pour son compte, des marchandises dont la vente ou l'estimation lui aura été confiée.

Le courtier qui aura contrevenu à la disposition

qui précède sera rayé par le tribunal de commerce, statuant disciplinairement et sans appel, sur la plainte d'une partie intéressée ou d'office, de la liste des courtiers inscrits, et ne pourra plus y être inscrit de nouveau, sans préjudice de l'action des parties en dommages-intérêts.

Art. 7. Tout courtier qui sera chargé d'une opération de courtage pour une affaire où il avait un intérêt personnel, sans en prévenir les parties auxquelles il aura servi d'intermédiaire, sera poursuivi devant le tribunal de police correctionnelle et puni d'une amende de cinq cents francs à trois mille francs, sans préjudice de l'action des parties en dommages-intérêts. S'il était inscrit sur la liste des courtiers dressée conformément à l'art. 2, il en sera rayé et ne pourra plus y être inscrit de nouveau.

Art. 8. Les droits de courtage pour les ventes publiques et la quotité de chaque vacation due au courtier, pour l'estimation des marchandises déposées dans un magasin général, continueront à être fixés, pour chaque localité, par le ministre de l'Agriculture, du Commerce et des Travaux publics après avis de la chambre et du Tribunal de commerce.

Art. 9. Dans chaque ville où il existe une Bourse de commerce, le cours des marchandises sera constaté par les courtiers inscrits, réunis, s'il y a lieu, à un certain de nombre de courtiers non inscrits et de négociants de la place, dans la forme qui sera prescrite par un règlement d'administration publique.

TITRE II

*De l'indemnité à payer aux courtiers en marchandises
actuellement en exercice.*

Art. 10. Les courtiers de marchandises actuellement en exercice seront indemnisés de la perte du
droit de présenter leur successeur, qui avait été accordé par l'art. 91 de la loi du 28 avril 1816.

Art. 11. Dans chaque place, l'indemnité sera
égale à la valeur des offices de courtiers de marchandises de la place, déterminée d'après le prix
moyen des cessions d'offices de cette catégorie,
effectuées dans les sept années antérieures au
1er juillet 1864.

Toutefois, dans les villes où la commission dont
il sera ultérieurement parlé aura constaté que la
clientèle était habituellement comprise dans les
éléments qui servaient à déterminer le prix de cession des offices, la commission pourra décider
qu'une quote-part des indemnités fixées comme il
est dit ci-dessus, qui ne pourra excéder vingt
pour cent, sera mise en commun et répartie entre
les différents courtiers de la place, au prorata des
produits de leur office de courtiers de marchandises pendant les sept années antérieures au 1er juillet 1864.

Art. 12. Dans les villes où aucune cession d'office
n'aurait eu lieu dans les 7 années, ainsi que pour
les offices qui, au 1er juillet 1864, étaient encore entre les mains d'un titulaire de la création, la commission fixera l'indemnité, sans qu'elle puisse être
supérieure à quatre fois la moyenne annuelle des

produits de l'office pendant les sept années antérieures au 1ᵉʳ juillet 1864.

Art. 13. Dans le cas où le même individu aurait
été autorisé à cumuler les fonctions de courtier de
marchandises avec celle d'agent de change, de
courtier d'assurances où de courtier conducteur et
interprête de navires, et où il exercera ces diverses
fonctions en vertu d'un titre unique, l'indemnité
déterminée conformément aux articles précédents,
sera réduite dans la proportion de la valeur du titre
réduit aux fonctions non supprimées.

Art. 14. Les droits privilégiés existant aujourd'hui
sur le prix des offices s'exerceront sur les indemnités allouées en vertu de la présente loi.

Art. 15. Le montant de l'indemnité à payer aux
courtiers sera fixé sur les bases ci-dessus indiquées,
la chambre syndicale entendue, et après avis du
préfet, de la chambre de commerce et du tribunal
de commerce, par une commission instituée à Paris par un décret de l'empereur et composée de neuf
membres.

Trois membres seront désignés par le ministre
des finances.

Trois autres seront choisis dans chaque département, et pour les affaires de ce département, par
les courtiers faisant partie des chambres syndica-
les, réunis par les soins et sous la présidence du
préfet.

Les trois derniers membres nécessaires pour compléter la commission devront être choisis à l'unanimité par les six premiers.

Faute par ceux-ci de s'entendre dans le mois de
la notification à eux faite de leur nomination, le

choix de ceux des trois derniers membres qui n'auront pas été désignés à l'unanimité sera fait par le premier Président et les Présidents réunis de la cour impériale de Paris.

Ses opérations commenceront dans les trois mois qui suivront la promulgation de la présente loi.

Art. 16. Le décret impérial qui instituera la commission en nommera le président et le secrétaire.

La commission ne pourra délibérer si elle ne compte au moins sept membres présents. En cas d'égalité de voix, celle du président sera prépondérante.

Art. 17. Les indemnités dues aux courtiers de marchandises en vertu des décisions de la commission nommée conformément à l'article 15 seront payées :

1° Un quart comptant le 1er janvier 1867 ;

2° Et les trois autres quarts, valeur au 1er janvier 1867, en dix annuités négociables, composées chacune de l'intérêt à quatre et demi pour cent et du fonds d'amortissement nécessaire pour opérer en dix ans, au même taux, la libération de l'état.

Art. 18. Le payement du quart des indemnités effectué par le trésor lui sera remboursé en capital et intérêts à quatre pour cent à partir de l'année 1867, et le service des annuités sera assuré au moyen des ressources suivantes :

1° Le montant des droits d'inscription qui seront payés par les courtiers inscrits, par application de l'article 2 ;

2° L'excédant du produit en principal et centimes additionnels établis au profit de l'état, des taxes des patentables mentionnés en l'article 20, réglées conformément au dit article sur le produit des taxes des mêmes patentables réalisées en 1866.

En cas d'insuffisance des dites ressources, il sera pourvu aux voies et moyens par une loi spéciale.

Art. 19. Il sera dressé, tous les ans, dans la forme à déterminer par un règlement d'administration publique, un compte spécial dans lequel les ressources énoncées au précédent article seront applicables :

1° Au service des annuités ;

2° Aux intérêts de l'avance faite par le trésor pour le quart payé comptant ;

3° A l'amortissement de la dite avance jusqu'à concurrence du montant des ressources de l'année.

Ce compte sera l'objet d'un rapport à l'Empereur, qui sera communiqué au corps législatif.

Art. 20. Les patentables qui sont actuellement compris dans la législation des patentes sous la dénomination de *commissionnaires en marchandises, courtiers de marchandises, facteurs de denrées et marchandises et représentants de commerce*, ainsi que tous les individus qui prêtent leur entremise pour l'achat et la vente des marchandises, ou qui achètent ou vendent des marchandises pour le compte de tiers, et dont la profession n'est pas spécialement dénommée dans les tableaux annexés aux lois des patentes, seront assujettis, à partir de 1867, aux droits de patentes fixés comme il suit :

A Paris.	400 fr. »
Dans les villes de 50,000 âmes et au-dessus. . .	300 »
Dans les villes de 30,000 à 50,000 âmes et dans les villes de 15,000 à 30,000 âmes qui ont un entrepôt réel.	200 »

Dans les villes de 15,009 à 30,000 âmes et dans les
villes d'une population inférieure à 15,000 âmes
qui ont un entrepôt réel. . . . . 150 »
Dans les autres communes. . . . . 75 »
Droit proportionnel au quinzième.

Si les opérations que font les patentables ci-dessus énumérés ou auxquelles ils prêtent leur entremise ont pour objet habituel la vente aux marchands
détaillants et aux consommateurs, les droits de patentes seront ceux de la quatrième classe du tableau
annexé à la loi du 25 avril 1814.

Délibéré en séance publique, à Paris, le 29 juin
1866.

Le président,

Signé : A. WALEWSKI.

Les secrétaires,

Signé : Busson-Billault, Séverin Abatucci, Alfred
Darimon, Lafond de Saint-Mur.

**Nᵒ 30. — Arrêté du Préfet de la Seine, du 21 sep-
tembre 1867, concernant l'ouverture du marché
aux bestiaux de la Villette.**

MARCHÉ AUX BESTIAUX

OUVERTURE

Le sénateur, préfet du département de la Seine,
grand croix de l'ordre impérial de la Légion d'honneur.

Vu la lettre, en date du 10 septembre courant, de

la société, *l'approvisionnement*, concessionnaire de la régie du nouveau marché aux bestiaux de la Villette.

Vu le rapport de l'ingénieur chargé du contrôle du chemin de fer destiné à relier le dit marché au chemin de fer de Ceinture ;

Vu la lettre de l'administration du chemin de fer de Ceinture, en date du 17 septembre du présent mois ;

Vu la lettre de M. le Préfet de police en date de ce jour ;

Vu les rapports de la direction du service d'architecture et de la direction des affaires municipales ;

Arrête :

Art. 1er. L'ouverture du marché aux bestiaux de la Villette est fixée au 21 octobre prochain ; les animaux y seront reçus à partir du 18 octobre même mois.

Art. 2. A partir de la même époque, les marchés aux bestiaux de Sceaux, des Bernardins, de la halle aux veaux et de la Chapelle seront supprimés.

Art. 3. Le tarif des droits de place à percevoir pour les bestiaux amenés et mis en vente sur le marché, est fixé ainsi qu'il suit :

Par tête de taureau, bœuf ou vache.	2 f.50
— de veau.	1 »
— de mouton ou chèvre	0 50
— de porc.	0 50

Ces droits seront perçus autant de fois que les

mêmes bestiaux seront mis en vente à des jours différents (1).

Art. 4. Il sera perçu pour les bestiaux vendus ou invendus que leurs possesseurs feront entrer ou laisseront dans le marché après l'heure de la clôture des ventes et pour chaque nuit de séjour, savoir :

Par tête de taureau, bœuf ou vache.	0 f. 50
— de veau	0 20
— de mouton ou chèvre.	0 10 (2)
— de porc	0 10

La nuit de séjour ne sera pas comptée pour les bestiaux introduits après huit heures du soir, excepté le samedi.

Art. 5. Le régisseur est tenu de fournir aux possesseurs de bestiaux amenés sur le marché, les fourrages et autres denrées nécessaires à la nourriture des bestiaux, aux prix qui seront déterminés d'avance tous les trois mois.

Art. 6. Le présent arrêté sera imprimé et affiché.

Ampliation en sera adressée :

1° A M. le préfet de police;

2° Aux directeurs de l'octroi, de la voie publique et des promenades, des eaux et égoûts, et du service d'architecture.

___

(1) Cet article a été modifié une première fois par les articles 1 et 2 de l'arrêté du préfet de la Seine du 20 février 1868 et une deuxième par l'article 1er de l'arrêté du même préfet du 15 juin 1872. (Voyez Appendice nos 34 et 50.)

(2) Ce droit a été porté à 0 fr. 05 par l'article 1er de l'arrêté du même préfet du 15 juin 1872 précité (Voyez Appendice n° 50.)

3° A M. le receveur municipal;

4° A M. le président du conseil d'aministration de la société l'approvisionnement;

5° Et au syndicat du chemin de fer de Ceinture.

Fait à Paris, le 21 septembre 1867.

Pour le préfet en congé,
Le conseiller d'état secrétaire général délégué,
Signé : Alfred BLANCHE.

Pour ampliation,
Pour le conseiller d'état, secrétaire général,
Le conseiller de préfecture délégué,

Signé : A. TRONCHON.

N° 31. — Arrêté du Préfet de la Seine, du 10 octobre 1867, concernant le réglement du marché aux bestiaux de la Villette.

MARCHÉ AUX BESTIAUX DE LA VILLETTE

RÉGLEMENT (1)

Le sénateur, préfet du département de la Seine, grand'croix de l'ordre impérial de la légion d'honneur.

Vu l'arrêté en date du 21 septembre dernier, qui a fixé l'ouverture du marché aux bestiaux ;

Vu le décret du 10 octobre 1859 ;

Arrête :

Art. 1er. Les heures d'ouverture et de clôture des

---

(1) Ce règlement a été modifié par arrêté du préfet de la Seine en date du 8 mai 1869. (Voyez Appendice n° 36.)

ventes du marché aux bestiaux de la Villette sont réglées en toute saison, ainsi qu'il suit :

1° Pour les veaux et porcs, de 10 heures et demie à une heure de relevée ;

2° Pour les bœufs, vaches de bande, taureaux, vaches laitières et cordières, de dix heures et demie du matin à deux heures de relevée ;

3° Pour les moutons de 11 heures et demie du matin à 3 heures de relevée ;

L'ouverture et la clôture du marché seront annoncées au son de la cloche.

Il sera sonné un premier coup de cloche une heure avant la clôture des ventes de chaque catégorie, pour avertir du renvoi des bestiaux non vendus.

Les bestiaux introduits par les portes de la rue d'Allemagne et les bestiaux se trouvant dans les trains mis à quai, plus d'une heure après les ouvertures des ventes ci-dessus indiquées, ne seront mis en vente que le lendemain.

Art. 2. Les introducteurs de bestiaux, en arrivant sur le marché, feront aux préposés à la recette des droits de marché, la déclaration par écrit du nom et du domicile du propriétaire, du nombre par espèces de bestiaux qu'ils introduiront et des lieux de provenance, sans préjudice de la déclaration qu'ils doivent faire aux préposés de l'octroi.

Art. 3. Les introducteurs, aussitôt après avoir remis cette déclaration écrite, acquitteront les droits de place et de séjour, s'il y a lieu, conformément au tarif fixé ; ce payement sera constaté par une quittance détachée du registre à souche énonçant le nombre et l'espèce des bestiaux introduits sur le marché.

Art. 4. Aucune introduction de bestiaux dans le marché ne pourra être faite sans que, au préalable, les quantités présentées aient été reconnues et comptées par les employés de l'administration et de la régie.

Immédiatement après cette vérification, les droits dus pour les quantités excédant la déclaration, seront acquittés.

Art. 5. Dans la demi-heure qui précédera la répartition des places, les marchands feront aux préposés à la recette des droits de marché la déclaration de la nature et du nombre des bestiaux qu'ils ont à introduire, et acquitteront les droits dus pour ses bestiaux.

Art. 6. *Places.* — Le sort déterminera l'ordre dans lequel chaque marchand, porteur de quittances, choisira la place destinée par lui aux bestiaux déclarés. Le tirage au sort des places sera fait, chaque jour, en toute saison : 1°à sept heures du matin pour les moutons ; 2° à 8 heures les autres bestiaux.

Art. 7. Les agents de la régie ne pourront procéder au tirage qu'en présence des agents de la préfecture de la Seine et de la préfecture de Police.

Le résultat du tirage et les places choisies par les marchands seront immédiatement indiqués sur un tableau figuratif des emplacements du marché. Ce tableau sera tenu constamment à la disposition des intéressés.

Art. 8. Après le tirage au sort les places restées vacantes seront concédées aux marchands dans l'ordre de l'arrivée de leur bétail sur le marché.

Art. 9. Le placement des bestiaux sur les emplacements à occuper, pourra commencer immédiatement après l'opération du tirage.

Art. 10. Les taureaux seront placés sur les six premiers rangs de préaux, à droite de l'allée centrale de la halle du milieu.

Les vaches cordières et les vaches laitières seront placées sur les six premiers rangs de préaux, du côté opposé.

Art. 11. Le placement des bœufs, vaches et taureaux aura lieu de manière que chaque préau en contienne au moins vingt.

Le placement des moutons aura lieu de manière que chaque parquet en contienne dix-huit.

Art. 12. Toute place restée vacante après l'ouverture des ventes, sera donnée au marchand qui la réclamera.

Si plusieurs marchands la réclament, le sort prononcera entre eux.

Art. 13. Tous les bestiaux vendus devront être immédiatement retirés du marché, après toutefois, que les formalités exigées par le service de l'octroi auront été remplies.

Les voitures servant au transport des bestiaux seront retirées après leur déchargement, elles ne pourront stationner que sur les emplacements spéciaux qui leur sont affectés,

Art. 14. Il est défendu à toute personne autre que les propriétaires de bestiaux, leurs agents et les ouvriers dûment autorisés, de s'introduire dans les halles, avant les heures fixées pour l'ouverture de la vente du bétail qui y est parqué, et après les heures fixées pour la fermeture du marché.

Art. 15. L'entrée des bouveries et des bergeries est interdite à toute personne autre que les marchands et leurs agents.

Art. 16. Le présent réglement sera affiché aux abords et dans l'intérieur du marché.

Pour le préfet :

Le conseiller d'état, secrétaire général délégué,

Signé : ALFRED BLANCHE.

Fait à Paris, le 10 octobre 1867.

Pour ampliation :

Pour le conseiller d'état, secrétaire général,

Le conseiller de Préfecture délégué,

Signé : A. TRONCHON.

Nᵒ 32. — Préfecture de police. — Ordonnance concernant la police du marché aux bestiaux de la Villette

Paris, le 12 octobre 1867.

Nous, Préfet de Police,

Vu : 1ᵒ la loi des 16-24 août 1790 sur l'organisation judiciaire, (Titre XI) et celle des 19-22 juillet 1791, relative à l'organisation d'une police munipale ;

2ᵒ La loi du 28 pluviose an VIII, (art. 16) instituant le Préfet de Police à Paris ; ensemble l'arrêté des consuls du 12 messidor suivant, réglant les attributions de ce magistrat ;

3ᵒ L'arrêté du gouvernement du 3 brumaire an IX, la loi du 7 août 1850 et celle du 10 juin 1853, étendant pour certaines attributions l'autorité du Préfet de Police sur tout le département de la Seine et sur

les communes de Saint-Cloud, Meudon, Sèvres et
Enghien du département de Seine-et-Oise;

4° Le décret impérial du 10 octobro 1859, relatif
aux attributions du Préfet de la Seine et du Préfet
de Police;

5° L'arrêté de M. le Sénateur Préfet de la Seine,
en date du 21 septembre dernier, fixant au 21 octobre présent mois, l'ouverture du marché aux bestiaux de la Villette et prononçant à partir de la
même époque, la suppression des marchés de
Sceaux, des Bernardins, de la halle aux veaux et de
la Chapelle.

Ordonnons ce qui suit :

Art. 1er Toutes réunions quotidiennes, périodiques ou accidentelles de marchands, d'acheteurs
pour le commerce des animaux de boucherie ou de
charcuterie, en dehors du marché de la Villette,
(*soit sur la voie publique, soit dans une propriété com-
munale*) devant être considérées comme des marchés interlopes, donneront lieu à des poursuites
contre les individus qui les auront établies.

Art. 2. Il est interdit au public d'entrer sur les
divers carreaux du marché de la Villette, avant
l'heure d'ouverture des ventes, et d'y séjourner
après le coup de cloche annonçant leur fermeture.

Art. 3. Les propriétaires ou introducteurs de
bestiaux, leurs représentants ou leurs agents ne
pourront se tenir, avant l'ouverture ou après la fermeture des ventes, sur les préaux autres que ceux
où se trouveront des animaux leur appartenant, ou
confiés à leurs soins.

Art. 4. Aucune vente de bestiaux ne pourra être
faite dans les dépendances du marché, ailleurs que

sur les préaux assignés à chaque espèce, ni en dehors des heures de tenue du marché, réglées par l'autorité compétente.

Art. 5. Les bœufs et les vaches seront attachés, un à un aux lices supérieures.

Les taureaux seront attachés par de doubles longes (*cordes neuves de deux centimètres de diamètre*), aux lices qui leur sont réservées.

Art. 6. Il est expressément défendu de placer les bestiaux dans les passages ou en dehors des préaux qui leur sont assignés.

Art. 7. Les bestiaux vendus de quelque nature qu'ils soient, devront immédiatement recevoir la marque de l'acquéreur, et seront retirés du marché à la diligence de qui de droit, aussitôt que les formalités exigées par le service de l'octroi auront été remplies.

Art. 8. Les animaux invendus devront être retirés des préaux aussitôt après la clôture des ventes, pour être, à la convenance des introducteurs, hébergés dans les bouveries du marché ou conduits hors de l'établissement.

Art. 9. Les taureaux ne seront amenés à leur place de vente et ils n'en devront sortir qu'attachés par un double et solide lien derrière une voiture.

Il ne pourra être conduit plus de deux de ces animaux ensemble par la même voiture.

Art. 10. Les bœufs et vaches aveugles devront être conduits soit à la main, soit chargés dans une voiture ou attachés derrière.

Les bœufs, vaches et taureaux dits mal-à-pied, seront conduits en voiture.

Le vendeur d'un animal aveugle ou mal-à-pied est tenu d'en faire la déclaration à l'acquéreur au moment de la vente

Art. 11. Les veaux seront transportés et exposés en vente, debout, sans entraves ni ligatures.

Art. 12. Les voitures servant au transport des bestiaux seront retirées aussitôt après leur déchargement. Elles ne pourront stationner que sur les emplacements spéciaux qui leur sont affectés.

Art. 13. Tous mauvais traitements envers les animaux seront poursuivis conformément à la loi du 2 juillet 1850.

Art. 14. Les travaux relatifs à la conduite, au chargement et au déchargement des bestiaux, au cordage des bœufs, vaches et taureaux, au placement des moutons, veaux et porcs ne pourront être faits sur le marché que par des personnes munies d'une autorisation spéciale de la Préfecture de Police sous réserve toutefois, de la faculté laissée tant à la régie du marché qu'aux marchands et aux acheteurs de faire exécuter ceux de ses travaux qui les intéressent particulièrement par des individus attachés à leur service personnel.

Art. 15. L'entrée du marché est interdite aux marchands, musiciens et chanteurs ambulants, aux saltimbanques, aux crieurs et distributeurs d'imprimés, ainsi qu'à tous autres individus exerçant ordinairement leur industrie sur la voie publique.

Art. 16. Aucun industriel ou marchand quelconque ne peut s'installer sur les voies publiques avoisinant le marché, ni stationner dans les dépendances de l'établissement.

Art. 17. Il est expressément défendu de troubler

l'ordre dans le marché et ses dépendances par des rixes, querelles, tapages, cris, chants ou jeux quelconques.

Art. 18. Les outrages, injures et menaces par paroles ou par gestes, soit envers les agents de l'autorité, soit envers les particuliers seront punis des peines portées par la loi.

Art. 19. Toute offense aux bonnes mœurs ou à la décence publique sera rigoureusement poursuivie devant les tribunaux compétents.

Art. 20. Tout différend qui s'élève sur le marché doit être immédiatement porté à la connaissance des préposés de Police qui entendent les parties, les concilient, s'il y a lieu, et, dans le cas contraire, les renvoient devant qui de droit.

Art. 21. Sont poursuivis conformément aux dispositions du Code pénal.

1° Ceux qui auront imprudemment jeté des immondices sur quelques personnes (C. P. 471).

2° Ceux qui auront tenu ou établi dans le marché des loteries ou d'autres jeux de hasard (C. P. 475, 5°).

3° Ceux qui auront refusé de recevoir les espèces de monnaie nationale non fausses ni altérées, selon la valeur pour laquelle elles ont cours (C. P. 475. 11°).

4° Ceux qui auront méchamment enlevé ou déchiré les affiches apposées par ordre de l'administration (C. P. 479, 9°).

Art. 22. Il est défendu aux pères, mères, tuteurs, maîtres ou patrons de laisser courir et jouer à l'abandon dans le marché et ses dépendances, leurs enfants, pupilles ou apprentis, sous les peines portées en l'art. 471 § 15 du Code pénal, sans préjudice, le cas échéant, de la responsabilité spécifiée en l'art. 1384 du Code Napoléon.

Art. 23. Il est expressément défendu :

1° De crayonner et d'afficher sur les murs, fers ou boiseries, tant de l'intérieur que de l'extérieur du marché ;

2° De détruire ou endommager aucune des parties ou quelque objet que ce soit dépendant de l'établissement.

3° De déposer des immondices en dehors des locaux affectés à cet usage ;

4° D'uriner ailleurs que dans les urinoirs établis sur le marché.

Art. 24. Les animaux de boucherie et de charcuterie qui seront abandonnés sur le marché ou qui s'y trouveront sans propriétaires connus, et ceux qu'il y aura lieu de consigner d'office pour faire cesser les contraventions aux règlements, seront conduits à la fourrière spéciale établie dans les dépendances de l'établissement.

Art. 25. Le service de cette fourrière sera dirigé et le contrôle en sera opéré par un des inspecteurs de police du marché désigné par nous à cet effet.

Le garçon de bureau de l'inspection du marché remplira l'office de gardien de la dite fourrière.

Aucune rétribution n'est due par les intéressés, aux préposés ci-dessus mentionnés, pour l'entrée, la garde ou la sortie des animaux consignés.

Art. 26. Il sera tenu au bureau de l'inspection du marché un registre sur lequel seront inscrits jour par jour, et par ordre numérique, les bestiaux entrés à la fourrière.

Ce registre contiendra le signalement des animaux, les dates et l'heure de leur entrée. Il sera communiqué à toute personne qui en fera la demande pour faciliter la recherche des animaux perdus.

Art. 27. Les personnes qui viendront reconnaître les animaux en fourrière devront être autorisées à les visiter par l'Inspecteur-contrôleur, et seront accompagnées dans cette visite par ce chef de service ou par le gardien.

Art. 28. Les animaux qui ne seront pas rendus à leurs propriétaires après justification suffisante, et, s'il y a lieu, sur le vu de la quittance, délivrée par la régie du marché, constatant le paiement des ¡frais de séjour et de nourriture réglés suivant les tarifs mentionnés aux articles 4 et 5 de l'arrêté de M. le Sénateur, Préfet de la Seine, en date du 21 septembre 1867.

Art. 29. En aucun cas, les animaux ne pourront rester en fourrière plus de huit jours; à l'expiration de ce délai, ils seront remis à l'administration des domaines.

Art. 30: Les détails de service de la fourrière du marché à bestiaux de la Villette seront réglés par un arrêté de police spécial.

L'arrêté du 28 février 1839, concernant la fourrière en général, continuera de recevoir son exécution en tout ce qui n'est pas contraire aux dispositions des articles précédents.

Art. 31. Sont abrogés les articles de l'ordonnance de police du 25 mars 1830, relatifs aux marchés d'approvisionnement de boucherie de Paris.

Sont également abrogés les ordonnances, arrêtés et règlements de police particuliers, concernant les anciens marchés situés dans le ressort de notre Préfecture, qui cessent d'être ouverts au commerce des bœufs, vaches, veaux, taureaux et porcs.

Art. 32. La présente ordonnance sera imprimée, publiée et affichée.

L'Inspecteur général des halles et marchés, le chef de la police municipale, les commissaires de police, les maires des communes rurales et les agents sous leurs ordres, sont chargés, chacun en ce qui les concerne, d'en assurer l'exécution.

Le colonel de la garde de Paris et le colonel chef de la 1ʳᵉ légion de gendarmerie impériale sont requis de leur prêter main-forte au besoin,

Le Préfet de Police,

Signé : J.-M. PIÉTRI.

Par le Préfet de police.
Le Secrétaire général,

Signé : DUVERGIER.

Nº 33. — Ordonnance de la Préfecture de police concernant les ouvriers du marché aux bestiaux de la Villette.

Paris, le 30 novembre 1867.

Nous, Préfet de Police,

Vu : 1° L'arrêté des Consuls du 12 messidor an VIII (1ᵉʳ juillet 1800).

2° L'ordonnance du 12 octobre dernier, concernant la police du marché aux bestiaux de la Villette, et dont l'article 14 est ainsi conçu :

« *Les travaux relatifs à la conduite, au chargement*
« *et au déchargement des bestiaux, au cordage des*
« *bœufs, vaches et taureaux, au placement des mou-*
« *tons, veaux et porcs, ne pourront être faits sur le*
« *marché que par des personnes munies d'une autori-*
« *sation spéciale de la Préfecture de police, sous réserve*
« *toutefois de la faculté laissée tant à la régie du mar-*
« *ché qu'aux marchands et aux acheteurs, de faire*
« *exécuter ceux de ces travaux qui les intéressent parti-*
« *culièrement, par des individus attachés à leur service*
« *personnel.* »

ORDONNONS CE QUI SUIT :

Art. 1ᵉʳ Quiconque voudra exercer dans le marché
aux bestiaux de la Villette les travaux indiqués en
l'art. 14 de l'ordonnance susvisée du 12 octobre
dernier, ou tous autres analogues, devra en faire la
demande à la Préfecture de Police (2ᵉ *bureau* 1ʳᵉ *di-*
vision.) et produire à l'appui de sa demande :

1º Un certificat signé de trois marchands expéditeurs, commissionnaires en bestiaux ou bouchers,
faisant connaître que le pétitionnaire est apte aux
travaux dont il s'agit et que leur intention est de
l'occuper sur le marché;

2º Un certificat de bonne conduite délivré par le
commissaire de police du quartier de son domicile,
sur l'attestation de deux témoins patentés.

Art. 2. Nul ne sera admis comme ouvrier sur le
marché aux bestiaux, s'il n'est âgé de 18 ans ac-
complis.

Art. 3. Les femmes pourront être admises à travailler sur le marché en qualité d'abreuveuses de
veaux, de placeuses et conductrices de moutons.

Elles devront dans ce cas, satisfaire aux conditions ci-dessus prescrites par les articles 1 et 2.

Art. 4. Il sera délivré par l'Inspecteur général des marchés, au nom du Préfet de police, à tout ouvrier autorisé :

1° Une permission sur papier timbré portant le nom et les prénoms du titulaire, son signalement et un numéro d'ordre correspondant à celui du registre ouvert à cet effet à l'Inspection général des marchés.

2° Une médaille conforme au modèle arrêté par l'administration, indiquant le nom de l'ouvrier et son numéro d'inscription.

Cette permission et cette médaille seront délivrés aux frais de chaque ouvrier.

Art. 5. Les médailles seront frappées chaque année d'un poinçon particulier pour éviter la contrefaçon. Elles devront être présentées, à cet effet, par les titulaires dans les bureaux de l'Inspection du marché aux bestiaux du 1er au 31 janvier de chaque année.

Art. 6. Pour obtenir le poinçonnage annuel de sa médaille, tout ouvrier devra justifier, au préalable d'un domicile certain, en produisant un certificat délivré par le commissaire de police du lieu de sa résidence, sur l'attestation de deux témoins patentés.

Art. 7. Les ouvriers du marché ne pourront travailler sans être munis de leur médaille, qui devra toujours être portée d'une façon ostensible, soit au bras, soit sur la blouse, soit fixée à une ceinture de cuir.

Dans aucun cas les ouvriers ne pourront refuser de laisser prendre le numéro de leur médaille, soit par les agents de l'autorité, soit par les particuliers intéressés à le connaître.

Art. 8. Tout individu en quête d'ouvrage sur le marché et non porteur de la médaille prescrite sera immédiatement expulsé de l'établissement sans préjudice des poursuites qui pourront être dirigées contre lui, à raison de la contravention par lui commise.

Art. 9. Tout ouvrier du marché qui cessera d'exercer sa profession, devra faire la remise de sa médaille, et de sa permission dans le délai de 3 jours, au bureau de l'Inspection du marché.

Art. 10. Les permissions délivrées jusqu'à ce jour devront être échangées dans le délai d'un mois, à partir de la publication de la présente ordonnance.

Art. 11. Toutes les fois qu'un ouvrier changera de domicile, il devra en donner avis au bureau d'Inspection du marché.

Tout ouvrier qui n'aura pas rempli cette formalité, sera exclu temporairement du travail du marché.

Il pourra, suivant les circonstances, être privé définitivement de la médaille et de la permission.

Art. 12. Les contraventions aux dispositions qui précèdent, seront constatées par des procès-verbaux ou rapports qui nous seront adressés.

Art. 13. La présente ordonnance sera imprimée, publiée et affichée.

L'Inspecteur général des halles et marchés, les commissaires de police et les préposés de la préfecture de police sont chargés de tenir la main à son exécution.

Le colonel de la garde de Paris est requis de leur prêter main-forte au besoin.

Le Préfet de Police,

Signé : J.-M. PIÉTRI.

Pour le Préfet de Police,
Le Secrétaire général,

Signé : DUVERGIER.

———

N° 34. — Arrêté du Préfet de la Seine du 20 février 1868 portant réduction du tarif des droits de place et de séjour sur les moutons et les animaux de renvoi amenés au marché de la Villette.

Le Sénateur, Préfet du département de la Seine,

Vu le cahier des charges de la régie intéressée du marché aux bestiaux de la Villette ;

Vu l'arrêté préfectoral du 21 septembre 1867, pris en exécution du dit cahier des charges ;

Vu les lettres de la Société l'Approvisionnement tendant à la réduction des droits de place et de séjour des moutons.

Vu la délibération du Conseil municipal de la ville de Paris, en date du 7 février courant, portant qu'il y a lieu :

1° De réduire de 0, 50 c. à 0, 25 c. le tarif des droits de place à percevoir sur les moutons dans le dit marché, et de 0, 10 c. à 0, 05 c. le tarif des droits de séjour des mêmes animaux ;

2° De supprimer les droits de place sur les animaux de renvoi qui séjourneront dans les étables du marché ;

Arrête :

Art. 1er. A partir du lundi, 24 février présent mois, le tarif des droits de place sur les moutons est réduit de 0, 50 c. à 0, 25 c. par tête.

Le droit de séjour des mêmes animaux dans les étables, est réduit de 0, 10 c. à 0, 05 c. par tête.

Art. 2. Les droits de place à percevoir pour les bestiaux de toutes espèces, amenés et mis en vente sur le marché, seront perçus autant de fois que les mêmes bestiaux seront mis en vente à des jours différents.

Néanmoins et par exception, les bestiaux invendus qui seront ramenés dans les étables du marché, ne seront pas assujettis à un nouveau tarif de place.

Art. 3. Le présent arrêté sera imprimé et affiché; ampliation en sera adressée :

1° A M. le Préfet de police;

2° A M. le Directeur de l'octroi;

3° A M. le Receveur municipal;

4° A M. le Président du conseil d'administration de la Société l'approvisionnement concessionnaire de la régie intéressée du marché.

Paris, le 20 février 1868.

Signe : G.-E. HAUSSMANN.

Pour ampliation,
Pour le Conseiller d'État, Secrétaire général.

Signé : MARGUERIE.

N° 35. — Arrêté du Préfet de la Seine concernant le stationnement, la conduite et la garde des voitures sur le marché aux bestiaux de la Villette.

Le sénateur, préfet du département de la Seine, grand'croix de l'Ordre impérial de la Légion d'honneur,

Vu la délibération du conseil municipal, en date du 22 mai 1868,

Arrête :

Le droit à percevoir pour le stationnement, la conduite de la garde des voitures servant au transport des bestiaux et autres sur le marché aux bestiaux de la Villette, est fixé à 25 centimes par chaque voiture.

Fait à Paris, le 1ᵉʳ juillet 1868.

Signé : G. E. HAUSSMANN.

Pour ampliation :
Pour le conseiller d'État, secrétaire général,
Le conseiller de préfecture délégué,

Signé : MARGUERIE.

———

N° 36. — Arrêté du Préfet de la Seine du 8 mai 1869 concernant le réglement (1) du marché aux bestiaux de la Villette.

Le sénateur, préfet du département de la Seine, grand' croix de l'ordre impérial de la légion d'honneur.

———

(1) Ce règlemeut modifie celui du 10 octobre 1867. (Voyez appendice n° 31.)

Vu l'arrêté préfectoral du 10 octobre 1867 ;

Vu l'avis du préfet de Police ;

Vu le décret du 10 octobre 1859 ;

Arrête :

Art. 1ᵉʳ. Les heures d'ouverture et de clôture des ventes, du marché aux bestiaux de la Villette, sont réglées en toute saison, ainsi qu'il suit :

ESPÈCES DE BESTIAUX	OUVERTURE	CLOTURE
	matin	soir
1° Pour la vente des taureaux.........	10 h.	2 h. 1/2
2° Pour la vente des veaux et des porcs.	10 1/2	2
3° Pour la vente des bœufs et vaches de bandes, vaches laitières et cordières .	10 h. 1/2	2 h. 1/2
4° Pour la vente des moutons.........	midi	3 h. 1/2

L'ouverture et la clôture du marché seront annoncées au son de la cloche.

Il sera donné un premier coup de cloche une heure avant la clôture des ventes de chaque catégorie, pour avertir du renvoi des bestiaux non vendus.

Les bestiaux introduits par les portes de la rue d'Allemagne et les bestiaux se trouvant dans les trains mis à quai, plus d'une heure après les ouvertures des ventes ci-dessus indiquées, ne seront mis en vente que le lendemain.

Art. 2. Les introducteurs de bestiaux, à leur arrivée, feront aux préposés à la recette des droits de marché, la déclaration par écrit des noms et du domicile du propriétaire, du nombre par espèces de bestiaux qu'ils introduiront, et des lieux de provenance, sans préjudice de la déclaration qu'ils doivent faire aux préposés de l'octroi.

Art. 3. Les introducteurs aussitôt après avoir remis cette déclaration écrite, acquitteront les droits de place et de séjour, s'il y a lieu, conformément au tarif fixé ; ce payement sera constaté par une quittance détachée du registre à souche, énonçant le nombre et l'espèce de bestiaux introduits sur le marché.

Art. 4. Aucune introduction de bestiaux dans le marché ne pourra être faite sans que, au préalable, les quantités présentées aient été reconnues et comptées par les employés de l'administration de la régie.

Immédiatement après cette vérification, les droits dus pour les quantités excédant la déclaration seront acquittés.

Art. 5. Dans la demie-heure qui précédera la répartition des places, les marchands forains feront, aux préposés à la recette des droits de marché, la déclaration de la nature et du nombre des bestiaux qu'ils ont à introduire, et acquitteront les droits dus pour ces bestiaux.

Art. 6. *Places.* — Le sort déterminera l'ordre dans lequel chaque marchand porteur de quittances, choisira la place destinée par lui aux bestiaux déclarés.

Le tirage au sort des places sera fait chaque jour en toute saison : à 7 heures du matin pour toutes les espèces de bestiaux.

Art. 7. Les agents de la régie ne pourront procéder au tirage qu'en présence des agents de la préfecture de la Seine et de la préfecture de Police.

Le résultat du tirage, et les places choisies par les marchands seront immédiatement indiqués sur un

tableau figuratif des emplacements du marché. Ce
tableau sera tenu constamment à la disposition des
intéressés.

Art. 8. Les places restées vacantes après le tirage
au sort seront occupées suivant l'ordre d'arrivée
par les bestiaux qui n'auront pas été déclarés pour
le tirage.

Art. 9. Le placement des bestiaux sur les emplacements à occuper, pourra commencer immédiatement après les opérations du tirage.

Art. 10. Les taureaux seront attachés à la lice
de l'allée longitudinale, à droite de la halle du
milieu.

Pour chaque marché, le nombre de préaux réservés à l'emplacement des vaches sera déterminé de
concert, d'après les arrivages, par les agents des
deux préfectures.

Art. 11. Le placement des bœufs, vaches et taureaux aura lieu de manière que chaque préau en
contienne au moins vingt.

Le placement des moutons aura lieu de manière
que chaque parquet en contienne dix-huit.

Le placement des porcs aura lieu de manière que
chaque préau en contienne 15 au maximum.

Les veaux devront être attachés aux lices, à raison de cinq par espace de deux mètres.

Art. 12. Toute place concédée au tirage et restée
vacante après l'ouverture des ventes, sera donnée
de préférence au marchand ayant concouru au
tirage, qui la réclamera. Si plusieurs de ces marchands la réclament, le sort prononcera entre eux.

Art. 13. Tous les bestiaux vendus devront être
immédiatement retirés du marché, après, toutefois,

que les formalités exigées par le service de l'octroi auront été remplies.

Les voitures servant au transport des bestiaux seront retirées après leur déchargement. Elles ne pourront stationner que sur les emplacements spéciaux qui leur seront affectés.

Les voitures servant à l'enlèvement des bestiaux achetés sur le marché ne pourront y pénétrer après cinq heures.

Les voitures servant au transport dans l'intérieur du marché, des bestiaux amenés par le chemin de fer, pourront y pénétrer à toute heure.

Art. 14. Il est défendu à toute personne autre que les propriétaires de bestiaux, leurs agents et les ouvriers dûment autorisés, de s'introduire dans les halles avant les heures fixées pour l'ouverture de la vente du bétail qui y est parqué, et après les heures fixées pour la fermeture du marché.

Art. 15. L'entrée des bouveries et des bergeries est interdite à toute personne autre que les marchands et leurs agents.

Art. 16. Le présent arrêté sera affiché aux abords et dans l'intérieur du marché, et partout où besoin sera ; il sera exécutoire à partir du 1er juin prochain.

Fait à Paris, le 8 mai 1869.

Signé : G. E. HAUSSMANN.

Pour ampliation :
Pour le conseiller d'état, secrétaire général,
Le conseiller de préfecture délégué,

Signé : MARGUERIE.

———

N 37. — Arrêté du Préfet de la Seine du 29 janvier 1870 concernant le réglement des abattoirs de la Villette.

Le Sénateur, etc., etc.

Vu le rapport de la direction des affaires municipales ;

Vu l'avis de M. le Préfet de Police ;

    Arrête :

Art. 1er Les abattoirs sont ouverts au public : de 6 heures du matin à 8 heures du soir, du 1er novembre au 31 mars ; de 5 heures du matin à 9 heures du soir, du 1er avril au 31 octobre.

En dehors des heures ci-dessus indiquées, il est défendu de laisser s'introduire dans les abattoirs aucune personne étrangère à leur service, sans une permission expresse de l'administration.

Art. 2. L'entrée et la circulation dans les greniers à fourrages sont interdites :

1° Depuis 4 heures du soir jusqu'à 8 heures du matin, pendant les mois de novembre, décembre et janvier ;

2° Depuis 5 heures du soir jusqu'à 7 heures du matin, pendant les mois de février, mars et octobre.

3° Depuis 7 heures du soir jusqu'à 5 heures du matin, pendant les mois d'avril et de septembre.

4° Depuis 8 heures du soir jusqu'à 4 heures du matin, pendant les mois de mai, juin, juillet et août.

Art. 3. Tout propriétaire de bestiaux qui veut obtenir la concession d'un échaudoir devra en faire la demande par écrit au Préfet de la Seine.

En attendant son classement, le demandeur

pourra faire ses abatages dans les échaudoirs banaux.

Art. 4. Aucun échaudoir ne pourra être concédé, sans qu'au préalable la vacance en ait été déclarée et affichée dans l'abattoir, pendant un délai de cinq jours.

Il sera fait de même pour une portion d'échaudoir.

Art. 5. L'échaudoir déclaré vacant sera accordé au marchand boucher ou au propriétaire de bétail le plus anciennement classé dans l'abattoir, si dans le délai de cinq jours, à partir de la déclaration de vacance, il le réclame par écrit en échange du sien.

Ces demandes de mutation devront être remises au chef du service des perceptions municipales dans chaque abattoir.

Les demandes d'admission, telles qu'elles résultent de l'art. 3, ne prennent rang qu'après les demandes de mutation.

Tout échaudoir resté vacant par suite de mutation est aussitôt affiché et concédé dans le délai ci-dessus stipulé.

Art. 6. Nul ne peut obtenir la concession de plus d'un échaudoir sans une autorisation spéciale de l'administration.

Art. 7. Les échaudoirs ne peuvent être exploités que par les titulaires.

L'associé d'un titulaire ne pourra faire d'abatages dans l'échaudoir concédé à ce dernier avant d'avoir fourni des titres qui établissent sa qualité d'associé.

Ils ne sont pas transmissibles. Toutefois, la veuve d'un titulaire peut obtenir la concession de l'échaudoir de son mari, si elle continue le commerce de celui-ci.

Art. 8. L'administration déclassera d'office :

1° Le titulaire qui, pendant un mois, n'aura fait aucun abatage ;

2° Le titulaire qui aura traité à prix d'argent, ou de toute autre manière, de la sous-location de son échaudoir ;

3° Le titulaire qui aura enfreint les règlements de l'abattoir ;

Le titulaire déclassé d'office perd les droits résultant de son ancienneté de classement. Il est provisoirement autorisé à faire ses abatages dans l'un des échaudoirs banaux.

Art. 9. Lorsque, par suite du développement de leurs opérations, les titulaires classés dans un même échaudoir ne pourraient plus y continuer leurs abatages conjointement, le dernier titulaire classé dans l'échaudoir en sera exclu. Il sera provisoirement autorisé à faire ses abatages dans l'un des échaudoirs banaux.

Art. 10. Des échaudoirs banaux sont affectés à l'abatage des animaux appartenant aux marchands non classés dans les échaudoirs.

Le service des perceptions municipales délivre, dans l'abattoir, les permis d'occuper temporairement les échaudoirs banaux.

Aussitôt le travail d'abatage terminé, les échaudoirs banaux doivent être laissés disponibles, en parfait état de propreté.

Art. 11. Le nettoiement des cours de travail au-devant des échaudoirs est à la charge des titulaires qui doivent, en outre, entretenir en bon état de réparations locatives et de propreté les localités dont ils ont la jouissance.

Art. 12. La garde et la conservation des bestiaux est à la charge des occupants.

Art. 13. Il est défendu de placer des enseignes ou des écritaux tant à l'intérieur qu'à l'extérieur des bâtiments,

Il ne pourra être apposé des affiches qu'avec l'autorisation de l'administration et que dans les endroits spéciaux qui auront été indiqués.

Art. 14. Le présent arrêté sera affiché partout où besoin sera.

Ampliation en sera adressée :

1° En double expédition à la Direction des affaires municipales;

2° A M. le Préfet de Police.

Paris, le 29 janvier 1870.

Signé : Henri CHEVREAU.

Pour ampliation :
Le Conseiller d'État, secrétaire général,
Pour le Conseiller d'État, secrétaire général,
Le Conseiller de préfecture délégué,

Signé : DOMERGUE

N° 38. — Arrêté du Préfet de la Seine du 29 janvier 1870, concernant la transformation de la Société l'Approvisionnement en Société anonyme de crédit.

Le sénateur, etc., etc.

Vu le cahier des charges en date du 5 août 1854, modifié par l'arrêté préfectoral du 20 février 1868, relatif à l'adjudication de l'entreprise de la régie intéressée du marché aux bestiaux à établir sur le territoire de l'ancienne commune de la Villette pour une durée de 50 années, à partir du jour de l'ouverture du dit marché, ou, au plus tard, dans le délai de deux ans, à compter de l'adjudication.

Vu le procès-verbal dressé en conseil de préfecture, le 20 janvier 1865, approuvé par arrêté préfectoral du 3 février suivant, et duquel il résulte que la dite adjudication a été prononcée au profit de la société anonyme l'Approvisionnement, qui avait offert d'abandonner à la ville de Paris la totalité de l'excédant des recettes du marché, sur les dépenses mentionnées en l'article 13 du cahier des charges sus-visé et en outre de lui payer par an une somme fixe de 10,000 francs, laquelle somme sera défalquée de celle de 150,000 francs allouée pour frais de régie.

Vu l'arrêté préfectoral, en date du 10 décembre 1867, qui dispose que le montant des frais de régie, fixé à 140,000 francs par an, sera payé par douzième à la société l'Approvisionnement par la caisse municipale, qui prélévera la somme nécessaire sur les recettes du marché aux bestiaux.

Vu le certificat duquel il résulte que la société l'Approvisionnement a versé à la caisse des travaux de Paris, à titre de cautionnement, une somme de deux millions de francs qui a été réduite à un million, par un arrêté préfectoral du 8 février 1868.

Vu les arrêtés préfectoraux, en date des 28 juillet 1868, 24 mars, 13 avril et 28 octobre 1869, aux termes desquels il a été fait concession à la société l'Approvisionnement ;

1° De l'exploitation des buvettes-restaurants et trinkhal à établir dans le marché aux bestiaux.

2° De l'affermage de la perception des droits de stationnement, de conduite et de garde des voitures sur ledit marché ;

3° Du local destiné au chauffage de l'eau, pour l'alimentation des veaux, remplacé par celui destiné au chauffage des marques de la charcuterie.

4° Du droit d'enlever et de vendre les fumiers provenant du marché et des wagons du chemin de fer d'embranchement reliant le dit marché au chemin de fer de Ceinture.

Vu la lettre en date du 15 octobre 1869, par laquelle le liquidateur de la société l'Approvisionnement expose que ladite société s'est transformée, sous réserve de l'adhésion de la ville de Paris avec le concours des mêmes actionnaires et avec le même capital, en une société nouvelle dite : *Société anonyme Parisienne de Crédit-Régie du marché aux bestiaux.*

Vu la délibération du conseil municipal en date du 29 octobre 1869, portant qu'il y a lieu pour la ville de Paris d'adhérer à la transformation de la dite société ;

Vu la lettre en date du 17 décembre 1869, par laquelle les administrateurs de la *Société anonyme Parisienne de Crédit* s'engagent à se conformer à toutes les clauses et conditions du cahier des charges et des arrêtés ci-dessus visés, à partir du 1er décembre 1869.

Arrête :

Art. 1er. A partir du 1er décembre 1869, tous les versements à opérer par la société *l'Approvisionnement*, comme tous les payements à effectuer au nom et pour le compte de cette société, aux termes du cahier des charges et arrêtés sus-visés, relatifs à l'entreprise de la régie intéressée du marché aux bestiaux, seront opérés ou effectués au nom et pour le compte de la *Société anonyme Parisienne de Crédit*, *régie du marché aux bestiaux*.

Le cautionnement qui a été déposé à la caisse des travaux sera inscrit au nom de la même société anonyme.

Art. 2. *La Société anonyme Parisienne de Crédit* se conformera à toutes les clauses et conditions énoncées dans le cahier des charges et arrêtés sus-visés.

Art. 3. Ampliation du présent arrêté sera adressée :

1° A M. le préfet de Police ;

2° A la direction du service des travaux d'architecture ;

3° A la direction des affaires municipales ;

4° En triple, à la direction de la comptabilité.

Paris, 29 janvier 1870.

Signé : Henri CHEVREAU.

N° 39. — Extrait d'un arrêté préfectoral du 3 mars 1870, portant location d'un local pour le commerce de la charcuterie dans le marché aux bestiaux de la Villette.

Vu l'arrêté préfectoral en date du 13 avril 1869, aux termes duquel la régie concessionnaire du marché aux bestiaux a été autorisée à sous-louer, pendant l'année 1869, au commerce de la charcuterie une partie du local affecté au chauffage de l'eau dans le bâtiment destiné aux réservoirs pour l'approvisionnement des eaux du marché.

Vu la lettre par laquelle le conseil d'administration de la régie sollicite le renouvellement de cette autorisation pour l'année 1870.

Vu le rapport émané du service des perceptions municipales diverses.

Arrête :

Art 1er. La régie du marché aux bestiaux de la Villette est autorisée à louer au commerce de la charcuterie, la partie du local dont il s'agit pendant une année à partir du 1er janvier 1870.

Elle payera de ce chef à la ville, par trimestre et d'avance, une redevance annuelle de 200 francs, représentant le prix de la location consentie par elle au commerce de la charcuterie.

Paris, le 3 mars 1870.

Le préfet de la Seine,

Signé : HENRI CHEVREAU.

No 40. — Arrêté du Préfet de la Seine, du 16 juin 1870, relatif au stationnement des voitures au marché aux bestiaux de la Villette et à la perception des droits de stationnement.

Le sénateur, etc., etc.

Vu la lettre par laquelle le secrétaire délégué du conseil d'administration de la société anonyme parisienne de crédit sollicite la concession pour l'année 1870, des droits de stationnement, de conduite et de garde des voitures dans le marché aux bestiaux de la Villette ;

Vu l'arrêté préfectoral du 24 mars 1869, aux termes duquel la perception des droits de conduite et de garde des voitures a été concédée pour l'année 1869 à la régie du marché aux bestiaux de la Villette ;

Vu le rapport de la direction des affaires municipales ;

Vu la délibération du conseil municipal en date
du 13 mai 1870, qui autorise la ville de Paris à affer-
mer la perception, dont il s'agit, à la société anonyme parisienne de crédit concessionnaire de la
régie du marché aux bestiaux de la Villette, pour
une année à partir du 1er janvier 1870, moyennant
une redevance annuelle de 800 francs et sous les
clauses et conditions de l'arrêté du 24 mars 1869.

Arrête :

Art. 1er. La perception des droits de stationnement, de conduite et de garde des voitures sur le
marché aux bestiaux de la Villette est accordée à la
société anonyme parisienne de crédit sous les clauses et conditions de l'arrêté précité du 24 mars
1869, à partir du 1er janvier 1870, jusqu'au 1er janvier 1871, moyennant une redevance de huit cents
francs qui sera payée à la caisse municipale, par
trimestre et d'avance ;

Art. 2. Ampliation du présent arrêté sera adressée :

1° A M. le préfet de Police ;

2° A la société anonyme parisienne de crédit;

3° En triple expédition à la direction des affaires
municipales ;

Fait à Paris, le 16 juin 1870.

Signé : Henri CHEVREAU.

Enregistré à Paris, le 17 juin 1870, f° 88 r° c. 3 et 4, reçu 1 fr. 60,
et 0,16 c. pour décime,

Signé : ROQUET.

Pour ampliation :
Pour le conseiller d'état, secrétaire général,
Le conseiller de préfecture délégué,

Signé : DOMERGUE.

N° 41. — Arrêté du Préfet de la Seine, du 21 juin 1870, relatif à la vente des vaches laitières, au marché aux bestiaux de la Villette.

Le sénateur, etc., etc.

Vu l'arrêté préfectoral du 10 octobre 1867 ;

Vu le décret du 10 octobre 1859 ;

Vu l'avis de M. le préfet de Police ;

    Arrête :

Art. 1er. A partir du 1er juillet prochain, une partie de la bouverie provisoire, située derrière la halle aux moutons, et le préau adjacent, seront spécialement affectés à la réception et à la vente des vaches laitières.

Art. 2. — Les vaches laitières pourront être introduites sur le marché par la porte centrale de la grille de la rue d'Allemagne.

Art. 3. Toutes les dispositions du règlement du 8 mai 1869, sont applicables à la vente des vaches laitières.

Art. 4. Le présent arrêté sera affiché partout où besoin sera.

    Fait à Paris, le 21 juillet 1870.

        Signé : Henri CHEVREAU.

Pour ampliation :
Pour le conseiller d'état, secrétaire général,
Le conseiller de préfecture délégué,
  Signé : DOMERGUE.

N° 42. — **Décret du gouvernement de la Défense nationale qui abroge l'article 4 du décret du 24 février 1858 sur l'exercice de la profession de boucher dans la ville de Paris.**

Du 5 septembre 1870.

Le gouvernement de la Défense nationale,

Sur le rapport du ministre de l'Agriculture et du Commerce ;

Vu l'art. 4 du décret du 24 février 1858 (1), sur l'exercice de la profession de boucher dans la ville de Paris, le dit article ainsi conçu :

Le colportage en quête d'acheteurs des viandes de boucherie est interdit dans Paris.

Décrète ce qui suit :

Art. 1er. L'art. 4 du décret du 24 février 1858 est abrogé.

2. Le ministre de l'Agriculture et du Commerce est chargé de l'exécution du présent décret.

Fait à l'Hôtel-de-Ville de Paris, le 5 septembre 1870.

Signé : GÉNÉRAL TROCHU, CRÉMIEUX, LÉON GAMBETTA, ERNEST PICARD, JULES SIMON, GARNIER-PAGÈS, EMMANUEL ARAGO, JULES FERRY, GLAIS-BIZOIN, JULES FAVRE, PELLETAN, ROCHEFORT.

N° 43. — **Décret du Gouvernement de la défense nationale du 7 février 1871.**

Le gouvernement de la Défense nationale :

Décrète :

Art. 1er. Toute réquisition, toute interdiction de

---

(1) XI série, Bull. 583, n° 5,311.

vente des animaux de boucherie et des vaches laitières est levée à partir de ce jour.

Le commerce de ces animaux pourra s'opérer librement à partir de la promulgation du présent décret résultant de son insertion au *Journal officiel*.

Art. 2. Le marché aux bestiaux de la Villette sera
ouvert tous les jours, comme par le passé pour
l'exposition et la vente des animaux de boucherie
et des porcs.

Art. 3. La vente à la criée en gros des viandes
abattues est rétablie à la halle des Prouvaires et
fonctionnera comme précédemment.

Une autre vente en gros à la criée des viandes
abattues pourra être installée au marché aux bestiaux de la Villette. Elle sera faite par des agents
publics spéciaux désignés par l'administration municipale.

Art. 4. L'abatage des animaux achetés par les
bouchers aura lieu, comme par le passé, dans les
échaudoirs affectés à chacun d'eux aux abattoirs en
exercice, sans préjudice néanmoins des mesures
qu'il serait nécessaire de maintenir pour assurer
l'approvisionnement des boucheries municipales.

Art. 5. La vente de la viande sera libre dans tous
les étaux de boucherie de la capitale. Les bouchers
ne pourront vendre qu'au prix de la taxe, qui sera
établie tous les quinze jours d'après la moyenne des
prix de vente sur le marché de la Villette.

Art. 6. Tant que cela sera nécessaire, les boucheries municipales établies et fonctionnant par les
soins des Maires d'arrondissement seront mainte-
nues en nombre suffisant. Elles seront approvision-
nées et la distribution des viandes et autres aliments

continuera d'y avoir lieu, sur la présentation des cartes de boucheries, dans les conditions de prix et de quantités déterminées par les autorités munici-pales.

Art. 7. Le ministre de l'Agriculture et du Com-merce, le Maire de Paris et les Maires d'arrondis-sements ont chargés, chacun en ce qui le concerne, de l'exécution du présent décret.

Fait à Paris, le 7 février 1871.

Signé: GÉNÉRAL TROCHU, JULES FAVRE, JULES FERRY, ERNEST PICARD.

Nº 44. — Arrêté du Maire de Paris, du 20 février 1871 concernant la vente en gros à la criée et à l'amiable des viandes abattues à l'abattoir de la Villette.

Le Maire de Paris,

Vu le décret du 7 février 1871 ;

Vu la loi du 25 juin 1841 ;

Vu la loi du 18 juillet 1866 ;

Considérant qu'il appartient à l'administration municipale de réglementer la vente à cri public des comestibles ;

Arrête :

Art. 1ᵉʳ La rotonde de gauche dans la cour prin-cipale de l'abattoir général de la Villette, annexe du marché à bestiaux est affectée provisoirement à la vente en gros à la criée et à l'amiable des viandes abattues.

Le marché sera ouvert le 15 mars prochain.

Art. 2. Les courtiers institués par la loi du 18 juillet 1866, susvisée sont désignés pour vendre à la criée les viandes abattues sur ce marché.

Art. 3. Un arrêté déterminera ultérieurement la règlementation du marché.

Art. 4. Le présent arrêté sera publié et affiché partout où besoin sera ; ampliation en sera adressée à M. le Préfet de police et à M. le Président de la chambre syndicale des courtiers assermentés.

Art. 5. La direction des affaires municipales est chargée de l'exécution du présent arrêté.

Fait à Paris, le 20 février 1871.

Signé : Jules FERRY.

N° 48. — Décret du 30 septembre 1871, concernant les animaux abattus par ordre de l'autorité.

Le Président de la République Française :

Sur le rapport du ministre de l'Agriculture et du Commerce,

Vu la loi du 30 juin 1866, dont l'article unique est ainsi conçu :

« *Les indemnités allouées pour tous les animaux dont l'autorité publique aura ordonné ou ordonnera l'abatage par suite du typhus contagieux des bêtes à cornes seront fixées aux trois quarts de la valeur.* »

La commission provisoire chargée de remplacer le conseil d'État entendue,

Décrète :

Art. 1er L'indemnité des trois quarts de la valeur

allouée par la loi du 30 juin 1866, aux propriétaires
d'animaux abattus par l'ordre de l'autorité publique, sera fixée par le ministre de l'Agriculture et du
Commerce, après une expertise faite au moment
même de l'ordre d'abatage.

Art. 2. L'évaluation de l'animal abattu est faite
par deux experts désignés, l'un par le Maire, l'autre
par la partie. A défaut, par la partie, de désigner
son expert, l'expert désigné par le Maire opère seul.

Le procès - verbal d'expertise est déposé à la
Mairie.

En cas de dissentiment entre les deux experts,
sur l'évaluation de l'animal abattu, le Maire donne
son avis à la suite du procès-verbal.

Art. 3. Ce procès-verbal est transmis, dans les
cinq jours de sa date, par le Maire au Préfet, il doit
être accompagné :

1° De l'ordre d'abatage délivré par le Maire sur le
rapport d'un vétérinaire ;

2° D'un certificat du Maire, constatant que l'ordre
d'abatage a reçu son exécution ;

3° D'un certificat du Maire constatant que la partie
s'est conformée aux lois et règlements de police sa-
nitaire, notamment quant à la déclaration de la
maladie de l'animal, dès que cette maladie s'est pro-
duite ;

4° De la demande d'indemnité formée par la
partie ;

Le Ministre statue dans le délai de trois mois, à
dater de la réception des pièces ;

Art. 4. Quand la peste bovine apparaît d'une manière soudaine dans une localité, et qu'il n'y a
qu'un petit nombre d'animaux suspects, les cada-

vres doivent être enfouis ou détruits sur place par les procédés connus de l'équarrissage.

Si la peste bovine s'est étendue à une grande surface de territoire, l'usage des viandes abattues pourra être autorisé par un arrêté du préfet.

Cet arrêté déterminera :

1° Les conditions sous lesquelles devra s'opérer le transport, soit de ces viandes, soit des animaux vivants suspects, du lieu de provenance au lieu de consommation ou d'abatage ;

2° Les précautions à prendre pour que les animaux vivants ne puissent être détournés de leur destination et soient abattus aussitôt après leur arrivée à l'abattoir.

Art. 5. Dans le cas prévu par l'article |précédent, le produit de la vente des viandes sera laissé au propriétaire de l'animal abattu.

Mais s'il excède le quart de la valeur de cet animal, l'indemnité des trois quarts due par l'État sera réduite de l'excédant.

Art. 6. Les frais d'expertise, d'abatage, d'enfouissement, de désinfection, de transport des viandes et des animaux suspects, et tous autres frais accessoires restent au compte des propriétaires.

Art. 7. Le ministre de l'Agriculture et du Commerce est chargé de l'exécution du présent décret, qui sera inséré au *Bulletin des Lois* et publié au *Journal Officiel de la République Française.*

Fait à Versailles, le 30 septembre 1871.

A. THIERS.

Par le Président de la République ;
Le Ministre de l'Agriculture et du Commerce,
VICTOR LEFRANC.

N° 46. — Ordonnance du Préfet de police concernant la réexportation hors du département de la Seine des animaux de l'espèce bovine.

Paris, le 13 décembre 1871.

Nous, préfet de police,

Considérant que la peste bovine sévitencore dans un certain nombre de départements, et qu'il importe de prévenir les dangers de sa propagation par des animaux réexportés de Paris et du département de la Seine ;

Considérant qu'un grand nombre de départements viennent s'approvisionner en bêtes de boucherie dans le département de la Seine ;

Vu : 1° l'arrêt du 19 juillet 1746, notamment les art. 9 et 10 ;

2° La loi du 16-24 août 1790 ;

3° Les arrêtés des consuls des 12 messidor an VIII et 3 brumaire an IX ;

4° L'ordonnance royale du 27 janvier 1815 ;

5° La lettre de M. le Ministre de l'Agriculture et du commerce, en date du 11 de ce mois,

Ordonnons ce qui suit :

Art. 1er. Jusqu'à ce qu'il en soit autrement ordonné, aucun animal de l'espèce bovine, provenant, soit du marché à bestiaux de La Villette, soit d'un établissement particulier situé dans le département de la Seine, ne pourra être expédié hors de ce département, que pour être livré immédiatement au commerce de la boucherie.

En conséquence, il est expressément interdit de

26

faire sortir du département des bestiaux de cette espèce, en qualité d'animaux reproducteurs, vaches
laitières, bœufs d'engrais ou veaux d'élève.

Art. 2. Toute personne qui, pour les besoins du
commerce de la boucherie, voudra exporter du département de la Seine des bœufs, vaches, veaux ou
taureaux, devra se pourvoir d'un *laissez-passer* pour
chaque expédition.

Ces *laissez-passer*, indiquant le nom de l'expéditeur, celui du destinataire, le nombre et la nature
des bestiaux, et le lieu de destination, seront délivrés :

1° Par l'inspecteur-principal du marché à bestiaux de La Villette, commis à cet effet, pour les
animaux sortant de ce marché ou d'un établissement quelconque situé dans Paris ;

2° Par le maire de la commune, pour ceux provenant de tout autre lieu.

Art. 3. L'expéditeur devra rapporter à la préfecture de police, dans les cinq jours de sa date, le
laissez-passer délivré comme il est dit à l'article précédent.

Cette pièce portera le visa du maire de la localité
dans laquelle les animaux auront été conduits, avec
son attestation constatant la présence en nombre
égal desdits animaux, leur abatage immédiat, et,
s'il y a lieu, la mention des animaux manquants.

Art. 4. Les administrations de chemins de fer ne
pourront transporter les animaux de l'espèce bovine qu'autant qu'il leur sera justifié du *laissez-passer* exigé par l'art. 2 ci-dessus.

Art. 5. Seront poursuivis, conformément aux
lois et règlements sur la matière, les contrevenants

à la présente ordonnance qui sera imprimée, publiée et affichée.

Le Préfet de police,
L. RENAULT.

Par le Préfet de police,
Le Secrétaire général,
A. FOUQUIER.

———

N° 47. — Arrêté du Préfet de la Seine du 13 mars 1872, concernant le réglement du marché à la viande dans l'abattoir de la Villette.

Le Préfet du département de la Seine, membre de l'Assemblée nationale,

Vu le décret du gouvernement de la défense nationale, en date du 7 février 1871, qui autorise l'établissement d'une vente en gros de viandes abattues dans le marché aux bestiaux de la Villette ;

Vu l'arrêté pris par le maire de Paris, à la date du 20 février 1871, pour l'établissement de cette vente dans la rotonde de gauche, située dans la cour principale de l'abattoir de la Villette (annexe du marché aux bestiaux) ;

Vu l'avis de M. le préfet de Police ;

Vu le rapport de la direction de l'administration générale ;

Arrête :

Art. 1ᵉʳ. Le marché à la vente en gros, à la criée et à l'amiable de viandes abattues, établi dans l'abattoir de la Villette, tiendra tous les jours à compter du 30 mars courant ;

La vente commencera à 1 heure de relevée et sera close à 5 heures ;

L'ouverture et la clôture de la vente seront annoncées à son de cloche ;

Le marché devra être évacué et fermé une demi-
heure après la clôture de la vente.

Art. 2. La réception des viandes pour le marché
du jour commencera à 9 heures du matin pour cesser à 3 heures et demie de relevée.

Art. 3. Des décisions de l'administration déter-
mineront, suivant les besoins, les emplacements
affectés aux ventes à la criée et ceux réservés pour
les ventes à l'amiable,

Art. 4. Le poids des viandes amenées sur le marché sera vérifié au moment même de l'introduction, et les droits d'abri et de poids public seront
acquittés immédiatement.

Les droits d'abri et de poids public seront perçus
suivant les tarifs du marché à la vente à la criée des
viandes abattues aux Halles centrales.

Ces tarifs sont actuellement fixés, savoir :

Pour le droit d'abri, 0,02 c. par kilogramme ;

Pour le droit de poids public, à 0,20 c. par 100
kilogrammes (1).

Art. 5. Avant leur réception ou vente, les viandes
seront examinées, et celles qui se trouveront gâtées, corrompues ou nuisibles, seront saisies et détruites, sans préjudice des peines portées par la loi.

Art. 6. Toutes les chevilles comprises dans les
parties des travées occupées par chaque marchand
devront être garnies. Les agents de l'administration
municipale pourront, en tenant compte de l'impor-

---

(1) Ce dernier droit a été porté à 0,30, par arrêté du préfet
de la Seine en date du 15 juin 1872. (Voyez *Appendice*, n° 51).

tance des apports, limiter le nombre de chevilles qu'un marchand a le droit d'occuper.

Art. 7. La garde des viandes introduites sur le marché incombe aux propriétaires de ces marchandises.

Art. 8. Les viandes vendues devront être enlevées une demi-heure au plus tard après la vente ; sinon, elles seront déposées d'office dans la resserre, aux frais des acquéreurs.

Art. 9. Les marchandises apportées trop tard pour être vendues, et celles qui n'auront pas été vendues pourront être déposées dans la resserre, sous la garde de l'agent de la Préfecture de la Seine, moyennant un tarif fixé, à titre provisoire, à raison de 0,20 c. par 100 kilog.

Art. 10. Les courtiers inscrits conformément à la loi du 18 juillet 1866, sont désignés pour vendre à la criée les viandes abattues sur le marché.

Art. 11. Le droit de courtage sur le marché pour la vente à la criée est fixé, au maximum, à un pour cent du montant de la vente, à la charge du vendeur ;

Les autres frais de vente seront à la charge de qui de droit ; ils seront tarifés s'il y a lieu.

Art. 12. Les enchères et le lotissement seront fixés au moment de la vente, suivant l'état du marché.

Art. 13. Lors de la vente, le courtier inscrira immédiatement sur son carnet, en regard de la désignation de chaque lot et de son poids, le nom et le domicile de l'acheteur, ainsi que le prix de l'adjudication.

Les enchères seront reçues 'et leur adjudication sera faite par le courtier chargé de la vente. Le courtier dressera procès-verbal de chaque séance.

Une copie de ce procès-verbal sera remise chaque jour aux agents de la Préfecture de la Seine.

Art. 14. Seront exclus du marché tous ceux qui contreviendront aux prescriptions du présent règlement.

Art. 15. Le présent arrêté sera publié et affiché partout où besoin sera.

Fait à Paris, le 15 mars 1872.

Signé : LÉON SAY.

Pour copie conforme :
Le Secrétaire général de la Préfecture,
A. HUSSON.

Nº 48. — Loi du 30 mars 1872 relative au droit de timbre des récépissés délivrés par les chemins de fer en exécution de la loi du 13 mai 1863.

L'Assemblée nationale a adopté :

Le Président de la République française promulgue la loi dont la teneur suit :

Art. 1ᵉʳ. A partir du 8 avril 1872, le droit de timbre des récépissés délivrés par les chemins de fer, en exécution de la loi du 13 mai 1863, est fixé, y compris le droit de la décharge donnée par le destinataire, à soixante-dix centimes (0,70 c.), pour chacun des transports effectués autrement qu'en grande vitesse.

Ces récépissés pourront servir de lettres de voiture pour les transports qui, indépendamment des voies ferrées, emprunteront les routes, canaux et rivières. Les modifications qui pourraient survenir en cours d'expédition, tant dans la destination que dans le prix et les conditions du transport, pourront être écrites sur ces récépissés.

Le droit de 0,70 centimes n'est pas assujetti aux décimes.

Art. 2. Les entrepreneurs de messageries et autres intermédiaires de transports qui réunissent en une ou plusieurs expéditions des colis ou paquets envoyés à des destinataires différents, sont tenus de remettre aux gares expéditrices un bordereau détaillé et certifié, écrit sur du papier non timbré et faisant connaître le nom et l'adresse de chacun des destinataires réels.

Il sera délivré, outre le récépissé pour l'envoi collectif, un récépissé à chaque destinataire. Ces récépissés spéciaux ne donneront pas lieu à la perception du droit d'enregistrement au profit des compagnies de chemins de fer, mais ils seront établis par les entrepreneurs de transports eux-mêmes sur des formules timbrées que les compagnies de chemins de fer tiendront à leur disposition, moyennant remboursement des droits et frais. Les numéros de ces récépissés seront mentionnés sur le registre de factage ou de camionnage que lesdits entrepreneurs ou intermédiaires sont tenus de faire signer pour décharge par les destinataires.

Ces livres ou registres seront représentés à toute réquisition aux agents de l'enregistrement.

Chaque contravention aux dispositions qui précèdent sera punie d'une amende de 50 fr., et de 100 fr. en cas de récidive dans le délai d'un an.

Ces contraventions seront constatées par tous les agents ayant qualité pour verbaliser en matière de timbre, et par les commissaires de surveillance administrative.

Art. 3. Tout transport par mer et sur les fleuves

rivières et canaux, dans le rayon de l'inscription maritime, doit être accompagné de connaissements.

A partir du 1ᵉʳ mai 1872, les quatre originaux prescrits par l'article 282 du Code de commerce seront présentés simultanément à la formalité du timbre. Celui des originaux qui sera destiné à être remis au capitaine sera soumis à un droit de timbre de 2 fr., les autres originaux seront timbrés gratis ; mais ils ne seront revêtus que d'une estampille sans indication de prix.

Le droit de 2 fr. est réduit à 1 fr. pour les expéditions par le petit cabotage de port français à port français.

Art. 4. Les connaissements venant de l'étranger seront soumis, avant tout usage en France, à des droits de timbre équivalents à ceux établis sur les connaissements créés en France.

Il sera perçu sur le connaissement en la possession du capitaine un droit minimum de 1 fr. représentant le timbre du connaissement ci-dessus désigné, et celui du consignataire de la marchandise.

Ce droit sera perçu par l'apposition de timbres mobiles.

Art. 5. S'il est créé en France plus de quatre connaissements, ces connaissements supplémentaires seront soumis chacun à un droit de 50 centimes.

Ces droits supplémentaires pourront être perçus au moyen de timbres mobiles. Ils seront apposés sur le connaissement existant entre les mains du capitaine, et en nombre égal à celui des originaux qui auraient été rédigés, et dont le nombre doit être mentionné conformément à l'article 1325 du Code civil.

Dans le cas où cette mention ne serait pas faite sur l'original représenté par le capitaine, il sera perçu un droit triple de celui fixé par l'article 3 ci-dessus.

Art. 6. Tout connaïssement créé en France et non timbré donnera lieu à une amende de 50 fr. contre le chargeur. En outre, une amende d'égale somme sera exigée personnellement et sans recours, tant du capitaine que de l'armateur, ou de l'expéditeur du navire.

Les contraventions seront constatées par les employés des douanes, par ceux des contributions indirectes et par tous autres agents ayant qualité pour verbaliser en matière de timbre.

Il leur est alloué un quart des amendes recouvrées.

Les capitaines de navires français ou étrangers devront exhiber aux agents des douanes, soit à l'entrée, soit à la sortie, les connaissements dont ils doivent être porteurs aux termes de l'article 3 ci-dessus.

Chaque contravention à cette prescription sera punie d'une amende de 100 à 600 fr.

Art. 7. Un règlement d'administration publique déterminera la forme et les conditions d'emploi des timbres mobiles créés par la présente loi, ainsi que toutes autres mesures d'exécution. Sont applicables à ces timbres les dispositions de l'art. 21 de la loi du 11 juin 1859.

Chaque contravention au règlement d'administration publique à intervenir, sera punie d'une amende de 50 fr.

Les formules de connaissements pourront être

revêtues de l'empreinte du timbre dans les départements. — Les dispositions des articles 6 et 7 de la loi du 11 juin 1842 sont abrogées en ce qui les concerne.

Délibéré en séance publique, à Versailles, le 30 mars 1872.

Le Président,

Signé : Jules GRÉVY.

Les secrétaires :

Signé : Baron DE BARANTE, ALBERT DESJARDINS.

Nº 49. — **Arrêté, du 16 avril 1872, du Ministre de la marine chargé de l'intérim du Ministère des travaux publics, portant autorisation aux compagnies de chemins de fer de percevoir provisoirement une taxe de 3 fr. pour frais de désinfection, par wagon, ayant servi au transport des animaux de l'espèce bovine, en provenance de certains départements.**

Le vice-amiral ministre de la marine et des colonies, chargé de l'intérim du ministère des travaux publics,

Vu les lettres de M. le ministre de l'agriculture et du commerce, et notamment la lettre du 25 mars 1872, relatives aux mesures à prendre pour empêcher la propagation de la peste bovine par les transports en chemin de fer ;

Vu l'article 44 de l'ordonnance réglementaire du 15 novembre 1846 ;

Considérant qu'il est nécessaire, tant que la peste bovine sévira sur différents points du territoire, d'opérer à la gare destinataire, aussitôt après le déchargement, la désinfection des wagons ayant servi au transport des bestiaux en provenance des départements où règne l'épizootie ;

Considérant que les frais de cette opération ne paraissent pas devoir rester à la charge des compagnies,

Arrête :

Art. 1er. Les compagnies de chemins de fer sont autorisées provisoirement à percevoir, pour frais de désinfection, une taxe de 3 fr. par wagon ayant servi au transport des animaux de l'espèce bovine en provenance des départements suivants : Aisne, Ardennes, Aube, Calvados, Côte-d'Or, Eure, Eure-et-Loir, Marne, Haute-Marne, Meurthe-et-Moselle, Meuse, Nord, Oise, Pas-de-Calais, Haute-Saône, Seine, Seine-Inférieure, Seine-et-Marne, Seine-et-Oise, Somme et Vosges.

Cette perception sera appliquée aux provenances des autres départements qui seraient désignés aux compagnies par l'administration et pour lesquels il serait nécessaire de prendre les mêmes mesures de précaution.

Art. 2. L'autorisation accordée aux compagnies de chemins de fer par l'article précédent est subordonnée aux conditions suivantes :

1° Toutes les fois qu'un wagon aura contenu du bétail embarqué pour une destination quelconque, dans l'un des départements ci-dessus dénommés ou dans ceux qui seraient ultérieurement désignés, ce wagon sera soumis à une désinfection complète ;

2° Aussitôt après l'embarquement des animaux, et avant la sortie de la gare expéditrice, le wagon sera muni d'un écriteau ou d'un placard portant en tête le nom de ladite gare, puis les mots : *A désinfecter dès l'arrivée ;*

3° Une fois le wagon complétement déchargé, on

le conduira immédiatement à l'endroit indiqué pour la désinfection. L'opération terminée, l'écriteau ou le placard sera changé et remplacé par un autre portant le nom de la gare où la désinfection aura eu lieu, puis le mot : *Désinfecté*.

Art. 3. Le présent arrêté sera notifié aux compagnies de chemins de fer.

Il sera publié et affiché.

Les préfets, les fonctionnaires et agents du contrôle sont chargés d'en surveiller l'exécution.

Versailles, le 16 avril 1872.

POTHUAU.

Nº 50.—Arrêté du Préfet de la Seine du 15 juin 1872, concernant l'augmentation des tarifs des droits de place du marché aux bestiaux de la Villette.

Le Préfet de la Seine, Membre de l'Assemblée nationale,

Vu le cahier des charges de la régie intéressée du marché aux bestiaux de La Villette et notamment l'art. 7 dudit cahier des charges, fixant le tarif des droits de place et de séjour des bestiaux dans le marché de La Villette ;

Vu l'arrêté préfectoral du 20 février 1868, réduisant de 0 fr. 50 c. à 0 fr. 25 c. par tête le tarif des droits de place sur les moutons ;

Vu la délibération du Conseil municipal en date du 5 juin 1872, relative à certaines augmentations des droits de place sur les bœufs, taureaux, vaches, porcs et moutons ;

Vu le décret du 10 octobre 1859 ;

Vu la loi du 24 juillet 1867 ;

    Arrête :

Art. 1er. — Les tarifs des droits de place à percevoir pour les bestiaux amenés et mis en vente sur le marché aux bestiaux de La Villette sont fixés, à partir du 1er juillet 1872, ainsi qu'il suit :

    3 francs par tête de taureau, bœuf ou vache ;

    1   —   par tête de veau;

    1   —   par tête de porc ;

    0 fr. 30 c. par tête de mouton.

Art. 2. Les droits seront perçus autant de fois que les mêmes bestiaux seront mis en vente à des jours différents.

Néanmoins, et par exception, les bestiaux invendus qui, en attendant une nouvelle mise en vente, seront conduits dans les étables du marché, ne seront pas assujettis à un nouveau tarif de place.

Art. 3. Les droits de séjour de ces bestiaux continueront à être fixés pour chaque nuit de séjour ainsi qu'il suit, savoir :

    0 fr. 50 c. par tête de taureau, bœuf ou vache;

    0 fr. 20 c. par tête de veau;

    0 fr. 10 c. par tête de porc ;

    0 fr. 5 c. par tête de mouton.

Art. 4. Le présent arrêté sera publié et affiché partout où besoin sera.

Art. 5. Ampliation du présent arrêté sera adressée :

    1° A M. le préfet de police ;

    2° A la direction de l'octroi ;

    3° A la direction des finances ;

    4° En double, à la direction de l'administration générale ;

5° A la Société anonyme parisienne de Crédit concessionnaire de la régie intéressée du marché aux bestiaux.

Paris le 15 juin 1872.

Signé : Léon SAY.

Pour ampliation :
Le secrétaire général de la préfecture,
A. HUSSON.

N° 51. — Arrêté du Préfet de la Seine du 15 juin 1872 concernant l'augmentation des tarifs du pesage, mesurage et jaugeage publics.

Le Préfet de la Seine, membre de l'Assemblée nationale,

Vu les divers actes du Gouvernement et arrêtés préfectoraux concernant l'établissement et la fixation des tarifs des droits de pesage, mesurage et jaugeage publics, et notamment l'arrêté du Gouvernement du 6 prairial an XI, le décret du 16 juin 1808, le décret du 11 juin 1811 et les arrêtés préfectoraux des 3 septembre 1862 et 25 septembre 1866 ;

Vu la délibération du conseil municipal, en date du 5 juin 1872, relative à l'augmentation de certains tarifs des droits de pesage, mesurage et jaugeage publics ;

Vu l'arrêté approbatif de cette délibération en ate du 14 juin 1872 ;

Vu le décret du 10 octobre 1859,

Arrête :

Art. 1er. Les tarifs des droits de pesage, mesurage et jaugeage publics sont fixés, à partir du

1ᵉʳ juillet 1872, conformément aux indications du tableau ci-après :

LOCALITÉS	NATURE DES OBJETS PESÉS, MESURÉS ET JAUGÉS	TARIF DES DROITS
A domicile.	Bois à brûler, étoffes diverses.	7,50 par vacation.
Bureau central.	Charbon de terre, huile, cordage.	0,20 — 100 kilogr.
	Draps, toiles, étoffes diverses.	0,02 — mètre.
	Bois à brûler.	0,15 — stère.
Fontaine de l'Arsenal.	Tonneaux d'eau.	0,05 — 20 litres.
Dépotoir.	Pièces d'eau-de-vie, esprits, etc.	0,05 — —
Ports divers.	Charbon de terre, etc.	0,20 — 100 kilogr.
	Bois à brûler.	0,15 — stère.
Halle aux grains et farines.	Grains et farines.	0,20 — 100 kilogr.
	Graines et grenailles Avoines et issues.	0,50 — hectolitre.
Halle à la viande.	Viande.	0,30 — 100 kilogr.
Halle au beurre.	Beurre.	0,20 — —
Foire aux jambons.	Charcuterie.	0,30 — —
Halle aux fleurs et aux fruits.	Fleurs et fruits. Haricots et pois verts, etc.	0,20 — —
Halle aux fromages.	Fromages.	0,20 — —
Marché Beauveau.	Fruits et légumes.	0,20 — —
Port du Mail.	Fruits.	0,20 — —
Halles aux cuirs.	Cuirs et peaux.	0,10 — —
Plates-formes des carrières et aux entrées dans Paris	Pierres de taille et moellons.	1 fr. — mèt. cube.

Art. 2. Le droit de jaugeage sera perçu sur la

fraction de double décalitre comme pour l'entier.

Le droit de mesurage sera perçu sur la fraction de mètre, de décalitre et de stère comme pour l'entier.

Quant au droit de pesage, dont l'unité est de 100 kilog., la fraction de 1 à 50 sera considérée comme 50 kilogrammes, et celle de 50 à 100 sera considérée comme l'entier.

Art. 3. Le présent arrêté sera publié et affiché partout où besoin sera.

Art. 4. Ampliation du présent arrêté sera adressée :

1° A M. le préfet de police ;

2° A la direction des finances ;

3° En double à la direction de l'administration générale.

Fait à Paris, le 15 juin 1872.

Signé : LÉON SAY.

Pour ampliation :
Le secrétaire général de la préfecture,
A. HUSSON.

N° 52. — Tarif des lignes télégraphiques.

(Le bureau du télégraphe est installé dans le pavillon de l'Administration situé à droite de la Halle-aux-bœufs)

Tarif pour 20 mots (Dépêche simple)

Pour Paris et le même département	0 60
Entre deux départements (pour toute la France). .	1 40
Algérie et Tunisie (Câble).	4 40
Voie mixte (poste Marseille).	1 40
Monaco.	2 »

Allemagne.	du Nord .	»	»
	Alsace-Lorraine.	2	»
	O. Weser-Verra.	3	»
	E. Weser-Verra.	4	»
Angleterre.	Londres .	4	»
	Autres bureaux.	6	»
Autriche.		6	»
Bade.		3	»
Bavière.		3	»
Belgique.		3	»
Corfou .		9	»
Danemark .		7	50
Espagne.		4	»
Grèce.		10	»
Italie.		4	»
Luxembourg .		2	50
Malte.		9	»
Moldo-Valachie		7	»
Pays-Bas.		4	»
Perse.		29	50
Portugal.		5	»
Russie.	d'Europe.	11	»
	du Caucase .	14	»
	Sibérie (première région).	19	»
	— (deuxième région).	27	»
	— (troisième région).	43	»
Serbie.		7	»
Suède.		8	»
Suisse.		3	»
Turquie.	d'Europe.	10	»
	d'Asie (première région).	14	»
	— (2e et 3e région).	18	»
Wurtemberg .		3	»

N° 33. — Décret du 30 novembre 1872 modifiant les droits d'octroi et de marché sur les poissons, volailles, et gibiers, beurres et œufs, fromages, fruits et légumes.

Le Président de la République française,

Sur le rapport du ministre des finances ;

Vu l'ordonnance du 9 décembre 1814 et les dispositions des lois des 28 avril 1816 et 24 juin 1824, relatives aux octrois ;

Vu la loi du 12 décembre 1830 et le tarif y annexé pour la perception du droit d'entrée sur les boissons ;

Vu la loi du 24 mai 1834 ;

Vu la loi du 11 juin 1842 ;

Vu la loi du 10 mai 1846 ;

Vu le décret du 17 mars 1852 ;

Vu l'article 18 de la loi de finances du 22 juin 1854 ;

Vu la loi du 24 juillet 1867 ;

Vu le décret du 12 février 1870 ;

Vu la délibération du conseil municipal de la commune de Paris, en date du 5 juin 1872, tendant à la modification des droits d'octroi et de marché sur les poissons, volailles et gibiers, beurres et œufs, fromages, fruits et légumes ;

Vu l'avis du préfet du département de la Seine, du 29 juin suivant ;

Vu les observations du ministre de l'intérieur ;

Le conseil d'État entendu,

Arrête :

Art. 1er. A partir de la publication du présent décret, les droits d'octroi et de marché sur les poissons, volailles et gibiers, beurres et œufs, fromages, fruits et légumes, seront perçus dans la ville de Paris, conformément au tarif ci-après, savoir :

DÉSIGNATION DES DENRÉES	TARIF	
	des droits d'octroi par 100 kil.	des droits de marché (ad valorem)
Saumons, turbots, bars, thons frais, barbues, truites, rougets de la Méditerranée ou rougets barbets, homards, langoustes, écrevisses, bouquets, ombres chevaliers, sterlets.	fr. 65 »	fr. 15 » 0/0
Anguilles, aloses, brochets, éperlans, esturgeons, mulets, soles, carpes, flétons, lamproies, sardines fraiches et goujons. . . .	30 »	10 » 0/0
Tous autres poissons de mer ou d'eau douce.	15 »	6 » 0/0
Volailles et gibiers de toute espèce, autres que chevreaux, oies et lapins domestiques.	40 »	12 05 0/0
Chevreaux, oies et lapins domestiques.	15 »	9 05 0/0
Beurres	17 »	6 10 0/0
Œufs	4 »	3 10 0/0
Fromages secs.	9 50	1 20 0/0
Fromages frais.	»	1 20 0/0
Fruits et légumes.	»	2 55 0/0

Les taxes d'octroi proprement dites (colonne 1re

ci-dessus) sont passibles de deux décimes pour franc.

Art. 2. Le ministre des finances est chargé de l'exécution du présent décret, qui sera inséré au *Bulletin des lois.*

Fait à Versailles, le 30 novembre 1872.

A. THIERS.

Par le Président de la République,
Le ministre des finances,
E. DE GOULARD.

———

Nº 34. — Arrêté du Préfet de la Seine du 28 décembre 1872 portant modifications dans le taux des droits d'octroi, de marché et des facteurs sur certaines denrées.

Le préfet de la Seine, membre de l'Institut,

Vu la délibération du conseil municipal de Paris, en date du 5 juin 1872, relative à des modifications apportées dans le taux des droits d'octroi, de marchés, d'abri et des facteurs sur certaines denrées ;

Vu la décision ministérielle en date du 30 juillet 1872 ;

Vu le décret du 30 novembre 1872, inséré au *Journal officiel* du 25 décembre 1872 ;

Arrête :

Art. 1er. A partir de ce jour, les tarifs des droits d'octroi, de marché et des facteurs perçus sur les denrées, à l'entrée dans Paris, ou vendues en gros dans les Halles centrales, sont fixées conformément aux indications du tableau ci-après :

DÉSIGNATION DES DENRÉES	TARIF		TARIFS DES DROITS DES FACTEURS
	des droits d'octroi par 100 kil.	des droits de marché (ad valorem)	
Saumons, turbots, bars, thons frais, barbues, truites, rougets de la Méditerranée ou rougets barbets, homards, langoustes, écrevisses, bouquets, ombres - chevaliers et sterlets.	fr. c. 65 »	fr. c. 15 » 0/0	Pour le poisson d'eau douce : 1 fr. 0/0 Pour la marée et la saline, *Acquéts* savoir : Sur les articles vendus 3 fr. et au-dessous : 0 fr. 10 c. pour le comptant et 0 fr. 15 c. pour le crédit ; — sur les art. vendus au-dessus de 3 fr. jusques et y compris 7 fr. : 15 c. p. le compt. et 20 c. p. le crédit ; — et sur les articles vendus au-dessus de 7 fr. : 20 c. pour le comptant et 25 c. p. le crédit.
Anguilles, aloses, brochets, éperlans, esturgeons, mulets, soles, carpes, flétons, lamproies, sardines fraîches et goujons.	30 »	10 » 0/0	
Tous autres poissons de mer ou d'eau douce.	15 »	6 » 0/0	
Saline	»	3 » 0/0	
Huîtres ordinaires et de Marennes. . . .	5 »	10 » 0/0	
Huîtres marinées. .	10 »		
Huîtres d'Ostende ou toutes autres que celles ci-dessus. . .	15 »		
Volailles et gibiers de toutes espèces, autres que oies domestiques.	40 »	12 05 0/0	0 95 0/0
Chevreaux, oies et lapins domestiques .	15 »	9 05 0/0	
Beurre	17 »	6 10 0/0	0 90 0/0
Œufs.	4 »	3 10 0/0	0 90 0/0
Fromages secs. . . .	9 50	1 20 0/0	1 80 0/0
Fromages frais . . .	»		
Fruits et légumes. .	˙»	2 55 0/0	2 45 0/0

Les taxes d'octroi qui précèdent sont passibles de deux décimes par franc.

Art. 2. A partir de ce jour, le droit d'abri perçu au profit de la Ville de Paris sur les viandes de boucherie et de charcuterie vendues en gros dans les Halles centrales ou dans le marché de l'Abattoir de la Villette, est fixé à 2 fr. 10 c. par 100 kilogrammes, et le droit des facteurs et des courtiers est réduit à 0 fr. 90 cent. pour 100.

Art. 3. Le montant de la réduction opérée sur les droits des facteurs et des courtiers, ainsi que le montant de l'augmentation correspondante des droits de marché et d'abri n'ont lieu qu'à titre provisoire.

Art. 4. A partir de ce jour, la contribution des facteurs à la marée dans les frais du personnel chargé de la vente du poisson, est portée provisoirement de 30,600 fr. à 40,000 fr. par an.

Le montant de cette contribution de 40,000 fr. est réparti entre les facteurs à la marée et au poisson d'eau douce, chacun pour un neuvième.

Art. 5. A partir de ce jour, les droits d'abri de 1 fr. par 100 kilog. pour les beurres et de 0 fr. 20 c. par mille œufs sont supprimés.

Art. 6. Le présent arrêté sera publié et affiché partout où besoin sera.

Il sera en outre inséré dans le *Recueil des Actes administratifs de la préfecture de la Seine*.

Fait à Paris, le 28 décembre 1872.

A. CALMON.

Pour ampliation :
Le secrétaire général de la préfecture,
A. HUSSON.

TABLE DES MATIÈRES

PREMIÈRE PARTIE

MARCHÉ AUX BESTIAUX DE LA VILLETTE

Pages

Avis de l'auteur. 7
Introduction. 9
Notes historiques sur la boucherie et les abattoirs de
    Paris. 15
Marché aux bestiaux de la Villette. 45
Description du marché. 47
Régie du marché. 55
Service municipal. 63
Service de l'octroi dans le marché 66
Règlement du marché. 67
Tirage des places. 71
Des facteurs. 74
Des commissionnaires. 75
Police du marché. 76
Tarif des frais de fourrière du marché. 97
Itinéraire que doivent suivre les bestiaux achetés sur le
    marché, qui sont conduits aux abattoirs situés dans
    l'intérieur de Paris. 98
Tableaux des bestiaux amenés sur le marché de la Vil-
    lette depuis son ouverture jusqu'au 1er janvier 1873. 101

Pages

DEUXIÈME PARTIE

ABATTOIRS GÉNÉRAUX DE LA VILLETTE

Description de l'abattoir général de la Villette.   103
Introduction des bestiaux sur pied dans Paris.   109
Arrivée des bestiaux aux abattoirs.   113
Sortie des viandes des abattoirs.   116
Abats et issues.   121
Animaux morts qui sont envoyés à la ménagerie du
    Jardin des Plantes.   124
Abatage des animaux selon le rite Israélite.   126
Suifs entrant dans Paris à destination des abattoirs, des
    particuliers ou en passe-debout.   136
Suifs sortant des abattoirs.   138
Service municipal dans l'abattoir de la Villette. . . .   141
Service de l'octroi dans les abattoirs.   148
Vente à la criée et à l'amiable des viandes abattues
    dans l'abattoir général de la Villette.   149
Réglement des abattoirs.   154
Service de la police des abattoirs et des ouvriers spé-
    ciaux qui y sont employés.   160

TROISIÈME PARTIE

ABATTOIRS A PORCS

Notes historiques.   165
Description de l'abattoir de Château-Landon.   173
Description de l'abattoir des Fourneaux.   181
Entrée des porcs dans Paris.   186

Pages

Sortie des viandes et autres provenances des porcs des
 abattoirs. 189
Service municipal dans les abattoirs à porcs. 191
Police des abattoirs à porcs. 192
Transport des matières insalubres. 201
Règlement général concernant le personnel, les services
 d'amenage, d'abatage et de transport des porcs. . . 202

Tableaux indiquant les quantités de bestiaux par espèces
 consommés dans Paris depuis l'année 1801, ainsi que
 le produit des taxes d'octroi sur les viandes dans les
 abattoirs et aux entrées de Paris. 225

APPENDICE

Nº 1 Extrait de l'arrêt du conseil du 19 juillet 1746. . 249
 2 Extrait de l'arrêt du conseil d'Etat du roi du
 16 juillet 1784, rendu pour prévenir les dangers
 des maladies des animaux et particulièrement
 de la morve. 255
 3 Extrait du décret du 18 juin 1811 relatif aux animaux mis en fourrière. 260
 4 Extrait de l'ordonnance du roi portant règlement
 sur les octrois, du 9 décembre 1814. 262
 5 Extrait de l'ordonnance de police du 3 décembre
 1829 concernant les personnes qui élèvent des
 porcs dans Paris. 269
 6 Extrait de l'ordonnance de police du 25 mars 1830
 concernant les abattoirs et la fonte des suifs. . 270
 7 Extrait de l'ordonnance du roi Charles X du
 23 mai 1830. 279
 8 Extrait de l'arrêté de M. le préfet de la Seine portant fixation du tarif pour le lavage des issues

Pages

N°   de bestiaux dans les abattoirs de la Ville de
      Paris, du 27 mai 1830.   283

 9 Extrait de l'ordonnance royale du 4 juillet 1830,
      portant que les droits d'octroi sur les bestiaux
      peuvent être établis par tête ou à raison du poids.   283

10 Extrait de l'ordonnance de police du 1ᵉʳ avril 1832
      concernant les mesures de salubrité à observer
      dans les halles et marchés de la Ville de Paris.   284

11 Extrait du règlement intérieur pour la conserva-
      tion des abattoirs généraux de la Ville de Paris,
      du 13 octobre 1832   285

12 Extrait de l'arrêté du préfet de police du 28 fé-
      vrier 1839 relatif à la mise en fourrière des ani-
      maux, voitures et autres objets, saisis ou aban-
      donnés sur la voie publique.   289

13 Extrait de l'ordonnance de police concernant les
      chevaux et autres animaux vicieux ou atteints
      de maladies contagieuses, du 31 août 1843. . .   289

14 Extrait de l'ordonnance de police du 11 décembre
      1844 concernant les incendies.   295

15 Ordonnance royale approbative du règlement pour
      la perception des droits d'octroi et d'abattoir
      au poids sur la viande de boucherie et de char-
      cuterie à Paris en remplacement des droits par
      tête établis sur les bestiaux, du 23 décembre 1846.   296

      Tarif des droits d'octroi, à percevoir au poids
      par la Ville de Paris, sur les viandes et les
      autres provenances des bestiaux en remplace-
      ment des droits imposés actuellement par tête.   304

16 Ordonnance du roi qui autorise la Ville de Paris
      à établir deux abattoirs publics pour les porcs.   305

17 Loi du 2 juillet 1850 relative aux mauvais trai-
      tements exercés en vers les animaux domes-
      tiques   307

18 Ordonnance du 23 octobre 1854 concernant la
      police des abattoirs à porcs de Paris.   308

19 Extrait du décret impérial du 3 novembre 1855,
      concernant le tarif de l'octroi de Paris. . . .   316

20 Décret impérial du 24 février-4 mars 1858, sur

Pages

N°   l'exercice de la profession de boucher dans la
ville de Paris.   317

21 Ordonnance du 18 février 1859 relative à la suppression des hayons pour l'introduction des
porcs dans Paris.   320

22 Décret du 6 avril 1859, qui déclare d'utilité publique l'acquisition des terrains nécessaires
pour l'établissement d'un marché à bestiaux et
d'abattoirs   321

23 Extrait du décret du 19 décembre 1859, portant
règlement d'administration publique pour l'exécution des articles 4, 5, 6 et 7 de la loi du 16
juin 1859, en ce qui concerne l'application de
l'octroi de Paris, aux nouvelles limites de cette
ville   322

24 Ordonnance du 27 décembre 1859, concernant
la suppression des tueries particulières, dans la
partie de la banlieue annexée à la ville de Paris.   326

25 Décret impérial du 1er août 1864, qui autorise les
préfets à statuer sur les propositions d'établir
des abattoirs.   328

26 Mise en adjudication de la régie intéressée du
marché aux bestiaux.   330
Cahier des charges clauses et conditions de l'entreprise.   332

27 Annexes du cahier des charges
N° 1. — Décret du 6 avril 1859, qui déclare
d'utilité publique l'acquisition des terrains
nécessaires pour l'établissement d'un marché
à bestiaux et d'abattoirs.   342
N° 2. — Convention du 26 juillet 1864, au sujet
de la construction du chemin de fer spécial.   343
N° 3. — Décret du 19 octobre 1864 déclarant
d'utilité publique l'établissement d'un chemin
de fer d'embranchement reliant le marché à
bestiaux avec le chemin de fer de ceinture et
approuvant la convention passée au sujet de
la construction de ce chemin.   347

28 Décret du 11 décembre 1864, qui approuve le ca-

Pages

Nᵒ   hier des charges de la régie du marché aux
bestiaux 350

29 Loi sur les courtiers de marchandises du 18 juillet 1866. 352

30 Arrêté du préfet de la Seine, du 21 septembre 1867,
concernant l'ouverture du marché aux bestiaux
de la Villette. 360

31 Arrêté du préfet de la Seine, du 10 octobre 1867,
concernant le règlement du marché aux bestiaux
de la Villette 363

32 Ordonnance de police du 12 octobre 1867, concernant la police du marché aux bestiaux de la
Villette 367

33 Ordonnance de police du 30 novembre 1867, concernant les ouvriers du marché aux bestiaux de
la Villette. 374

34 Arrêté du préfet de la Seine du 20 février 1868,
portant réduction du tarif des droits de place
et de séjour sur les moutons et les animaux de
renvoi amenés au marché de la Villette. . . . 378

35 Arrêté du préfet de la Seine du 1ᵉʳ juillet 1868,
concernant le stationnement, la conduite et la
garde des voitures sur le marché aux bestiaux
de la Villette 380

36 Arrêté du préfet de la Seine du 10 octobre 1869,
concernant le règlement du marché aux bestiaux
de la Villette 380

37 Arrêté du préfet de la Seine du 29 janvier 1870,
concernant le règlement des abattoirs de la Villette 385

38 Arrêté du préfet de la Seine du 29 janvier 1870,
concernant la transformation de la Société l'Approvisionnement en société anonyme de crédit. 388

39 Extrait d'un arrêté préfectoral du 3 mars 1870,
portant location d'un local, pour le commerce
de la charcuterie, dans le marché aux bestiaux
de la Villette. 391

40 Arrêté du Préfet de la Seine, du 16 juin 1870, relatif au stationnement des voitures au marché

Pages

N°   aux bestiaux de la Villette et à la perception
      des droits de stationnement. 392

41 Arrêté du Préfet de la Seine, du 21 juin 1870, re-
    latif à la vente des vaches laitières au marché
    aux bestiaux de la Villette. 394

42 Décret du Gouvernement de la défense nationale
    du 5 septembre 1870 qui abroge l'article 4 du
    décret du 24 février 1858, sur l'exercice de la
    profession de boucher dans la Ville de Paris. . 395

43 Décret du Gouvernement de la défense nationale
    du 7 février 1871 rétablissant la vente des bes-
    tiaux et le commerce de la boucherie interdits
    provisoirement pendant le siège de Paris et au-
    torisant l'installation d'une vente à la criée en
    gros des viandes abattues à l'abattoir général
    de la Villette. 395

44 Arrêté du Maire de Paris, du 20 février 1871, con-
    cernant la vente en gros à la criée et à l'amiable
    des viandes abattues à l'abattoir de la Villette. 397

45 Décret du Président de la République, du 30 sep-
    tembre 1871, concernant les animaux abattus
    par ordre de l'autorité. 398

46 Ordonnance du Préfet de police, du 13 décem-
    bre 1871, concernant la réexportation hors du
    département de la Seine des animaux de l'espèce
    bovine. 401

47 Arrêté du Préfet de la Seine, du 15 mars 1872,
    concernant le règlement du marché à la viande
    l'abattoir de la Villette. 403

48 Loi du 30 mars 1872, relative au droit de timbre
    des récépissés délivrés par les chemins de fer,
    en exécution de la loi du 13 mai 1863. 406

49 Arrêté du 16 avril 1872, du Ministre de la marine
    chargé de l'intérim du Ministère des travaux
    publics, portant autorisation aux compagnies
    de chemins de fer de percevoir provisoirement
    une taxe de 3 fr. pour frais de désinfection, par
    wagon, ayant servi au transport des animaux
    de l'espèce bovine, en provenance de certains

Pages

Nᵒ départements. 410

50 Arrêté du Préfet de la Seine, du 15 juin 1872, con-
    cernant l'augmentation des tarifs des droits de
    place du marché aux bestiaux de la Villette. . 412

51 Arrêté du Préfet de la Seine, du 15 juin 1872, con-
    cernant l'augmentation des tarifs du pesage,
    mesurage et jaugeage publics. 414

52 Tarif des lignes télégraphiques. 416

53 Décret du 30 novembre 1872, modifiant les droits
    d'octroi et de marché sur les poissons, volailles
    et gibiers, beurres et œufs, fromages, fruits et
    légumes. 418

54 Arrêté du Préfet de la Seine, du 28 décembre 1872,
    portant modification dans le taux des droits
    d'octroi, de marché et des facteurs sur certaines
    denrées. 420

FIN DE LA TABLE DES MATIÈRES

ERRATA

Page 20. A la 21ᵉ ligne, *au lieu de* : Dès lors s'accrut avec le nombre des boucheries celui de la population, *lire* : Dès lors le nombre des boucheries s'accrut avec celui de la population.

Page 150. *Au lieu de* : Nᵒ 49 indiqué à la fin de la note qui est au bas de la page, *lire* : Nᵒ 51.

Comme la page 150 était imprimée, lorsque l'arrêté du préfet de la Seine en date du 28 décembre 1872, a été publié, nous prévenons que le droit d'abri de 0 fr. 02 c. par kilogramme porté à la 20ᵉ ligne et celui des courtiers fixé à 1 pour cent à la 26ᵉ ligne de la page 151, sont provisoirement changés; le premier est élevé à 2 fr. 10 par 100 kilog., et le second est réduit à 0 fr. 90 c. (Voyez article 2 de l'arrêté du préfet de la Seine du 28 décembre 1872, à l'appendice nᵒ 54, page 422.)

Les pages 144, 145, 146 qui se trouvent intercalées après les tableaux qui font suite à la page 99, doivent porter les nᵒˢ 100, 101 et 102.

F. Aureau et Cie. — Imprimerie de Lagny.

www.ingramcontent.com/pod-product-compliance
Lightning Source LLC
Chambersburg PA
CBHW060948220326
41599CB00023B/3629